人生是苦 苦就是福

星云大师谈人间万事

星云大师/著

上海文化出版社

图书在版编目（CIP）数据

人生是苦，苦就是福 / 星云大师著. —上海：上海文化出版社，2014.2
ISBN 978-7-5535-0219-9

Ⅰ.①人… Ⅱ.①星… Ⅲ.①佛教—人生哲学—通俗读物 Ⅳ.①B948-49

中国版本图书馆CIP 数据核字（2014）第019067号

出版人　王　刚
责任编辑　熊雪芳
装帧设计　棱角视觉

书　　名　人生是苦，苦就是福
作　　者　星云大师

出　　版　世纪出版集团
　　　　　上海文化出版社
地　　址　上海市绍兴路7号
邮政编码　200020
发　　行　上海世纪出版股份有限公司发行中心
印　　刷　北京慧美印刷有限公司
开　　本　700×1000　1/16
印　　张　19
字　　数　290千字
版　　次　2014年6月第1版　2014年6月第1次印刷
书　　号　ISBN 978-7-5535-0219-9/G · 031
定　　价　39.80元

敬告读者　本书如有质量问题可联系调换
电话：010-82069336

星云大师谈人间万事

人生是苦，苦就是福

目录

壹·一日之计

贰·人生的城市

叁·读书与学习

肆 · 时间与金钱

伍 · 生活之要

陆 · 忧患的连锁

柒 · 创意之美

捌 · 用心而已

玖 · 大自然的生命

壹 · 一日之计

佛光偈语

走出阴霾，笑对成败，想得通，人生处处是机遇；
利人利己，把握现在，悟生活，人生无处不幸福。
能看得破，会放得下，懂因果，人生岂能不快乐；
获得成功，先要付出，能给予，人生才能有富足。

一日十计

语云：“一日之计在于晨，一年之计在于春，一生之计在于勤。”对于我们每天的一日生活，你有什么计划吗?

谈到计划，人生按计划行事，必定顺理成章。假如没有计划，凡事都是临时起意，一切都是草率急就，很难有完美的功效。

以下略为大众定出“一日十计”，大家可以酌量更改、实行。

一、每天起床，一定要吃早餐，因为吃了早餐，这一天才算正式开始。佛教里有“过午不食”的修持，今日社会人士有“遇早不食”的习惯。早餐不吃，对健康影响很大，因为一般晚上都在六七点吃饭，一直到隔天清晨六点，已经时隔将近十二小时，如果不吃早饭，肠胃会受伤。

二、早晨起床，要向父母长辈请安，借着请安的时刻，可以向父母报告一些见闻心得，可以训练自己的思想，养成自己每天见到人必有话讲的习惯。请安后，最好做个十分钟的体能运动。

三、借用上班前的空当，可以读报，可以洒扫庭院，可以莳花刈草，可以为花草树木浇水。动作要快，以争取一日的时光。

四、要有一日的工作计划，列出一、二、三、四，按部就班完成，并且将自己的工作告知有关人士，以便大家共同了解。

五、假如上有主管，利用跟主管报告的时间，说明一日的工作，或者听候主管指示，应该将此列为一天中一项重要的工作。

六、午餐后、下班时，或工作之余，可用少许时间，分别向多日不见的亲友或平日较不常见面的朋友简单问候，但不宜长谈，更不可寒暄过久。

七、每日跟周遭的人见面，不管早、中、晚时间，只要见面，都应该点头、微笑、问好。

八、养成每天晚上写日记的习惯，不一定记事，写个备忘录、写个预备的计划、写一封信、画一幅漫画，或者写几句打油诗都可。

九、晚上睡前，可以不看电视，但不能不读书。晚上的时间，家居和乐非常重要，尽量不要外出，失去与家人团聚的时间，长此以往，家庭必有缺失。

十、每天睡前或者起床后，有五分钟的时间禅坐或念佛，或读一篇祈愿文等修持。

以上的一日十计，并不难做到。假如有其他重要的会议、亲友访问、各种讨论，可以利用周末假日商谈。计划要养成习惯，好像每日吃饭、每日盥洗，不做就不习惯。等到习惯养成，每日做事必有条理，必很从容。

开门七件事

从有社会家庭以来，家庭的主人总是关心所谓“开门七件事”，那就是指柴米油盐酱醋茶……现代人生，一家之主挂念的岂止如此而已，现代人一早起床，所关心的事情包括：

一、看电视掌握一日的天气。早晨起床，打开电视，看气象报道，了解今天的天气，是晴是雨，是阴是云。掌握天气状况，以便自己能随天气的变化自我应变。诸如朋友的聚会、自己主办的活动场所、参与的人数，是否会受天气影响，在在都与天气有关。

二、看报纸了解天下事。晨间阅报，不但要知道天下大事，还要了解本地的新闻，甚至上级、朋友的婚丧喜庆，都应该及时知晓，以便应酬，不能失礼。

三、准备早餐。早晨烤面包、煮麦片或是熬稀饭，只要是家庭的一分子，总要清楚爷爷奶奶喜爱吃什么，爸爸妈妈欢喜什么口味，夫妻之间也要彼此知道对方需要什么，甚至有情的父母更是关心儿女偏好吃什么，这样为了一顿早餐，折腾的时间总在一小时以上。

四、打电话确认一日的行程。吃过早餐以后，算算时间，一般人大概也都起床了，这时要确认一日的行程。诸如拜访的对象，时间、行程都应再做确认，以免临时变卦，有所不周全的地方，甚至有时忘了带个小礼品就登门访问，都算失礼，所以不能不留意自己的行程。

五、送儿女上学。现在的孩子，从幼儿园到小学、中学都要父母接送上下学。几次的儿童绑票，听得父母不敢掉以轻心，总要把儿女送到学校门口，亲眼看着他们进入校门，看着他们融入老师、同学的人群中，才能安心地回家，赶着上班。

六、塞车。说起要赶赴上班，乘公共汽车不是那么方便，脚踏车、摩托车也逐渐被淘汰，小汽车挤在长龙车阵中，进退不得，眼看着上班打卡的时间分分秒秒接近，心急如火，就算到达目的地，停车也是一个苦恼的问题。

七、赶上班。到了公司，走进办公室，上司已经交代一堆待办的文书，即使上司没有交代，也要主动向各科室了解应该要办的事，以免让主管认为自己不积极工作，不能和同事和谐相处。假如不是办公室的事，进入工厂，随着机器运转，分工合作，由不得自己半分拖拉松懈，兢兢业业地把工作做完，才能保住饭碗。

上面所说的“开门七件事”，也就是早晨起床所要面对的，如能做完也是不简单，何况后面还有一天的变化。所谓“天有不测风云，人有旦夕祸福”，一天的好事、坏事紧接着纷至沓来。如果平时结的人缘多，能力很强，缘分很好，当然一切都会感到得心应手、万事顺利；如果能力、财力、智慧欠缺，不要说一生的日子不好过，就是一天也不好过，所以人要广结善缘，自然得道者多助。

六民主义

过去，蒋介石先生曾为“三民主义”的“民生主义”补述其义，说明在民生主义里，应该注意“衣食住行育乐”六事，确有见地。当初孙中山先生革命，创建“民国”，即以“民”为主，在民族、民权、民生里面，尤以“民生主义”和每一个人的生活最为息息相关，所以兹以“六民主义”，针对“衣食住行育乐”六事，再来一谈：

一、民衣。中国人过去穿着长袍马褂，时至今日已经不合时宜。现在一般人大都效法西方，以西装、礼服，乃至香港衫、迷你裙为主要穿着。我们始终没有订出一个真正具有民族代表性的服饰，不过现在有人极力倡导复兴中华文化。其实真正保存中华文化的汉服，只有出家人的僧服最为传统，没有脱离中华文化。

二、民食。现在社会大众太讲究吃，几近奢侈浪费，已经不符合“民生主义”了。尤其现代人吃得离谱、吃得残忍，有人吃蟑螂、老鼠，乃至蛇虫百脚都能入肚。有的人则活鱼十几吃，不但生鱼片、熊掌、猴脑都能上桌，甚至还有人吃人肉。所谓“欲知世上刀兵劫，但听屠门夜半声”，就算中国古代的皇帝也经常下令禁屠，提倡全民斋戒，以修德感动天地。佛教的素食也是为了长养慈悲心，另外并提倡“少食为良药”、“清茶素果可以延年益寿”的饮食观。所谓“祸从口出，病从口入”，现代人吃得不符合养生之道，难怪现在的医院经常“人满为患”，也就不是没有原因的了。

三、民住。“三民主义”里，希望人民都是“居者有其屋，耕者有其田”，然而现在“无壳蜗牛”到处都是，但是另一方面，也有不少花园洋房、公寓别墅空着没有人住。社会如此贫富不均，对国家的发展而言，绝对不是好现象。所以一些进步的国家社会，都会经常推出廉价国民住宅、廉价国民新村，或是提供购屋贷款等，总要让人民有办法解决“住”的问题，这是社会安定的重要课题。

四、民行。台湾早期没有注意到“行”的问题，捷运、公交车、客运、火车，每逢过年过节，总是一票难求。台湾当局口口声声高喊“便民”，其实有钱人和一些高官可以乘专车南来北往，然而一般的社会大众，真有行的方便吗?

五、民乐。关于娱乐方面，台湾当局更少投资，尤其是一些亲子游乐的地方，以及青少年活动的场所，因为是私人投资，因此都是高价位的消费。例如九族文化村，入门票一张要五百元台币，一家数口出门一次，半个月的薪水恐怕都不够用。

六、民育。一个人应该一生都要受教育。除了家庭教育、学校教育之外，尤其社会教育是全民的生活、思想教育。但是今日的社会教育，可以说完全破产，赌博的、色情的到处都是，正当的宗教、艺术、音乐等，可就难求了。

以上“六民主义”之不彰，所以“三民主义”自然也就难以推行了。

戴帽子

地球上，有南半球、北半球，有寒带地区、温带地区。一般说，在南方气候比较温暖，人民比较少戴帽子，如果是在寒冷的北方，几乎每个人都离不开戴帽子的问题。即使是在南方，因为职业、身份，或是参加各种典礼时，为了礼仪的需要，也会经常戴帽子。兹将戴帽子的情况，略述如下：

一、御寒遮阳。天气冷了要戴帽子，抵御严寒；艳阳高照，戴帽子可以防止暴晒。不管男女老少，不管哪里的人，生活在大自然中，气候的转变，对于尊贵的头部总要有一些保护的措施，而最简便的配备，就是帽子。不过，用于御寒遮阳的帽子，其款式之多、质料之不同、样式之新奇，则是洋洋大观，令人目不暇给。

二、增加美观。即使不冷不热的时候，有些人还是会戴帽子，为的是要增加美感。例如，绅士要戴礼帽，淑女要戴合乎她年龄、身材，甚至更能衬托她年轻貌美、气质出众的帽子。就算是农夫吧，戴个斗笠，也要选择样式、大小合宜的。工厂里的员工，也要戴一顶他自认为最帅气、最能引人注目的，让人感受到他的精神力，就像美国的西部牛仔，一顶牛仔帽，曾风靡一时。

三、代表身份。一般的帽子人人可戴，但是有些帽子代表身份，是特定人士才戴。例如，学生有学生的帽子，军人有军人的帽子，警察有警察的帽子，童子军有童子军的帽子。尤其是美丽的护士们，也有一顶白色的小帽子，虽然没有遮阳御寒的实际功能，但戴起来就有崇高圣洁的意义，让人一见油然起敬。甚至在厨房里掌厨的厨师，也会戴一顶白色的高帽子，表示卫生、整洁，让人放心享用他烹调的菜肴。

四、表示尊贵。有的帽子，比代表身份的帽子更有限制，不是人人能戴。例如，世界小姐选拔，当选的佳丽接受加冕，一旦戴上那顶桂冠，顿时尊贵、荣耀无比。另外，古代的皇帝，也要臣民拥戴，让他戴上皇冠，才肯定其一国之君的地位；皇后戴上了后冠，从此母仪天下，也是尊贵无比。

在佛教里，有一些大法师在某些法会中登坛作法，头戴毗卢帽，表示他是主席，是法王。毗卢帽也不是一般出家僧侣想戴就能戴的，因为这顶帽子代表着一份尊贵与地位，必须合乎身份的人才能戴。

此外，还有很多的帽子，例如学生毕业了，要由校长为他戴学士帽、博士帽，代表他的成就。一个人能戴上这些代表殊荣的帽子，就是成就被肯定，所以帽子有代表成就、代表荣耀、代表权威、代表尊贵的意思。也因此，现代人把那些希望获得别人恭维、赞美的人，称为“戴高帽子”。其实，被人戴高帽子，如果自己没有实力，还是不能维持长久的，所以一些自谦的平凡小老百姓，干脆就戴上一顶小瓜皮帽，表示低调、不愿引人注目的意思，这也是另一种人生观。

帽子，经名人戴过以后，其样式也会成为流行，例如拿破仑、戴高乐的帽子，乃至中国的袁世凯，虽只做了短短八十三天的皇帝，但是他戴着一顶高高的皇帝帽的照片，至今还是令人印象深刻。所以，在人我相处的社会里，都流行着送人一顶高帽子，意思是祝福你高升、荣升之意。由此可见，会不会戴“帽子”，对吾人的一生，也不能说不重要。

鞋　子

有一位制鞋商人甲，到非洲考察商机，他发现当地人都打赤脚，没有人穿鞋子，大失所望，认为到非洲投资制鞋，没有商机，因此失望而归。另一位制鞋商人乙，也到非洲试探商机，一看非洲人都没有鞋子穿，大喜过望，心想：我来此制鞋，必然生意兴隆。果然没有错，当地人不穿鞋子，是因为没有人卖鞋，现在有人卖，自然就有人买。

鞋子是文明社会的产物，有美观与保暖的功能，和衣服同等重要。即使在热带地区，如中南半岛、印度等地，也要穿个拖鞋，一样还是要穿鞋子。

佛教有“照顾脚下”之说，脚是人立足大地的根本，足在地上不能受伤，不能让它受委屈，所以脚穿鞋子、头戴帽子、身穿衣服，衣帽鞋袜是保护人身体的工具，也是富裕社会的象征。此外，鞋子在不同时代、不同社会，另有其不同的代表意义：

一、贫穷弱势者的渴望。鞋子对富贵人家而言，一人可以同时拥有多双鞋子，不但三天一双、五天一换，而且重视鞋子的质量，讲究精美华丽。反观穷苦人家，鞋子对他们而言，是奢侈品。很多弱势的穷苦孩子，心中最大的愿望，就是能拥有一双鞋子。但是一双鞋子，几年的盼望，最终仍不可得。现在有些慈善团体提供各种救济物品，不过很少有人捐献鞋子，因为鞋子的大小尺寸不一，很难正好找到适合的受捐者。所以，现在一些富有人家，如能把自己多余的各种尺码的鞋子集中起来，捐献给需要的人，也是功德一桩。

二、悭吝聚集者的嗜好。鞋子的款式、质地、类别很多，有拖鞋、布鞋、皮鞋、马靴等，一些稍具身份地位的名媛贵妇，都有购买鞋子，甚至收藏鞋子的爱好。最有名的莫过于菲律宾前总统夫人伊梅尔达，她鞋柜里的鞋子，不下百千双，曾因疯狂收藏鞋子而被指为生活奢侈。其实，人生百年，哪能穿得了那么多鞋子？所以不要把聚集鞋子当成嗜好，应该把鞋子分享给大众，才是雅好，才是美事。

三、古代缠足者的梦魇。说到鞋子，就让人联想到古代中国妇女的裹小脚，为了拥有一双三寸金莲，必须忍受多少痛苦，流多少眼泪，受多少不合人道的折磨。现在有人拿出古代绣花鞋来展示，从中让人看出古代中国妇女多少心酸血泪。中国文化博大精深，竟有如此之事，真是叫人匪夷所思。可见文化需要精炼，一些不合人道、不合情理的文化，也不能不去除。

四、旅游参访者的帮手。拥有一双鞋子，就拥有足底天下，所以有人穿一双合脚的鞋子，可以出外旅行参访，甚至登山越岭。穿上一双合适的鞋子，走遍天涯海角，都会感觉无比舒适方便。尤其一双合适的登山鞋，能让登山者履险如夷，增加旅途的安全。所以，爱护鞋子，就是讲究立足点。人生的立足点，不能不予以重视。

食存五观

我们做任何事，都应该有一些想法。平时说话，其实就是为了表达一些观念、看法。做事，不也是为了要完成一些理念、想法？就连吃饭，也有很多的观念、想法。佛教把吃饭的地方叫“五观堂”（斋堂），意即吃饭时，应做“五种观想”，述说如下：

一、计功多少，量彼来处。吃饭时，须知我今日粒米进口，这是经过农夫辛苦种植，商人贩卖，工人处理，家人烧煮，才能填饱我的肚皮，所以粒米的功德，岂是金钱所能衡量？所谓“佛观一粒米，大如须弥山”，懂得“一粥一饭，当思来之不易”，就能以感恩心受食，进而激发道心。

二、忖己德行，全缺应供。吃饭时应该想一想，自己的道德、贡献，足以享受这餐美食吗？如寺院斋堂的对联说“三心未了水难消，五观若明金易化”，如此一想，惭愧心油然生起，自然进德。

三、防心离过，贪等为宗。我们到“五观堂”（也叫“斋堂”）吃饭，叫作“过堂”。这个用词很有意思，意即告诉吾人，吃饭只是经过斋堂一下，如同“百花丛里过，片叶不沾身”，不可起贪嗔念头。在斋堂里，面对好吃的东西，容易起贪心，不好吃的，则容易生起嗔念，所以必须要慎防自己的道心，要离开过失。

四、正事良药，为疗形枯。吾人之所以吃饭，就因为“饿病”发作，所以要以饮食为药来治疗饿病，因此三餐饮食只是为了治病，为什么要贪求执著呢？三餐饮食既是为求饱腹，让身体健康，那就不应只在美味上着意。

五、为成道故，方受此食。每日三餐，只是为了维持身体的健康，以便可以修行，成就未来的事业、理念，甚至成道开悟，因此才借助三餐。进食三餐，既是为成道业，那就应该发道心，要精进奋发，方堪受食。

饮食是人生所不可少的资粮，民以食为天，假如没有饮食，人就无法生存，因此我们“吃现成饭，当思来处不易；说事后话，唯恐当局者迷”。吃饭应带着感恩的心，带着随缘的念头，如同佛门的“托钵乞食”，要次第乞食，平等而乞，要不分贫富、不拣精粗、不计净秽、不生增减。能够怀抱这样的心，才是如法的乞食，才能合乎饮食之道。

吃的问题

吃，是吾人生存不可或缺的条件，不管热食、冷食、面食、饭食，还是西式、中式餐饮，人总是要吃，吃饱了才能生存。

有人说，口是无底深坑，有的人好吃懒做，有的人甚至吃到倾家荡产。口是祸福的根源，所谓“病从口入，祸从口出”，这一张口，为人生带来的问题着实不少。

现在只针对吃的问题，表达意见如下：

一、吃出健康。吃本来是为了生存和健康，但有的人吃得不当，吃得太多发胖了，吃得太偏易产生诸多疾病。尤其现代人多数都是重口味，吃得太油、太咸、太辣、太甜等，都对身体无益。所以现在也有人提倡健康饮食，主张少油、少盐、少糖，甚至少油炸等，并改以生机饮食，或是只吃热水汆烫的蔬菜，以清淡为主，尽量减少发胖的卡路里，可以说现代人重视吃得健康，已经成为时尚了。

二、吃出品味。现代人有的吃喝无度，暴饮暴食，不仅浪费金钱、荒废时间，甚至误时误事，伤害身体。有的人吃得太残忍，例如活吃鱼虾等，乃至猜拳行令，吆喝呼喊，吃得杯盘狼藉、失仪失态。所以，如何吃得有品味、吃得有文化，也不能不注意。

三、吃出满足。有的人每天大鱼大肉，但还是吃得不满足。吃了猪肉牛肉，又想吃鱼虾等海鲜；吃了蒸炒炖煮，又想烧煨煎烤。吃的花样不断翻新，但是自己还是吃得不满足，甚至吃出无边罪过，自己并不知道。与此相反，有的人三餐粗茶淡饭，菜根也是香的，青菜萝卜都是珍馐美味。一盘泡菜，一碟酱瓜，也能吃出满腔的欢喜、满心的满足。就像客家人，你问他：“吃饱了没有？”他都回答：“我足了！”可见吃饱与否不稀罕，吃得满足才重要。

四、吃出艺术。吃，不是吃金钱，不是吃甘肥，不是吃虚荣，不是吃排场，最重要的，要吃出艺术来。以茶泡饭，就是一道美食，不过需要注意的是，要用冷茶热饭，或是热茶冷饭，才能泡出茶饭的味道，才吃出茶饭的艺术。或者姜盐炒饭，所费不多，只要能用心把饭炒得膨胀竖立，各自分开，则盐的美味，姜的香醇，外加一杯热茶，就是人生最大的享受。因此，懂得从朴素的生活中享受人生，就是懂得吃的艺术。

中国的美食，烧饼油条，闻名全世界，直到现在，许多海外游子，在他乡异国数十年，你问他最想吃的是什么，他的答案就是“烧饼油条”。因为艺术的吃法历久不衰，经得起时间的考验，所以，吃不一定要花很多金钱才能吃到美食，只要肯动脑筋，“简食”必然是最佳的健康饮食。

吃什么

“吃”是万物生存的要件，树木花草要喝水，蝴蝶蜜蜂要采蜜，乃至蚯蚓吃泥土、鱼虾吃水藻、飞鸟吃昆虫、牛马吃牧草等。可以说，万物都要吃，才能存在。尤其阳光、空气、水，更是人生三件宝，也是万物生存的共同条件。除此之外，鬼神、仙人等各类众生，他们又是吃什么呢？

一、鬼神吃祭品。世间，胎卵湿化等有情众生都要吃，其中化生的神鬼就是吃祭品。台湾拜神祭鬼的风气很盛，不但神庙到处林立，香火鼎盛，一般民众每年七月，更以三牲祭品来拜好兄弟，也就是祭鬼。人类以为自己的一切不是被神操纵，就是给鬼挟制，因此人人敬神怕鬼，每隔一段时日都要以祭品来跟神鬼沟通，于是神鬼就与祭品分不开了。

二、仙人吃灵气。神鬼之外，还有一种被人称为“神仙”的精灵，如道家崇拜的“仙道”，除了八仙之外，还有很多活神仙。他们或居天上，或居云端，他们吃世间的灵气，所以道家讲究炼丹。仙丹一粒，可以维持百千万年的寿命。南极仙翁等仙人，就这样道骨仙风地流传在人间。

三、凡夫吃五谷。凡夫就是人类，人类大都以五谷为食，有的吃稻米，有的吃麦面，甚至大豆、高粱及各种菜类，所以一般务农之家，都希望五谷丰登，能让人类丰衣足食。人类要靠五谷维持生命，但是生病时，又说：“人吃五谷，怎能不生病？”可见“吃”让人生存，也给人带来麻烦。其实，人类也不只是吃五谷，遇到灾荒时，树皮草根也有人吃，平时更是天上的飞鸟、河里的游鱼、地上的猪牛鸡鸭都吃，甚至还要到森林里打猎，捕杀一些山羊野兔。人类之好吃，千方百计，无所不吃，怎能不吃出灾祸来呢？

四、动物吃同类。“螳螂捕蝉，黄雀在后”，动物就靠互相残杀、互相掠食维生。动物的世界，弱肉强食，美其名曰“生态平衡”，但实际上是“生命要靠残杀，才能生存”，良可慨叹！

五、贪官吃民财。贪官当然是人，也是动物，他们除了什么食物都吃以外，还吃钱财。所谓“民脂民膏”，贪官压榨人民，可以说无所不贪、无所不吃。一些升斗小民，三餐困难，但遇到贪官，即使节衣缩食，也要孝敬。我们看一些野兽吃了同类，还将骨头吐出来，但是贪官吃下的民脂民膏，连渣滓都不吐一点。当然，好官主政，勤政爱民，自能增加人间的善美。但是万一贪官当道，人民生活暗无天日，那就是无尽的梦魇了。

六、禅者吃法味。“民以食为天”，非但世间人类要吃三餐，就是一切有情众生也要靠饮食活命，但是一些修行的禅者，除了用饮食维持色身以外，实际上他们“禅悦为食”，所以真正吃的是“法味”。就等于喜爱读书的人，一天不读书，日子就会难过，三日不读书，口中就没有味道。因此，读书人讲究的是书香味，参禅的行者，就靠“禅悦”以为食了。

素食的利益

现在世界上喜好素食的人愈来愈多，素食者不一定基于宗教信仰，有的是为了环保，本着护生的精神，或是健康的理由，大家都倾向素食。

中国人是最喜爱素食的民族，由于孟子提倡：“见其生，不忍见其死，闻其声，不忍食其肉，是以君子远庖厨也。”而佛教的慈悲主义，也孕育了中国人的文化内涵，所以有吃“三净肉”（不杀、不闻、不见）、“肉边菜”，以及吃“早斋”，或是初一、十五“持斋”的习惯。

素食的益处很多，略述如下：

一、素食改变体质，有益健康。素食者少有疑难杂症发生，尤其现在医学证明，素食者少罹癌症，因为素食者较少酸性体质，所以不但有益健康，而且比较能长养慈悲心。蒋介石先生的导师张静江先生，曾一直在国际间推行素食运动。被称为“近代天津最早的女教育家”吕碧城女士，还撰写了《素食者是真理之光》一文，极力倡导素食的好处。

二、素食推迟老化，青春美丽。一般西方人士，以肉食居多，所以一到四十岁左右，皮肤皱纹尽出。反观东方素食者，三餐主要以蔬菜、水果、植物性油为主，比较能推迟身体的老化，保持青春活力。尤其宗教界的人士，因为长年素食，很多人年登高寿，鹤发童颜，这种实例，所在多见。所以现在也有很多女性，为了常保青春美丽，因此欢喜素食。

三、素食使人精神饱满，耐力持久。素食有一个最大的益处，不容易为人知道，就是素食者精神饱满，耐力很强。例如动物中的鸽子，以黄豆、米谷为食，鸽子一个展翅，能飞行千里之远。牛马也是素食的动物，拉车载货，吃苦耐劳，其体力即使虎豹狮狼都不能及。

四、素食使人神清智明，脑力敏捷。素食者饮食清淡，有益于头脑清醒，神智清明，所以一些靠脑力工作的人，应该多多吃素食。素食可以增强精神力、智慧力，从羚羊、斑马这些素食动物的表现，就可以知道，素食者耳聪目明，素食的益处多不胜举。

五、素食使人清心寡欲，少忧少恼。佛教不是素食的宗教，佛教主张素食，是为了长养仁者之心，本着“上天有好生之德”，所以提倡“戒杀”。再者，佛教修行者吃素食，是为了过简单的生活，因为“清心寡欲”能减少烦恼，有益于心灵的升华，以及精神力的增加。我们看山居的老僧，能够健步如飞，不就是得益于素食的关系吗?

六、素食使人不滥杀生，增长慈悲。素食者最大的功德，就是不滥杀生。佛教倡导素食，旨在“不断大悲种”，所以要人不杀生而护生。现代的社会混乱，都是由于杀业太重，不但动物互相残杀，以杀来维持生命，就是人类也以杀为业、以杀为食。甚至杀生的手法之残忍，例如活鱼十吃、生吃猴脑，乃至吃蛇胆、熊掌、鱼翅、燕窝等，不一而足。所谓“欲知世上刀兵劫，但听屠门夜半声”，我们欲求世界息下干戈，就先从人类长养慈悲心开始吧。

平等性食物

“民以食为天”，每个人每天都要吃东西。一般人挑选食物，大都先讲究口味好不好，接着再议论价格昂贵与否。好吃的东西价钱大都比较贵，例如荤食的鱼翅、熊掌、牛肉等，素食的燕窝、竹荪等，并不是所有普罗大众都能吃得起。

尤其，有一些蔬菜具有季节性，平时三五块钱一棵的卷心菜，到了台风季节，可能涨到一二百元台币；平时很便宜的芹菜，到了干旱时节，价格也可能咸鱼大翻身，一涨好几倍。

但是，有一些很平实的食物，既不受季节影响，也不因年关将近而涨价，尤其平民大众吃得起，富贵人家也吃得合口；皇亲国戚喜爱不已，一般平民百姓也吃得津津有味，这就叫作“平等性的食物”。例如：

一、烧饼油条。我们看到以前台北火车站前的永和豆浆店，多少达官贵人开着豪华轿车去吃烧饼油条，也有一些贩夫走卒，走了二三个小时的路程，也是来吃烧饼油条。在海外留学的学生，如果你问他，最想吃的东西是什么？他必定回答：台湾的烧饼油条。烧饼油条已经成为不分贫富贵贱、人人爱吃而又能充饥的平等性食物。

二、花生米。高级酒店里，有时候小菜当中会出现一碟花生米。没有钱的人家，只要几个铜板，也可以买一大包花生米。油炸的、沙炒的、水煮的，都各有不同美味。有钱人有时候山珍海味吃腻了，吃得不欢喜，一碟花生米，喝茶聊天，当成下酒的佐料，其乐也无穷。

三、地瓜叶。多年前，富人固然不肯吃地瓜叶，连贫穷人家也没有人吃，是拿来当成喂猪的饲料。但是近年来，地瓜叶咸鱼翻身，变成名贵蔬菜，不但堂而皇之上了富有人家的餐桌，一些贫寒之家也乐得以地瓜叶佐饭。大家都是地瓜叶的爱好者，地瓜叶无形之中拉近了贫富之间的距离。

四、豆腐。自从汉武帝爱上了吃豆腐，民间吃豆腐的风气跟着普遍。现在一般人日食三餐，豆腐是常见的菜肴，甚至有钱没钱，总要买几块豆腐回家过年。豆腐制作容易，而且雅俗共赏，李石曾、邓小平等留法人士，他们在国外就是靠着中国发明的豆腐，以卖豆腐筹备学费。过去日本的汽车、电饭锅等，席卷世界，中国的豆腐，一样风靡全球。

五、酱菜。再贫苦的人家，一杯热茶泡饭，佐以几块酱瓜，真是美味无穷。从年轻到现在，每到夏天，我最喜欢吃的也就是热茶泡冷饭，再配上几块酱瓜，吃得开心无比，妙味无穷。

六、豆腐乳。中国不但发明豆腐，而且在大陆有“豆腐百吃”的餐馆。其实豆腐还可以做成豆腐乳，也是美味的小菜。在佛光山宜兰仁爱之家所制作的豆腐乳，制作方法很传统、很讲究，不但有一定的程序，尤其水分、时间控制得宜，所制作出来的豆腐乳，味道不会太咸，甘美无比，因此与北海道场的萝卜干，相得益彰。豆腐乳是一道既不必花太多钱，又能享受美味的小菜，所以赢得很多人的垂青，可谓其来有自。

除了上述以外，平等性的食物还有很多，你可曾发现？

营 养

世界上，动植物乃至矿物，都需要食物供给营养，如果没有外物给予营养，就难以生存。森林里的树木，需要日光雨露的滋养；大海里的游鱼，需要海水才能维生。人类更是需要仰赖万物供给营养，有了营养才能生存。

什么是人生存的营养呢？

一、物质。人要生存，少不得阳光、空气、水，即使是住在牢狱里的犯人，每天除了吃饭、喝水，也要有半小时、一小时的“放风”，以便让他接受阳光的温暖，以及呼吸新鲜空气。没有阳光、空气，任何生物都活不了。至于水分，一天不吃饭尚可忍耐，一日不喝水则难以忍受。其他如米、面、菜肴、矿物质等，都是生命所需的营养，甚至有些肉食动物，更用别人的生命来滋养自己的生命。

二、爱情。人称“有情众生”，因为人乃从“爱”出生，所以需要爱的滋润，包括父母亲人的关怀，同学朋友的鼓励，男女之间的情爱，社会大众的供应等。人间有爱才有生命，才能生存。

三、精神。人除了身体上需要食物的滋养以外，还要有精神食粮的提升，例如要音乐、要读书、要艺术、要美感、要舒服、要愉快、要欢喜。老奶奶的眼神，就是小孙子的精神支柱；父母的一句赞美，就是儿女向上的动力。

四、思想。人称“万物之灵”，因为人有思想。多少伟大的人物，物质贫乏不能自存，精神也无依靠、支柱，只是凭着思想维持他对生命的希望。苏格拉底、柏拉图、亚里士多德、老庄、孔子、孟子，乃至王阳明、朱熹等思想家，他们不但自己的思想超然物外，不受人间的荣华富贵所牵引，甚至他们思想的花朵也散发芬芳，分享给世间大众。

五、语言。人在世间生存，有的人可能不受金银财宝所左右，但是很难不受语言文字所影响。禅门的一句“随他语”，让八十老僧赵州禅师千里迢迢寻师访道。寻找一句话的答案很不容易，但一句话“一言令人生，一言令人死”，威力难以抵挡。例如，有的人穷途潦倒，陷入绝境，因为别人一句话的激励，重新鼓起勇气，再启生机。乃至“一言以兴邦，一言以丧邦”，可见语言的力量之大。平时我们也曾有过这样的经验，当你专注听人说故事，听得入神时，可能忘了肚子饿；有时听戏听得浑然忘我，也可以把肚子听饱，可见语言的营养价值很高。

六、信仰。各种营养当中，信仰的养分最为神奇。大梅法常禅师“一池荷叶衣无尽，数树松花食有余”，这不是信仰的营养吗？甚至念佛参禅的人，虽然少食，但是精神充沛，慢慢走入证悟之门，这不是信仰的营养而何？

综说上述的营养，物质、爱情、精神、思想、语言、信仰，对人都有贡献。此外，还有许多为人体所需要的营养，都应该摄取。不过最重要的，生命的营养应该是升华而不堕落、向善而不趋恶、向前而不后退、奉献而不自私，如此才是真正滋养生命的养分。

饭桌上

所谓“人同此心，心同此理”，举世之间有一个有趣的共同现象，那就是“饭桌上，一切事情都好说”。因此现在大街小巷上，大小餐馆林立，上餐馆吃饭，不只是为了饱食三餐，实际上“饭桌上”也有很多的妙用，略述如下：

一、饭桌上可以解决问题。有些人通过开会，用会议来解决问题，但有些事情，在“饭桌上”更容易商量、解决，所以主其事者就会邀约相关人士，大家在饭桌上边吃边讨论。因为吃饭的时候，美食当前，气氛轻松，大家也都带着愉快的心情，对各种问题能比较客观地讨论，不至于太过严苛要求而僵持，所以饭桌上能解决问题，并不是没有原因的。

二、饭桌上可以联络感情。很多朋友许久未见，偶尔可以通过聚餐来联络感情，所以同学会、欢迎会、联谊会，甚至为人庆生过寿等聚会，都能联络感情。有一些生意上的同业，借助饭桌上可以谈生意，也可以联谊交流，甚至一些学者专家，可以宴请各种专业人士，在餐桌上讨论所学，也可以借机联络感情。有一些人经常挂在口边：“我和某人一起吃过饭。”可以一起吃饭，就表示他们感情匪浅。

三、饭桌上可以成就好事。在餐桌上，大家边吃边谈，不必有太多的心防，也不必有太多的做作。本来素昧平生的人士，可以借助同桌吃饭而互相认识。有的异性，借助饭桌上的风仪，相互欣赏，结成伴侣。在餐桌上，有的谈出志同道合，共同创业，成为同志、同事，都因饭桌上的缘分，而把大家凑合在一起，成就好事。

四、饭桌上可以品尝美味。人总有嗜好，有的人讲究穿着，有的人注重居处，有的人爱好旅游，有的人喜欢艺术。饮食可以说是大家共同的嗜好，有的人嗜好中餐，有的人喜爱西点，有的人习惯中国北方的面食，有的人偏好中国南方的小菜，甚至日式的餐点、韩式的泡菜、泰式的辣味、港式的饮茶等。总之，爱辣爱酸，爱咸爱淡，都任君选择。只要大家志同道合，口味一致，都可以不时相约到餐馆大享人间美味。

五、饭桌上可以看出人性。在饭桌上，一个人的品性、修养，也很容易在用餐时显露无遗。有的人只顾自己吃，见到美食，马上一扫而空，完全无视别人的存在；有的人边吃边高谈阔论，完全不管应有的礼仪。当然，有的人在饭桌上谈笑风生、应对得宜，自然受人欢迎，但是也有的人沉默寡言、拙于应酬，甚至有些人不断议论长短、评论是非，最是让人疵议。总之，一个人的性格、涵养，从饭桌上的言谈应对、举止表现，都可以看出他的程度如何。即使是初次相识的人，如果想要了解对方，只要你提出适当的问题，当对方回答时，所谓“只要你一开口，就知道有没有”，在饭桌上都很容易看出人的品性，所以在饭桌上吃喝之余，也不能不重视饭桌上应有的礼仪。

茶　道

人活着，要靠日光、空气、水分，三者缺一，就不能生存。其中人生与水分的关系，西方人喝咖啡，东方人喝茶，都是与水结缘。不管喝咖啡或是喝茶，除了补充人体所需的水分之外，另有深意。现把喝茶的意义，略说如下：

一、泡茶之心。当我们兴起喝茶的念头时，随手泡一杯茶，当下不会有太多、太大的贪念，既不想要升官发财，也不会希求世间给我什么，只想喝一杯清茶，可以疲劳尽除，妄念息下，悠闲自得，就已经心满意足了。假如偶尔三五好友，相约喝茶聊天，所费不多，谈不上浪费，也不会暴殄天物。大家在茶叙之际，彼此谈心论道，交换意见，岂不快哉。

二、沏茶之情。当我们准备泡茶时，先要准备好各种茶具，并且小心翼翼地把茶壶、茶杯洗净。当开水煮好，沏茶的时候，算好人数，茶叶要适量。此刻的心情，最能体会开水的可贵、茶叶的美味、茶具的珍贵，所以沏茶之时，人性的真情流露，至为难得。

三、上茶之道。中国是礼仪之邦，上茶之道向来被视为一个人品格操守的流露。自从唐朝喝茶文化传入日本后，直到今天，日本仍然保存着中国的茶道，不只是待客以茶，尤其待客以心，就如在诸佛之前献香、献花一样。待客清茶一杯，双手捧上，无限的心意，至情的流露，无比宝贵。

四、茶具之周。过去古人喝茶，讲究“喝茶之道”，并不像今人这么简化。根据陕西法门寺地宫出土的文物，当中有许多茶具，都以黄金为材质，且经巧匠铸造。中国的茶具之精美，可以表现族群的层次。今日宜兴的紫砂茶壶，在世界茶具之中，堪称一绝。尤其中国人品茗，不只是茶具讲究，连泡茶的技术、程序都有学问在，都让人感到人外有人，天外有天。

五、饮茶之地。中国人喝茶，不但讲究茶具的精美、茶叶的质量、泡茶的方法、上茶的礼貌，尤其喝茶的地方也十分考究。喝茶之地，不只有茶楼、茶馆，文人甚至荡舟水上，或在湖水之滨、亭台一隅，大家聚会喝茶，吟诗作赋，享受浮生半日闲。另外，一些乡村老农，选在大树之下，三五邻居，一边喝茶，一边下棋，或是闲话家常，这种享受喝茶的人生乐趣，实非今日流连在舞厅、酒家之人所能体会。

六、茶禅之味。喝茶，不但要喝出道来、喝出慧来，尤其如果能够喝出禅来、喝出悟来，那就更奇妙了。禅门里，对于前来参学的学僧，都叫人“吃茶去”、“洗碗去”，或者是“扫地去”。尤其有名的赵州禅师，你去参访他，问他：“如何是道？”他说：“你去吃茶。”你问如何开悟？他也叫你“吃茶去”。什么是道？什么是悟？一律“吃茶去”。这是说明，茶道中蕴含禅机无限。所以喝茶，要喝清凉之茶、平和之茶、禅味之茶、无心之茶。所谓“无心之茶”，里面包罗万象，柳绿花红，另有一番世界。

花

世界上什么东西最美？植物当中应以“花”为最！人当中，则是“笑容”最美。另外，天上的白云、水中的游鱼，都给人美的感觉。

花有多种，以季节来说，春天有桃、杏、牡丹，夏天有莲、荷、石榴，秋天有菊、桂花、芙蓉，冬天有寒梅、杜鹃、水仙等。

花，给人美丽的印象，当春天来临，百花齐放，那是一个多么美丽的世界！过去的人都喜欢将花比人：人比黄花瘦、人比红花艳！而且只有美女才堪与花相比，可见花之受人尊重。

花不仅美丽，还有各种美德，举例如下：

一、花之君子——菊花。“花中君子”的封号，应为菊花莫属。所谓“荷尽已无擎雨盖，菊残犹有傲霜枝”，自古以来，名人雅士都喜以菊花抒发情怀，如陶渊明先生不慕世俗荣华，但他喜爱“采菊东篱下，悠然见南山”的闲适生活。陶渊明爱菊，这是历史上的名人雅事。只是现在的菊花，经过品种改良，种类繁多，而且花形丰满，色彩鲜艳多样，一如今之君子，已不像过去遗世独立，傲然不群。现在的君子也如菊花，身在尘世中，却能挥洒自如。

二、花之隐士——兰花。兰花生长在深山幽谷之中，犹如古往今来的隐士，也都习于避居山林，因此一般人说兰花是隐士，比之倒也恰当。只是今之深谷幽兰已被世人发现，一些名贵品种纷纷移植平地，家中庭院，随处可见。正如隐士“大隐隐于朝，中隐隐于市，小隐隐于野”，也不一定要居住深山，才能名为隐士了。

三、花之富者——牡丹。闲花野草生长在路边，并不受人青睐，假如是牡丹花、玫瑰花，那就人人喜爱了。尤其牡丹美艳润泽、雍容大度，一向被视为

“富贵”的象征。现在送人一盆牡丹，代表祝贺他“富贵满堂”，也如送他聚宝盆一样，自然令人欢喜。自古以来，艺术家笔下也喜欢以牡丹为题材，将牡丹比为“百花之王”，更有“王者之香”的美誉，可见牡丹在花中的地位之崇高了。

四、花之学者——梅花。松、竹、梅为“岁寒三友”，此中梅花不但清香扑鼻，而且愈冷愈开花。梅花耐寒而能经得起霜雪的挫折，正如中国的读书人，所谓“十载寒窗无人问”，一些清寒的读书人，能经得起贫穷生活的磨炼，故能养成有思想、有节操、有磊落人格的读书人风范，如此与梅花相比，真是一点也不差。

五、花之净人——莲花。莲花“出淤泥而不染”，自古以来就被比为修行的净人而歌颂不已。宋朝周敦颐先生尤其对莲花情有独钟，他形容莲花：“出淤泥而不染，濯清涟而不妖，中通外直，不蔓不枝；香远益清，亭亭净植，可远观而不可亵玩焉！”他把莲花清净脱俗的特质，形容得入木三分。莲花的圣洁，也只有宗教里的修行人士，他们对金钱不沾锅，对利益不贪求，对情爱不染污的情操，才堪可比拟了。

古人张潮曾说：“梅令人高，兰令人幽，菊令人野，莲令人淡，春海棠令人艳，牡丹令人豪，蕉与竹令人韵，秋海棠令人眉，松令人逸，桐令人清，柳令人感。”拿破仑更说：“不生花的地方，人类无法生活。”花和人们的生活息息相关，不管我们在不在意，它的美丽与芬芳，总是为人间带来惊艳和欢喜。

居　家

每一个人都有一个家，家是安全的避风港，家是安乐窝，尽管世态炎凉、人情冷暖，回到家中，都会有“回家的感觉真好”的幸福感。但是，也有的人认为居家像牢狱一般，因为人事不和，或是知见不一，甚至亲人成为怨憎会苦，周遭都是虎狼群聚，感觉不安全，不能自由，则家居对这种人来说，就一无是处了，所以难怪他们成天总想往外跑。

家居，对多数人而言，因为家里都是至亲骨肉，人多，亲情洋溢，热闹无比；人少，一家人都外出了，一人在家，可以享受独居的宁静，也会觉得家真是美好。不过，孔子说“小人闲居为不善”，不会安排生活的人，忽然闲下来，就会无所事事，或是不耐寂寞，就会无事生非，做出一些令人意想不到的不当行为，所以居家要懂得安排闲暇时间。正当的居家之道，举出数事提供参考：

一、整理家务。趁着家人外出，家中无人之际，主动把门窗擦净，把地板扫好，把桌椅摆设整齐，把厨房里的锅碗瓢盆都清洗一番，甚至佛前烧香换水，让家人从外面回来，感到家中焕然一新。如此，家人高兴，自己也有成就感，何乐而不为呢?

二、读诵书籍。居家无事，正好可以拿出自己喜欢的书籍，同时泡上一杯好茶，一边看书，一边喝茶，享受清心悠闲的读书之乐，岂不美哉。

三、打坐静修。家中无人，四周一片静寂，此时此刻，如果能够利用客厅的沙发、地板，或是卧房的床铺，双腿一盘，双目一闭，静坐片刻，天堂之乐，也不过如此。

四、完成计划。读书的人，可以利用居家闲暇，完成一篇文章。志不在写作的人，也可以为自己的工作拟订一些计划，或是与家人共同策划家中的年度行事。为自己或家人规划人生，都是很有意义的事。

五、约谈好友。趁着家人不在，可以约个三五好友，到家中小聚，谈心论道，也是人生一乐。

六、重新布置。家中的布置，常年不变，看久也会失去新鲜感。如果偶尔能把布置更新，例如墙上的书画换一换，桌椅方向改变一下，窗帘换新一番，都能让家人有耳目一新的感觉。

唐朝刘禹锡的《陋室铭》，把个书房形容得无比美好，所谓：“山不在高，有仙则名；水不在深，有龙则灵。斯是陋室，惟吾德馨。苔痕上阶绿，草色入帘青。谈笑有鸿儒，往来无白丁。可以调素琴，阅金经。无丝竹之乱耳，无案牍之劳形。南阳诸葛庐，西蜀子云亭。孔子云：‘何陋之有？’”

家是社会组成的单位，甚至现代民主宪政所谓“内阁”制度，原因是主持国家大事的官员，是在一间小小的房子里，就可以决定国家的政策方针，所谓“运筹于帷幄之中，决胜于千里之外”，可见斗室也可以决定天下大事。

不过，现代有的人一个家不够，同时拥有好几个家。在北方有家，南方也有家；在本国有家，外国也有家。有时候家太多，成为家的奴隶，其实也是很划不来的事。

非法安住

我们对刚认识的朋友，习惯上总会问对方：“您府上在哪里？”有的人住在台北，有的人住在高雄，或是住在中山北路，住在南京西路等。

其实，每个人住在哪里并不是很重要，重要的是，我们的“心”住在哪里，这才是大家应该自问的。我们的心，天上地下，东南西北，可以说每天都是“心猿意马”，一刻也不肯停留地在人我是非、好坏得失上打转，所以我们的心都是安住在“非法”上面比较多，例如：

一、安住在名利上。我们的心，从早到晚，不是想名就是慕利，时时念念都与名利相结合。然而名利都是不定法，都是会变化的，所以我们的心在名利得失上，也就无法安住了。

二、安住在感情上。情爱更是变化无常，今天山盟海誓，明日可能就移情别恋了。其实情海生波，也不能完全怪对方水性杨花、对爱情不贞，因为世间情路本来就是坎坷多变的，有时为了美丑问题，有时为了贫富问题，有时为了思想问题，有时为了学历问题，哪个不是在爱情的路上随风起浪？真正能够为情坚贞不渝的，毕竟是少数，因此爱情也不是长久安住的地方。

三、安住在是非上。我们的心每天都在人我是非、得失好坏里转来转去，一句话好不好听，立刻可以改变我们的心境，一件事应不应该，也让我们悬念挂怀，所以在是是非非的人间社会，哪里能长久安住呢？

四、安住在尘劳上。《金刚经》说，我们的心都是在五欲六尘里流转。所谓“五欲”，就是财色名食睡。所谓“六尘”，就是色声香味触法。因为五欲尘劳都是动荡不宁、虚幻无常的东西，心在五欲六尘里，只能随之起舞，不能安住。

五、安住在烦恼上。烦恼是人生最大的敌人，在佛法里通常将烦恼分为根本烦恼与枝末烦恼两种。根本烦恼又分为贪、嗔、痴、慢、疑、见等六烦恼，其中，见又可分为身见、边执见、邪见、见取见、戒禁取见等五种，合称为“十烦恼”。人的烦恼之多，在这么多的烦恼里，我们的心又怎么可能得到片刻的安宁呢？

六、安住在欲望上。苏东坡说：“人之所欲无穷，而物之可以足吾欲者有尽。”由于吾人的欲望无穷，如何能在有限的物质里获得满足呢？不过古人说：“大厦千间，夜眠八尺。良田万顷，日食一升。”一个人即使拥有再多，所用其实是很有限的，然而却因为不满足，所以永远不快乐。

因此，在世间法里，身心很难找到长久的安住之处，唯有信佛、学佛，在佛法里如果能获得禅悦法喜，那才是我们真正的安心之处。

睡　觉

人活着都要睡觉，不睡觉就不能活。但是有的人尽量减少睡眠，想把时间省下来工作。一个人不工作，整天闲散睡懒觉固然不好，如佛陀批评阿那律：“咄咄汝好睡，螺蛳蚌蛤类，一睡一千年，不闻佛名字。”睡觉睡得过分，有时也会睡出毛病来，但是如果长期睡眠不足，身体也会出问题，所以适当的睡眠是正精进，因为睡眠有如下意义：

一、睡觉如充电。一般的家电用品，电池使用一段时间后，都需要充电才能再使用；出门开车，汽车也要加油才能上路。适当的睡眠，就如机器充电，也如汽车加油。人的肉体需要吃饭才有体力，精神也需要有充足的睡眠养息。如果不睡觉，眼睛睁不开、头脑不清醒，甚至四肢没有力气，所以睡眠就如充电、加油，至为重要。

二、睡觉如打烊。一般的商店，到了晚上都要关门打烊，就是公司里的员工，白天上班，到了晚上也要下班。人的身体，眼、耳、鼻、舌、身、心等“六根”，平时一直在与色、声、香、味、触、法等“六识”打交道，一天工作下来，也很辛苦，也需要时间休息。睡觉就如商店打烊，也如公司下班。借着睡觉，让“六根”都能放松，得到适当的休息，所以睡觉是很重要的事。

三、睡觉如息兵。睡觉如军队偃旗息鼓，高挂免战牌，暂时休兵养息。因此，睡觉时，不但眼睛不看、耳朵不听，而且要把身心全然放下，好好休息。但是有的人不甘于把时间浪费在睡眠上，晚上要加班，甚至追寻其他的声色之娱，如此反而加重身心的负担，日久身体也会生病、反扑。所以休息如佛教讲的：“学道犹如守禁城，昼防六贼夜惺惺；将军主帅能行令，不动干戈定太平。”

睡觉虽然重要，但警觉性也很重要，不能睡到如人打趣说“睡得像死猪一样”、“睡得不省人事”、“睡得天昏地暗”，睡得过多，也要自我警惕。一般的说法，每天睡觉八小时是正常的，也有人说，一天睡个六小时就够了，其实因人而异，不能一概而论。不过中老年人，如果每天中午都能小睡半小时到一小时，必然有益身体健康。

四、睡觉如死亡。在佛教里，为了勉励修行人把握每一天，甚至每个当下好好精进修行，不可蹉跎时日，所以有谓“今日脱下鞋和袜，明朝不知穿不穿”也就是要有无常观，要把睡觉当成死亡一样，每个今天也许就是生命的最后一天，要自我惕厉。其实，佛教里修行悟道的人，一边睡觉，一边可以清楚地知道别人在讲什么话、做什么事。反之，没有修行功夫的人，尤其是睡得很沉的时候，什么感觉也没有，什么事都不知道，就像死去一样，甚至尽管现在医学很发达，在睡梦中逝去的人，也是为数很多。不过一般人认为这是“善终”，能在睡觉时逝去，无诸痛苦，安然而逝，未尝不好。反过来说，如果每个人都能把死亡当成像是睡觉一样，那么死亡也就没有什么可怕的了。

睡　眠

人每天都要睡觉，睡眠有时候是懒惰、懈怠的代名词，但是正常的睡眠是精进，会有再起的力量，因此适当的睡眠，也是正精进。

过去中国的读书人，以及宗教的修行之士，倡导爱惜时间，都会尽量减少睡眠。就是一般的农工之家，也是起早待晚，日出而作，日落而息，毫不懈怠。佛教的阿那律尊者，因为听经时打瞌睡，被佛陀呵斥为："咄咄汝好睡，螺蛳蚌蛤类，一睡一千年，不闻佛名字。"可见睡眠不当，应该呵斥。但是适当的睡眠，也是值得提倡，因为睡眠具有如下功能：

一、睡眠可以放松身体。我们的身体，绷得太紧，没有适当的放松，就如机器，没有休息，也会发生故障，所以适当的睡眠，让身体得以放松，就如万物休养生息，才能生机无限。

二、睡眠可以宽大心胸。一个人操劳过度，有时候也会影响情绪，例如看别人不顺眼，甚至愤世嫉俗等。如果给予适当的休息，也能怡情养性，开阔心胸，自然不会对人太计较。我们很少看到一个人刚起床就责怪别人，但常见一个睡眠不足的人，骂你骂他，骂东骂西，所以充足的睡眠很重要。

三、睡眠可以远离烦恼。人生的烦恼，可谓八万四千，为数很多。我的欲望、我的挂念、我的计较，每天都像泰山压顶一样，让人难以承受。所谓"一睡解千愁"，其实一睡不但可以把所有烦恼挂碍都息下来，而且在获得适当的休息后，有足够的精神、体力解决问题，这才是真正的解千愁。

四、睡眠可以放下事务。勤劳的人，世间的事永远做不完，甚至愈做愈多，所以有"能者多劳"之谓。勤劳的人，做了这样，又想完成那样；做完自己的，又想帮别人多做一些。办公的人，公事愈积愈多；写作的人，稿债愈拖愈大。承诺的事，一件又一件，日常的生活琐事，更是循环不已。例如，地每日要扫，饭餐餐要煮，盥洗日日要进行，人情天天要应酬。所以，有的人被事务缠身，甚至压迫得身心俱疲。假如该睡眠的时候，放下事务，好好地睡他一觉，也不失为解脱之道。

五、睡眠可以观想光明。佛教讲，适当的睡眠也是正精进，尤其在即将入睡之前的一点点时间里，如果利用来轻声念佛，或是观想光明，必定能在身心安然中入睡，如此必然有益健康。

六、睡眠可以阅读入梦。有的人习惯睡前看书，所以设有“床头书”。在睡觉前，看一本自己喜欢的书，不但可以息下妄想杂念，让自己拥抱书香入梦。尤其一旦养成每天看书的习惯，则日积月累，自己的知识、学问必有长进，必能变化气质，此所谓“腹有诗书气自华”也。

总之，好逸贪睡，这是浪费生命，合理适当的睡眠，有助健康。尤其善用时间的人，利用睡前的时间用功，不管是念佛、读书，或是止息妄念、开阔身心、远离烦恼等，都能让自己的生命得到充分的滋养，让自己更有力量迎向美好的明天。

睡　经

现代人，失眠的问题愈来愈严重，有些人不容易入睡，总是在床上翻来覆去，不得成眠。面对失眠，实在是一件苦不堪言的事，尤其有些人隔天还有重要的事要处理，不能不早起，但是晚上又不能很快入睡，怎不苦上加苦呢？人生贪睡固然是毛病，但是不睡也不是好事。好比佛陀对弟子二百亿耳开示“修行如弹琴”，琴弦太紧容易断，太松则不响，最好要能中道。

人生在世，行住坐卧都要有适当的安排，好比前往某处，是行脚去还是乘车去呢？居住的环境，是选在山上、水边好，还是繁华的都市比较方便呢？总要有个安排。睡觉亦复如此，有的人习惯要点灯，有的人则是幽暗才能入睡。总之，自觉心安，最为适合。

睡眠也是一种正当的休息，闭上双眼，能让眼睛获得充分休息，身体平躺，能舒解身心的压力。因此，睡眠质量好，必能促使心力更加旺盛。

以下提供几个帮助睡眠的方法，给一些不容易入睡的人士参考：

一、儿歌是母亲送给幼儿的催眠曲，难以入睡的人，不妨哼哼呀呀唱个一曲，或许能帮助入眠。

二、可以倒数数字，从一百、九十九、九十八、九十七……数到一，然后再重来一次。不消重复个二三次，大概就可以入眠了。

三、可以观想佛的相好光明，把佛相的庄严观到历历在目，而且定于一境，不会模糊不清，如此与佛的慈悲、精神、活力相互交流，也容易入睡。

四、躺在床上三五分钟内，如果仍然无法入睡，可以用手指轻触眉毛、脸颊、头部，就像苍蝇在脸上爬动一样，因为无事可做，感到无奈，很快就能睡着了。

五、可以默念“七音佛号”，虽然不发出声音，但有韵律也能帮助入睡。

六、背佛学名相、念外文名词、记文学上的成语，也有助入眠。

七、如果再睡不着，干脆想一些困难的问题或难以解决的事情，自问“怎么办”，最后也会因为无奈而入睡。

八、把心定于一境，平时我们的心就像猿猴一样，南北东西到处乱跑，不易安住，若能把心安住在一个境界上，一段时间之后，也会睡着。

九、假如还是睡不着，可以起身洗个澡，重新再睡。甚至睡前泡脚，不仅促进身体健康，也可以帮助入眠，是一举二得的好方法。

十、《十六观经》里面的任何一观，如观日、观水、观地、观树等，都能有助于睡眠。

人要吃饭、喝水，才能补充营养、增加体力，而睡眠能调节生理时钟，让人精力充沛。所以，人生能吃还要能睡，才是有福气的人。吃睡正常、工作正常、思维正常、生活正常，一切都很正常，还会有什么事情感到不如意的呢？

睡姿奇观

在人的一生当中，大约有三分之一的时间都在睡觉。睡眠的时候，其实也像死去一般，只是人都怕死，但不怕睡觉，因为睡觉会再醒来，死去就不会再活过来了。

每天有充足的睡眠，可以消除疲劳，恢复体力，所以睡觉对人而言，就如远航的船只需要添加油料一样。有充足的睡眠，才能保持身体健康，良好的睡眠质量对人的重要性，由此可见。

谈到睡觉，有的人一躺上床，马上就能进入梦乡，有的人总要翻来覆去，久久不能入眠。甚至睡觉的姿势，也是千奇百态，因人而异。兹举数例一谈：

一、仰天长啸型。有的人睡觉时间一到，朝床上一倒，面对天花板，马上呼呼大睡。这种睡姿的人，容易打鼾，而且姿态不雅。幼小时，父母大都会加以纠正，所以这种仰天长啸型的人，为数不多。

二、大字摆开型。有的人睡觉，朝床上一躺，两手一伸，两腿一叉，像个“大”字一样，也不管旁边有人无人。这种大字摆开型，比仰天长啸型更为不雅，这种睡姿的人，只能独睡，否则不但睡姿难看，也会影响旁人睡眠。

三、卷曲虾米型。有的人睡觉，很规矩，很自爱，睡下后，身体侧躺，或左或右，像虾米一样卷曲，缩成一团。这种睡姿的人，不妨碍旁人同睡，往往是因为从小的家教养成的好习惯。

四、背天覆地型。有少数的人睡觉，不是仰天长啸型，而是背天覆地型，他趴伏在床上睡觉。这种睡姿不但容易伤害五脏六腑，睡眠也不容易持久，所以从生理卫生、身体保健的角度来看，并不是很理想的睡姿。

五、辗转反侧型。有的人睡眠习惯不好，尤其当心绪不宁的时候，在床上辗转反侧睡不着。由于翻来覆去容易惊动旁人，尤其有的人动作夸张，不断起身再躺下。如果独睡还好，万一在军中睡大通铺，或在家中与家人共睡，自己动作太大，也容易引人反感，不受欢迎。

六、右胁而卧型。真正最好的睡姿，就是佛陀所说的“右胁而卧”，又叫“吉祥卧”。右手摆在右脸旁，左手伏贴在左腿上，这样的睡姿一来美妙好看，再者减少妄想，容易入睡。所以假如偶有心情不好，可以借右胁而卧的姿态，同时一边可以观想光明、观想佛身，或是观想大自然，让心胸开阔，帮助入睡。这样的睡姿如能养成，不但有益身体健康，而且不管人前人后，尤其在大众团体里，也不会失去庄严的威仪，就是与人同铺而睡，也不会惊扰别人。右胁而卧最大的好处是既不会打鼾，也不容易做梦，睡眠的质量会提高。所以，各种睡姿奇观中，还是以右胁而卧的“吉祥卧”最为可取。

贰·人生的城市

一个懂得生活的人，一定要像云一样，过得自由自在。不要被名缰利锁自我束缚、自我设限、自我封闭，要如行云流水般任逍遥。所以懂得人生的人，在人生里面要寻找快乐的人生，要找自由的人生，要找自信的人生，要找包容的人生。如果可以宽大包容，那时，自我心中自有无尽财富。

人生的城市

现在举世之间，由于交通往来便利，国际旅游已经蔚为时尚，现代人普遍具有国际观，因此经常可见一些票选世界十大最适合居住的城市、十大最有文化的名城等活动。其实，光是一个中国之大，文化城、教育城、商业城、工业城之多，就不知凡几。兹以“衣食住行育乐”为主题，略述中国的六大城市如下：

一、衣——穿在苏州。自古以来，中国江南的织锦闻名世界，在苏州、江宁、杭州等“江南三织造”中，苏州尤有“丝绸之府”的美称。从元代开始，朝廷在此设立织造局，清代有名的《红楼梦》的作者曹雪芹先生，其先人就曾担任苏州织造官。古来中国皇帝喜以苏州织锦作为赏赐之物，一般臣民也以能穿上皇帝所赐的织锦为毕生最大荣耀。直到现在，湘绣、蜀绣、粤绣、苏绣等中国“四大名绣”中，苏绣仍以绣工细致、平整，加上针法活泼、构图巧妙等特色而盛名不衰。

二、食——吃在广州。有人说广东人最会吃，他们的吃被形容为“天上飞的除了飞机，地下走的除了坦克以外，其他什么都能吃”。广东人爱吃、会吃，因其省会广州位于中国南方，地处珠江三角洲北部，濒临南海，与香港、澳门相望，北部则是森林集中的丘陵山区，一年四季，各种山珍海味从各地云集而来，所以有“食在广州”的说法。

三、住——居在扬州。扬州地处长江、淮河交汇之地，是中国历史文化名城。自从隋唐以来，不但名人雅士欢喜聚集于此吟诗作画，尤其康熙、乾隆盛世时，大量的徽商、盐商云集在此，一时富甲天下，成为世界十大最繁华的城市之一。所谓“天下三分明月夜，二分无赖是扬州”，水乡扬州不但气候温和，景色优美，到处有亭台楼阁，垂杨绿柳，自然的风光旖旎，尤其瘦西湖畔的园林群建筑之美，享有“园林之盛，甲于天下”之誉。每年到了春暖花开、莺飞草长的季节，更是美不胜收，所以李白有诗云：“故人西辞黄鹤楼，烟花三月下扬州。”扬州得天独厚的生活环境，最适合人居住。

四、行——行在重庆。重庆是中国四大直辖市之一，由于四面环山，城区依山而建，道路陡峭，是个有名的山城。现代人重视养生，懂得走路对健康的重要，故有“饭后千步走，活到九十九”之说。重庆因特殊地形而发展出的“步道文化”，不但成为市容景观之一，据闻重庆姑娘多数身材高，就是长期走路的结果。重庆又有“雾都”之称，所谓“雾里看花”，其实在雾里走路，也是别有一番乐趣。

五、育——育在西安。西安旧称长安，是古来帝王建都之地，许多帝王陵寝都建造于此。自从秦始皇兵马俑出土，到法门寺地宫发现佛指舍利，据闻西安的地下只要挖个数尺，就会有宝藏出土，可见西安是中国文化的根源。因此，尽管中国锦绣河山，到处都可孕育人才，不过西安是帝王之都，是中华文化之基，在此培育人才，成就其“立功、立德、立言”的教育，最是适宜。

六、乐——乐在上海。人生在世，不是为受苦而来，应该追求快乐，这也是人生正当的希望。现在全中国最进步的享受之地，应为上海莫属。上海拥有世界级的饭店、旅馆、商圈、娱乐设施等，吸引来自世界各国的人士在此挥金如土，共同缔造十里洋场的夜上海，成为享乐的天堂。

综说中国的每个城市，各有其特色，所谓“官在北京、富在天津、游在昆明、生在杭州、死在柳州”等，中国之大，真是难以细说。

走出去

现在举世之间流行一句口号，鼓励大家要“走出去”。要从家庭走上社会，从农村走上都市，从个人走上团体，从家乡走向世界。“走出去”的思潮带动现在社会经商人士跑遍天下，观光旅游大众也是看尽世界风光，随处可去。

走出去，不是在有形的空间上从这里走向那里，而是从愚昧执著中走上开放的人生，从自私顽固的性格走出一个拥抱大众的开阔心胸。因此，人生不是只有身体走出去，而是要把思想走出去，要把心胸放大开来。走出去，不是平面上的走出去，要能竖穷三际，横遍十方，所谓“心包太虚，量周沙界”，这样的人生才算是“走出去”。

人要“走出去”才有前途，到底要走到哪里去呢？

一、走向光明的地方。光明人人喜爱，黑暗无人欢喜。你看，夜晚一到，都市死寂一片，没有行人；商场关门，没有人购物；机关打烊，工厂下班，为的都是因应黑暗的来临。鸡鸣天晓，每一个人又都走了出来，学生上学去，公务人员上班去，士农工商开始一天的工作。光明是非常可贵的，躲在黑暗之处不是人所喜欢的，所以人生在思想上要走向光明、走向喜悦、走向光天化日的地方。

二、走向正义的方向。人要走出黑暗，但是纵使在光天化日之下，“是非”、“好坏”还是有分别。小偷趁人外出，下手偷窃，浪子走到任何地方，看到欢喜的东西就顺手牵羊，这些都是偷鸡摸狗、见不得人的事。因此，就算白天也不能胡作非为，最好要走上正义的道路去。例如，工作就到有正义的地方去工作，交友就到有正义的地方去结交，集会就到有正义的地方去聚会。文天祥的《正气歌》说：“天地有正气，杂然赋流形，下则为河岳，上则为日星，于人曰浩然，沛乎塞苍冥。”人生在宇宙之中，种种行事，种种语言，都应该像文天祥一样“留得丹心照汗青”。

三、走到群众里面去。人为什么要走出去？因为个人孤陋寡闻，因为独木不能成林，因为一个人的力量有限，不能成事，所以要走向群众。即使成佛，也要度众生，若无众生可度，怎能成佛呢？所以一个人不走向群众，只是孤陋寡闻，偏于一隅，或是性情怪僻，不肯合群的人，要想有所成就，此实难矣。

四、走向牺牲奉献去。语云：“慷慨赴死易，从容就义难。”自古以来，在忠孝节义之下，多少人做了牺牲和奉献。将军以一死报国，文臣以拚死上谏，尤其一些女人为了守节，数尺丝罗了却残生。学习吃亏的君子、崇尚利人的圣者，他们把自己一生奉献给信仰，也不为世间所污染。自古以来，中国以道德维系了社会的秩序，道德成为社会人生的中流砥柱，其例不胜枚举。

走出去，人都应该走出去，有的人少年就远走他乡，有的人至死甘老林泉。其实“读万卷书，行万里路”，走世间的路，做人群的事，只要得当，走出去就算冒险，也有刺激。只要走出去，所谓“山穷水尽疑无路”，如果你懂得转身，自然又能得个“柳暗花明又一村”。

上哪儿去

每个人一天当中，都有很多的想法。如果没有净化的人生观，一天到晚想入非非，心中、脑海里都只想到一些不当的地方，前途必定很难有正常的发展。假如能够规范自己的想法，“上哪儿去”都有一定的目标，而且都是一些安全的地方，花费也不多，人生就不至于发生危险。因为人毕竟是活动的动物，每天除了忙于正当的工作、事业以外，必须有一些休闲应酬，乃至打发时间的地方可去。

现在的社会风气，时兴上餐馆吃饭，一餐下来所费甚多，而且经常和朋友外出吃饭，日久容易与家人产生疏离，也不是好事，甚至有的人喜欢上舞厅，然而很多纠纷都是从这些场所传出的。或者现在也有很多人喜欢往国外跑，只是所费的时间较长，所需的经费也多，必须从长计议。

假如每个周末假日，有一些放假时间，要到哪儿去呢？倒是应该做一些正确的思考。兹建议如下：

一、逛书店去。你有读书的习惯吗？常常逛书店去！书中自有黄金屋，书中自有智慧财，你在书店里消磨几个小时，体力、精神都消耗得差不多的时候，回家饱餐一顿，休息会更甜美。

二、到图书馆去。书店里的书，大多有时代性，而且书局属性各有不同，所卖的书种类比较不广泛。到图书馆去，要什么书都有，图书馆真是人生的宝库。有些公共的图书馆，不但不收费，而且还提供茶水、座位，以及电脑、打印机等设备，真是读书之乐乐无穷。

三、游公园去。你的住家附近有公园吗？即使没有大公园，只要有个三角小公园也好，都可以提供休闲、运动。假如有半天的时间，可以陪同家人前往休息、散步，让孩子们在公园里跑跑跳跳，玩玩游戏，都能增进亲子情谊。据说现在很多高速公路的休息站，常见很多父母带着儿女开车到此一游，这倒是值得提倡的事。

四、听名人讲演去。现在各个学校、公共场所，经常举办名人讲演，假如时间许可，可以前往聆听。一些有经验、阅历的名人，他们凭着自身丰富的学养，三言两语，提出对人生的看法，指出一些人生的去向，对我们的读书、交友、就业，都会有所启发，可谓有益无害。

五、访师友去。每个人必然都有一些师长、朋友，闲暇时间也可以前往拜访，增进友谊。如果是拜访老师，要事先约好，以老师方便的时间为宜。假如拜访朋友，可以三五好友，约在某人家中小坐，天南地北，古往今来，不拘形式，随兴而谈，也是人生一乐也。

六、朝寺院去。自古以来，寺院一直是读书人喜欢造访的地方。范仲淹、王安石、苏东坡，乃至民国时期的谭嗣同、梁启超、梁漱溟等，都在寺院里获得很大的启发，开启了他们的智慧之门。所谓“近朱者赤，近墨者黑”，如果有时间愿意亲近诸佛菩萨等一些圣贤，耳濡目染，必然受其影响。诸佛菩萨虽然没有跟我们道说一言，出家法师也未必有时间和我们论道，不过一袭袈裟、一座殿堂，已经够我们启发心灵的智慧了。

“上哪儿去？”以上列举的地方，不是很好吗？

出门六要

每个人每天几乎都要出门，出门上班、出门旅行、出门开会、出门买东西、出门访友。一般妇女出门，总要花上好长的时间打扮。男士出门，虽然不若女士精心妆扮，但是出了门，就要融入到大众里，所以应该要注意自己的礼仪。以下举出“出门六要”，提供参考：

一、仪容庄重。出门之人，一定要带着愉快的心情，要有庄严的仪容，保持自然，保持微笑，保持端庄。见了人不能苦着表情，一脸严肃，让人见了就不欢喜，如此怎么与人洽谈办事呢？因为自己看不到自己的面孔，更要小心注意自己的表情仪容，不要让它成为自己与人相处，或是交涉办事的阻碍。

二、衣履整齐。出门的人，虽然不一定要穿着华丽的衣服向人炫耀，但是出门在外，衣履总要整齐清洁，朴素大方，不可邋遢随便，以免给人留下不良的印象。

三、情绪安详。出门的人，不可以把在家所受的气发泄在别人身上，也不能把自己的烦恼、情绪传染给别人。出门在外，要保持心情愉快、情绪安详，对人微笑有礼，讲话心平气和，这是做人之道。

四、主动问好。出门在外，不管认识与否，既然照面了，不妨问候一声“你好”、“早安”。假如是熟人，也不要匆忙就擦身走过，所谓“见面三句话”，可以寒暄几句，问候一下“近来可好”、“家居平安”、“事业顺利”，让别人感受到你对他的关怀。有时你主动对人招呼，却得不到回应，也不要生气。你可以想，也许是对方来不及回应，也可能是别人没有听到你的问候，所以只要自己对人的礼数到了就好，不要计较别人的反应，必然自己受益。

五、精神焕发。平时在家，可以闲散、放松，但是一旦出门，就要容光焕发，神采奕奕。所谓“在家一条虫，出门一条龙”，本此道理，出门一定要打起精神，说话铿锵有力，眼光炯炯有神，尤其跟人握手时，一定要表达诚意。有的人与人握手，眼睛却看着别人，如此不专注，不会赢得别人的好感。一个人要受到别人的好评，所谓“三千威仪，八万细行”，稍一不注意，都容易招人批评。

六、肯定自信。出门办事，尤其是每天外出上班，一定要带着饱满的精神，以及愉快的心情，尤其要充满信心，专注地投入工作。如果是出门访友、参加会议，更要四面玲珑、八方周全，说话妙语如珠，引起别人的好感，容易达成访谈的目的。总之，人要肯定自我，对自己要充满信心。已经出门了，如果不知道自己的目标在哪里、不懂得如何与人应对，如此没有自信，如何达成目的呢？所以出门一次，看似简单，其实出门办事，行止进退，如何应对才得体，里面大有学问。出门，实在是一件不简单的大事。

出门预备

每个人每天都要外出上班、办事，即使不用每天上班，只要不是“闭关”、“禁足”，总要外出。出门前，应该有些预备，没有事先预备，出门之后才发现忘记了要前往的地方，以及对方的姓名、应送的礼品等，甚至回到家才发现出门时忘了带钥匙。

经常见到有人出门，车子开动了，猛然发现忘记了什么，只好回头。甚至出国的人，忘了带护照，在海关进退两难。为什么不及早预备好呢？

“出门预备”，兹有六事提醒：

一、出门先看天。今天会下雨吗？如果感觉天色不对，有可能下雨，就要先预备好雨衣、雨伞、雨鞋，免得在路上果真变天下雨了，进退维谷。

二、所去有目的。今日出门，要到哪些地方，有几件事该办，先有个计划。例如，第一先到甲地，第二再到乙处，第三顺道拜访丙家……把所要访问的对象一次完成。或者今日去乡镇公所领户口誊本，再到银行存款，接着到市场购买物品……把该做的事计划好，免得中途犹豫。常见有人把车子停在路旁商量，甚至商量时意见不一，吵起架来，这都是出门没有预备之故。

三、时间要预算。今日出门到多少地方去，需要花费多少时间，事先要有个预算，不要在别人开会时赶到，或是别人吃饭时造访，免得彼此尴尬。如果没有事先约定，也不宜闲聊长谈，最好把事情简单讲完就告辞，免得妨碍别人工作。

四、事先要预约。到银行机关办事，他们有一定的上下班时间，只要在上班时间内，事情都能办成。如果要拜访的是朋友，彼此各有各的事情，所以最好事先用电话预约，几点到达，几点离开，让对方有个预备，不要贸然前往，成为令人讨厌的客人。朋友交往、相处，要能欢喜、愉快，所以应该注意的事情，不能疏忽。

五、讲话看人面。我们和人相约，有时闲话家常，有时商量议事，有时向朋友借贷，或是希望他出力相助等，必然会有不等的谈话内容。谈话中，要注意对方的面容、声音、态度，他对你所说的意见、所提的要求，如果是真心相应、有心资助就好，否则宜应适可而止，不要强人所难，因为即使父母兄弟、至亲骨肉，也未必都能所求顺遂，何况是朋友、外人呢？

六、礼品要预备。日本人访问朋友，非常重视礼品，现在中国社会也重视礼尚往来，相互赠送一些“惠而不费”的小小礼物，也能缩短彼此的距离，促进彼此的关系。不过送礼也要适当，不宜太贵重，免得对方收受后觉得是个负担。

出门要预备的事其实很多，应该注意的事项也不少，其中尤以讲话的内容要长话短说、具体扼要，不要翻来覆去一再重复，能够简单明白、彼此相谈甚欢，那就出门愉快了。

忘记了什么

“健忘”是一般人共通的毛病。下雨天带伞出门，天晴了，很多人会忘记把雨伞带回家。火车上的厕所里，经常有被主人遗忘的手机；到餐厅用餐，饭后总会有人忘了自己随身的手提包。甚至公交车上、出租车里，经常有乘客忘记把重要物品带下车，所以搭乘飞机在世界各地旅行时，每当飞机降落前，空中小姐总会在广播里提醒旅客，不要忘记随身携带的物品。

平时一般人出门，也经常在车子开了一小段路之后，忽然想起来：糟糕，我忘记了什么东西没有带！只好打道回府，于是浪费不少时间。

健忘实在是人生的缺点，应该改正，兹有十事提醒大家：

一、昨天你对别人的承诺，还记得吗？如果记得，即刻履行；如果忘记了，要列为自己的重大过失，不可护短。

二、父母、老师、主管、朋友跟你交代的事情，都记得照办了吗？照办后有向他们汇报吗？

三、今日出门，随身应该携带的东西，如记事本、电话簿、手机、眼镜、开会资料等，凡手提包里该有的东西都齐全了吗？出门前最好再检查一次，不要丢三落四、忘东忘西。

四、开车外出，携带驾照、身份证了吗？过路费所需的零钱准备了吗？所要前往的目的地，路线都事先了解清楚了吗？

五、外出访友，已事先电话联络了吗？如系应邀赴约，能如时赴约吗？乃至该回的电话都回了吗？

六、出国旅游，护照、机票、药品、当地的钱币都带齐了吗？甚至换洗的衣物、随身读物，都不可忘记。

七、昨天听到的善言、新知，都能记得吗？都能将之再转告给他人吗？

八、每天要“日行一善”，今天实践了吗？做了哪些善事都能够说得出来吗？

一般人经常骑驴找驴，眼镜戴在头上却到处找不到。健忘的人容易失信于朋友，健忘也是一种失德。一部大机器，忘记了一颗螺丝钉，其后果不堪设想。一个重要的亲友，忘了一句赞美、请安、问候，后果也很难预料，所以古人说“三思而后行”。我们每天的生活不可健忘，应该履行的承诺，如约、如期、如实完成，这是做人的根本。

上街

自古以来，无论哪个阶层的人士，为了购买生活所需，几乎都有“上街”采购的经验。时至今日，商业发达，百货公司、购物中心，各种大卖场林立。由于业者善于广告宣传，经常举办减价促销活动，更是吸引广大群众上街一游。当中不全然所有的人都是为了购物，而是另有所图，例如：

一、满足欲望。上街的人，不必然是为了购物，也不见得有什么目的，纯粹只是为了上街看看逛街的人潮，看看橱窗里陈列的各色商品，即使不买，看看也能满足人类追求物欲的本性。

二、消磨时间。既然不买，为什么还要上街？除了街上人多，可以看看各式各样的人与物之外，尤其街上人多事杂，总会有很多事情发生，借着闲暇逛街，可以看看热闹，消磨时间。有的父母晚间带着儿女上街，可以就街上所见，做一些机会教育，乃至到小吃摊吃个点心，有助于亲子间的互动，增加亲子情谊，这也是上街的一得。

三、猎取新奇。逛街时的心情，总是兴奋又好奇。走在街上，各种五光十色的商店招牌，还有电影院的影片广告牌，令人眼花缭乱。每逢电影进场散场，人潮如织。当中有书童报贩，沿街喊叫，各种小贩拎着水果，满街兜售。偶尔还有警察追赶小贩，乃至女人对街相骂的场景出现，甚至古代还有官轿，抬着达官贵人出巡。逛街的人看到这一切，无不感到新奇无比。其实一些男士逛街，常是为了寻芳猎艳而来，只不知一些美丽的女郎，是否也在猎取心目中的帅哥。总之，猎取新奇是引起很多人逛街的目标与兴趣之一。

四、市场调查。一个城市繁荣与否，市集街道最能反映实况。甚至当地的文化习俗、风土民情，也能从街上的活动一探究竟。因此，有些学者为了学术研究，下乡做田野调查，或是上街做问卷。尤其一些厂商为了掌握市场需求，上街做市场调查。甚至有的人没事上街闲逛，也能看出流行的趋势、物价的波动、市场的行情等，因而成为“世间解”，所以市场调查也成为某些人上街的主要目的之一。

五、陪友参观。偶尔家中有亲朋好友自远方来，陪他到远处参观，所费不赀，如果约他游街，边逛街边谈天，既有所见，也有议论，而且说长道短，不必负责。所以过去的一些茶馆，现代的咖啡屋，就成为逛街人士聚会的场所。

六、采购所需。上街最大的目的，还是以采购为主。一些公务人员，平时上班，只能利用假日，或是每天早晚上班前后，上街购买日常用物。有些公司团体，负责采购的总务人员，也经常列出清单，有效率、有目标地上街采购。平时一些家庭主妇，则是随兴地依家人所需，上街采购日用，上街因此成为某些人不可免的生活要务。

总之，不论居住在什么地方的人，都有“上街”的经验。上街的往事，不但留下生动有趣的生活体验，甚至留下很多可谈的资料，成为人生的阅历之一。

路

路，是给人走的，从甲地到乙地，需要有路。愚公为什么要移山？为了要把山东、山西的路打通。世界上的科学家，争相兴建海上的大桥，为的也是要有通路过去。常见消防队无法及时救火，因为没有通路，也曾见过有人在河边着急，因为河水滔滔，没有路过去。所以，路，对吾人非常重要。

世间的路，有二线、四线，甚至八线大道，也有崎岖难行的羊肠小道。人生本来如路，有时康庄平坦，有时曲折难行。走路，也要看各人的本领。总说“路”，有下列几点：

一、都市道路。一般城市的道路，都是经过规划，一号道路、二号道路……依路标而行，自然到达目的地。

二、山里的路。山路大都是高低不平、蜿蜒起伏，只适宜野兽出没。不过，樵夫、登山者、探险家，也会经常行走山路。

三、海里的路。有时候人用船只、快艇、舢板等各种海上交通工具，为人在海上搭路。自从海上有了通路，多少探险家找到探险的处女地，多少商贾找到贸易的商机，多少旅行家找到旅游的目标。

四、陆上的路。有了陆上的路，人行、车行都很方便，只是开路的辛苦、工程的艰巨，很少人会去想到。自古以来，多少开路英雄，在崇山峻岭中打通山路；多少筑路工人，在深山僻壤里铺设铁轨。不管公路也好，铁路也好，都是多少人用血汗，甚至牺牲生命换来了大家的行路方便。

五、空中的路。空中的路除了供飞机飞行，另外还有电话、网络等，都让世界天涯咫尺，这些都是世界伟大的发明。

六、口边的路。老一辈的人常教导后辈——“口中就是路”，但是口边的路也要知道目的地，还要有礼貌，尤其要有报路、带路的人。

七、指标的路。世间千奇百样的道路，四通八达，像蜘蛛网一样，错综复杂，千差万别，万别千差，但是只要有“指标”，就不会走错路。

八、心里的路。世界上什么路最难走？恐怕就是心里的路了。每一件事都有心路历程，每一件事都需要多少心力所成。心里的道路，有的是走向佛菩萨的成佛之道；有的是向往人天的天堂之路；有时候不自觉的贪嗔愚痴、嫉妒邪恶，那就是通往地狱、饿鬼、畜生的道路了。所以，“十法界”都是我们心里的道路。

除了心外的道路之外，心内的“十法界”之路，你要走哪一条呢？岂可不慎行乎？

走 路

俗语说，“路是人走出来的”。确实不错，人从出生之后，就要学习走路。甚至双脚走路不够，还要发明许多交通工具，建设各种道路，包括乡道、县道、省道、国道。甚至陆路不够，进而发展出空中、海上的道路等，目的无非都是为了要“走出去”。

人要走出去，才有前途，但是世间的道路并非都是平顺好走的坦途，如同语言也是人与人之间沟通心意的道路，语言不当，也可能成为障碍。另外，金钱也是人生的通路，有时用之不当，金钱的道路也不容易行走。

道路不仅沟通了人际，一个国家要“货畅其流”、“物尽其用”，还必须有好的交通。交通不便，货物交流不畅，所以自古商人行走营商就万分的辛苦。

世界上走路最多的人，一是商贾，二是军人，三是僧侣，四是探险家。商贾为了让货物通畅交流，不惜南北经营，奔东走西，商人一生的岁月，大部分都在路上度过。

军人为了保家卫国，出战野外，离乡背井，餐风露宿，尤其是行军，不分昼夜，备极辛苦。僧侣也是“一钵千家饭，孤僧万里游”，为了参访问道，云水行脚，就如赵州禅师的“一句随他语，千山走衲僧”。

探险家更不用说了，麦哲伦、库克船长、三宝太监郑和，甚至去西域取经的唐三藏，他们都是冒险犯难，不怕葬身鱼腹，不惜埋骨山野，靠着他们行走各地，世界的文化于焉展开。

人生要“走出去”才有发展，所以走路是不能免的功课。人生的道路有好走的路，也有难行的路，兹以世间道路比喻之：

一、平路。就是平坦的大道，如一般市区道路，乃至高速公路等。

二、暗路。就是没有路灯照明的郊区小路。

三、歧路。就是崎岖不平、曲折错综，不容易认识方向的路。

四、山路。就是深山里的道路，有的斜坡高低落差很大，有的则有阶梯拾级而上。

五、水路。一般过河越溪要涉水，漂洋过海要渡轮，这些都是水路。

六、邪路。有的人不走正路，例如从事不正当的邪业，这就是人生的邪路。

七、绕道。遇到河流、断桥、交通事故等，必须绕道而行，虽然辛苦，费时费事，为了到达目的地，也不得不行之。

八、捷径。有时不是道路，为了抄捷径，不惜跋山涉水，甚至有时为了截弯取直，缩短路程，必须征收良田土地，重筑道路。

所谓“条条大路通长安”，其实世间的道路并非条条都是大道，正如人生的前途，有的崎岖坎坷，有的平步青云。如何走路，也要靠吾人慎重选择。

“走路”的重要

“走路”对百年以前的人来说，不是问题，因为生来就是要走路，不管你到哪里办事，不走路怎么到达呢？古代的人，一半的生命都花在路上。现代人习惯乘坐车辆，脚踏车、摩托车、汽车、火车，生活一下子改变，不需要走路，而改以车代步，因此现代人的生存本能也受到影响。

例如，不走路，体能愈来愈差，精神愈来愈萎靡，这都是现代人的严重问题。现代医生总是鼓励人每天至少要走一万步，一万步大约需要两个小时。一个忙碌的人，要他每天花两个小时来走路，怎么想都觉得不值得。但是，一旦老了病了，人的老，就是从脚和腿老化开始，虽然心里想要走，但每一步路都觉得举步维艰。到了这个时候才想要走路，已是力不从心了。所以，现代人为了增加自己的体能动力，可以把一万步分为三次来走，每天三餐饭后，各走两三千步，可以维持长远的健康。

“走路”，确实很重要，述说理由如下：

一、增加健康。如上所说，走路是为了健康，所有的路，都应该叫“健康之路”。当初佛陀住世时，每天领导弟子托钵乞食，都要走路。不但托钵要走路，吃饭以后，“饭食经行”，也是要走路。之后打坐参禅，禅定起坐以后，还是要跑香走路。不但如此，佛教还鼓励人“朝山”，三步一拜，一步三拜，都是为了增加健康，也是为了慧命的提升。

二、促进思考。走路的时候，可以借机沉淀心灵，可以在脑海里思考一些问题，例如，前途的进退，事业的做与不做，都可以借此做个长远的思考，所以这样的走路，怎么能说是浪费时间呢?

三、身心平衡。走路看起来是身动，其实心也跟着一起活动，可以说是身心平衡的运动。不走路，只有心在活跃，身心不平衡，久而久之，体力衰退，这是当然的事。

四、遇合大众。因为走路的关系，经常能在路上遇到同伴、熟人，大家互相招呼，也能相互联谊。人在世间，还是要靠大众生活，离开了大众，什么都没有。所谓“十八层地狱”，有一个叫孤独地狱，孤独的人生，最是不堪。借着走路，能够和大众经常相遇，促进联谊，这也是走路的益处。

五、达到目的。走路一旦成为习惯，每天都会想要达到自己所定的目标。五千步、一万步，就算这不是你的人生目的，但这是你对生命健康的要求，是为了达到健康所必须达成的目标，也是人生所应该做的功课。你有了功课，不达目的不罢休，如此就容易达成追求健康的目标了。

六、认识环境。坐车的人，不容易认识环境；走路的人，才能认识路。经常走路，对身边周遭的环境容易熟悉。你不走路，坐在车子里，十年八年，隔壁邻居是谁都不知道，你的世界就会变得很狭小。走路，世界才会广大，所以不管为了健康、为了增广见闻、为了身心平衡，或是为了融入大众，都需要走路。

各行其道

一个家庭里，兄弟姊妹长大后，为了各自就业，东南西北，各行其道。一个学校里，同窗好友毕业后，为了发展前途，各自分飞，也要各行其道。

道路走远了，还有岔路。河流流经的区域广了，也会分出支流。士农工商各行各业当中，经商的商人，有的批发百货，有的贩卖吃的、穿的、用的，可以说万千商人都在各行其道。农夫当中，有谷农、果农、菜农、牧农，大家各就本业努力营生，也是各行其道。

世间众生，每天都在“各行其道”，试述如下：

一、关于交通的。现在的交通发达，有飞机、轮船、火车、汽车、摩托车、脚踏车等。有的乘人，有的载货，有的近途，有的远程，甚至车厢、机舱还分经济舱、商务舱、头等舱，此中或高价，或便宜，为了方便行商旅客，都可以任君选择，各行其道。

二、关于做人的。人有千百万种，有的人活泼热情，有的人含蓄内敛，有的人刚毅正直，有的人善于察言观色，有的人淡泊无求，有的人热衷名利，有的人满怀救世热忱，有的人只求平凡度日。人因为天生性格不同，价值观、人生观不同，所追求的目标与生活方式也有别，但只要做人正派，一样可以各行其道，同样可以活出自己的一片天。

三、关于工作的。工作也有千百样，有的人从军，有的人行医，有的人治学，有的人从政，有的人务农，有的人行商，有的人做工，所谓“三百六十行，行行都出状元”。所以在各种事业当中，每个人也都各行其道，各显神通，各自发挥自己的才华。

四、关于能力的。人在世间要有工作才能生存，工作要各凭本事，有的人用劳力做事，有的人用技术工作，有的人用金钱投资，有的人用口才赚钱，有的人用智慧策划。总之，人为了赚取生活所需，只得以自己的体力、心力、脑力，帮忙解决问题，才可以生存。

五、关于信仰的。世间的宗教很多，有佛教、基督教、天主教、伊斯兰教等，各个宗教各有教主、教义、宗旨，大家各凭所好，选择所要信仰的宗教。甚至在佛教里，也有大乘八宗，可以选择参禅，也可以选择念佛。乃至“五乘佛法”里，有人乘、天乘、声闻乘、缘觉乘、菩萨乘，都可以任选一乘，作为自己修学的目标。总之，在宗教信仰的选择上，大家一样可以各行其道。

这个世间本来就是个百花齐放、多彩多姿的社会，只是在各行各业里，大家虽然可以各依所需，各行其道，但是佛教讲“方便有多门，归元无二路”。行业虽多，道道不同，归根究底都是为了替人服务、给人方便、助人解决问题。所以世间万种的经营，百千的行事，其目的都是为了共生共荣，只要大家能够正派、向上、勤劳、利人，所谓“讲义”、“讲理”，则不管哪种行业、宗教、事业，条条都可以通往成功之途。

塞　车

人生的烦恼很多，不论古今，不分中外！只是现代人随着科技进步，烦恼似乎也因此增加了不少，例如家中停电、水管不通、出门塞车等。

说到塞车，不管平时上下班，或是假日外出旅游、购物，几乎都会遇到塞车。一般道路交通流量大，偶尔塞车一下就过去了，还算好，最怕在高速公路上，一塞没有数小时不容易疏通。有时候长途旅行，塞在高速公路的车阵里，前也不能进，后也不能退，十几个小时下来，肚子饿了还可忍耐，口渴数小时也还可以过去，万一尿急，那可就真的不知如何是好了。

塞车时，如果与人约好见面，眼看时间来不及，心里的焦急也是可想而知。所幸现在有了手机，可以及时打电话通知对方，虽然还是可能误事，但至少不至于太失礼。

多年来，我经常在高速公路上行走，自己也体会出一套行走高速公路的哲学。例如，假日最好不要上路，因为有些新手也会趁此机会出门办事，路况不会太顺。有时候某些路段，上下班时间必定塞车，最好能避开这个时候通过该路段。有时候在高速公路上遇到车祸，要知道附近有哪些省道、南北快速道等，可以提早下交流道。如果路上没有塞车，也没有路况，还要注意不能超速，因为不时会有交通警察出现，甚至现在照相测速，只要被照到，荷包就会“失血”。

一般人高速公路走久了，哪些路段容易躲藏警察，大都心里有数。根据我的观察，所谓“逢弯莫快车，遇桥须慢行，战备车道旁，两边有警察”，其实不管有没有警察，遵守交通规则，才能确保自己和他人的行车安全，也可减少塞车之苦。关于塞车，也有因应之道，例如：

一、预做准备。一趟出门，车行需要多少时间，心里要有数，最好车上能预备一些面包、开水，甚至尿壶等，以备塞车之需。

二、提早出门。现代人约会要守时，开会要准时，这是应有的礼貌，不可经常以“塞车”作为迟到的理由，所以出门办事，要把塞车的时间预估进去。宁可提早出门而早到，也不要迟到而对人失礼，这是现代人应该提倡的第一新生活运动。

三、车况良好。出门以汽车代步，非常方便，但是如果汽车抛锚了，那可就真的是“汽车”者“气死人”也！使用汽车，要靠平时的保养，再者每次出门前不忘事先做好检查，例如，冷气冷度够不够？刹车灵不灵？汽油加满了吗？机油换新没有？水箱的水足够吗？如果你能随时注意保持良好车况，路上既不会妨碍别人，自己的安全又有保障，所以把车子保养好，这是自利利人的最佳法门。

四、心情愉快。开车外出，一定要保持愉快的心情，尤其喝酒不能上路。在车上也不可以抽烟，或是猛打手机，驾驶人员不要好讲话，也不要急着赶时间，要从容不迫，每次开车外出，都能视同兜风旅行一样，那么潇洒自在。我过去一再提倡开车时应该注意：“不急不急，平安第一”、“不急不急，礼让第一”，尤其一些开大货车、联结车的司机，更应该注意，不要随便变换车道，也不要超速，因为“欲速则不达”。所谓“妻儿倚门望，安全驾驶归”，唯有安全驾驶，才是回家唯一的路。

自行车

自行车，又名脚踏车，这是十九世纪到二十世纪之间的交通工具。人借助双轮转动，可以缩短走路的时间，增加行走的里程，所以曾经风行世界。一般人上下班要骑自行车，出外采购要骑自行车，自行车成了人类社会重要的代步工具。

后来，脚踏车为摩托车所取代，摩托车不需要人力，只要加油，就能加速冲刺。直到今日，摩托车还在流行，但是伤亡率高，也造成社会付出不少成本。现在经济发展，大家为求安全起见，都乘坐四轮汽车，甚至还安装深色的玻璃，让外面看不到车内。慢慢地，人我之间也就越来越隔阂了。

现在欧洲的巴黎，倡导以脚踏车作为重要交通工具，每周一日实施“不准汽车上路，只准骑脚踏车”。脚踏车为何又能重获人类青睐呢？原因如下：

一、节约能源。现在有人忧心，能源过度浪费，未来会产生能源危机。根据科学报告，五十年后的世界，汽油用罄，届时大地一片黑暗，不知人类如何生存下去。因此，唯有现在及早节约能源，减少汽油的消耗量，改用脚踏车代步，保留一些能源，留给万年久远的子孙，这是值得重视的问题。

二、合乎环保。现在人类过分使用汽油，不但汽车排放的废气造成空气污染，制造汽油所产生的废弃物，也有害人类健康，所以环保人士呼吁用脚踏车代步，加强环保意识，只要人人有心，必能做到。

三、回归简朴。骑脚踏车，这是回归简朴生活的一大步，因为自行车不需要耗费油料，每日只要花一点力气，踩动车轮，一天就能省个几美元的油费，一个月下来就是一二百元，一年就是数千元。另外，汽车的保养、保险等花费，也是所费不赀，假如能骑脚踏车，就能减少不必要的支出，让生活回归到往昔的简朴，实在是值得提倡的事。

四、有益健康。骑脚踏车不但回归简朴，而且有益健康。据现代医学表示，人类最好的运动就是走路，因为走路双脚运动，使全身的肢体，甚至五脏六腑的器官，都能运动，所以有益健康。骑自行车的效果和走路一样，是最好的运动。俗语说，“路是人走出来的”，其实，健康也是要靠双脚去走、去踩踏出来的，所以为了自己的健康，多骑脚踏车，尽量减少搭乘汽车的次数，可谓好处多多。

五、沟通人际。汽车是封闭式的，内外不能交流，摩托车速度太快，也不能互动。唯有骑自行车，骑在路上，三五好友可以高歌、可以对谈，增加人际沟通，让人与人之间多建立一些往来，增加友谊，增加了解，也是促进社会和谐的一件好事，值得提倡。

自行车能否再大行其道？人类能够因它而有所获益吗？这就要看现代人的思维了！

游

在佛教的《观音经》里叙述观世音菩萨，形容他“游诸国土，度脱众生”，这个“游”是表示自由自在、表示称心如意的意思。其实，不只菩萨度众生好像“游”览世界一样，人间各界的人士，也都因为“游”而有所增进，例如：

一、学生通过郊游，可以增广见闻。全世界的教育，几乎各级学校都会让学生利用假期做各种郊游。例如，从幼儿园开始，就会到各个公园、名胜去远足。中学生、大学生也会想出种种方法自助旅行，或是求助一些单位的奖助，到国外游学。所谓“读万卷书，行万里路”，不但青年学子希望通过游学到世界各地游历，以期增广见闻，一些工商企业、团体机构，也会奖助优秀青年出国访问、游历，期能培养人才，厚植团体实力，可见“游”的重要。

二、商贾通过旅游，可以找寻机会。当今“全球化”的时代，工商企业人士莫不急急忙忙地游行世界，寻找商机。过去说宗教无国界、医学无国界，现在的工商几乎也是无国界了。中国的工商人士，现在遍满世界，据说在世界各国投资的中国华商有四万多户，我想这是有登记的数字，没有登记的还不知有多少呢！工商界的旅游，现在飞机都有商务客舱，旅馆也有商务旅馆，可见工商企业在旅游世界里占有重要的地位。

三、异性通过同游，可以结为伴侣。从学生的郊游，到青年的旅游，再到旅行社所办的一些国际旅行，替男女青年牵线，让天下有情人结成眷属者，不知凡几。青年人在山明水秀的地方结识异性朋友，彼此一见倾心，点燃爱的火花，谱出爱的恋曲，或者出国旅行十天、半个月的行程，在异国他乡认识、结交，回国后鱼雁往返、电话热线，也谱出恋曲。所以，“但愿天下有情人，皆成眷属”，旅行的促成，不能说没有贡献。此外，朋友通过同游，进一步互相了解、联谊，促进感情，成就其他好事者，也不在少数。

三、官员通过出游，可以体察民意。历代的帝王微服私访，都是借“游”来了解社会民情。乾隆皇帝下江南游山玩水的故事，一直到现在还在民间流传。官员出巡，访问辖下的机关团体、工商企业，不但能增进了解、联络感情，而且还能就地解决各种问题，所以官员出巡，只要不过分浪费，不造成扰民，人民自然欢迎。

四、僧人通过云游，可以砥砺道心：出家人“一钵千家饭，孤僧万里游”，非常富有诗情画意。世界上，商人、军人、探险家和僧人，同为世界上游历最多、最广的人士。一个出家人，游走江湖，各地参访，顺治皇帝《赞僧诗》所谓“天下丛林饭似山，钵盂到处任君餐”，僧人借助行脚，砥砺道心，增长知识见闻，这都是“游”的贡献。

旅行的层次

古人有“读万卷书，行万里路”之说，现代人盛行观光旅行，到处旅游参学，佛教尤其一再提倡参访、云游、行脚。

云游行脚就像现代的自助旅行，出家人“一钵千家饭，孤僧万里游”，因此世界上行脚最多的人，第一就是僧侣。其他如商贾、探险家、军人等，都是靠着双脚走出自己的人生，同时也走出了国家、人类的历史。

台湾自从开放观光以来，也鼓励人们到世界各地观光旅游，以增长见闻。兹就旅游参访所需的经济、时间，以及各地的文化层次，分出十个等级，提供参考：

第一级，中国台湾环岛一周。时间大约五天，重点有花莲的太鲁阁、台东的绿岛、屏东的垦丁公园、高雄市的爱河、高雄市的佛光山、嘉义的阿里山、南投的日月潭、台北的故宫博物院，以及到阳明山泡温泉、欣赏杜鹃花等。

第二级，中国香港地区及新马泰。此中尤以泰国的玉佛寺、马来西亚的吉隆坡石油双塔、新加坡的市区观光，以及中国香港的迪士尼乐园，都值得一游。

第三级，日韩。日本九州岛、四国的风光，京都、奈良的佛刹，以及韩国曹溪宗二十四丛林、民俗村等；览胜之余，也可见出日韩佛教的寺院丛林，各具特色。

第四级，非洲。埃及的金字塔、南非的野生动物园，乃至开普敦的好望角、约翰内斯堡的南华寺等，证明非洲并非只有“苦难”与“黑暗”。

第五级，澳大利亚。悉尼歌剧院、大堡礁，布里斯班的黄金海岸等，处处可见澳大利亚人爱好艺术与大自然的特性。

第六级，美加。美国大峡谷、黄石国家公园，加拿大尼亚加拉瀑布等，壮阔的气势不禁令人对大自然肃然起敬。

第七级，欧洲。罗马竞技场、希腊神殿、意大利比萨斜塔、德国奥林匹克广场等，从中可以看出欧洲的古老文化。

第八级，俄罗斯。红场、克里姆林宫、冬宫、俄罗斯图书馆等，各自代表着政治与文化，但其实都是权力的象征。

第九级，印度。佛陀八大圣地、恒河风光、泰姬陵、沙查汗宫殿、孟买阿姜达，处处蕴藏佛教的历史文化与生命。

第十级，中国大陆。万里长城、九寨沟、敦煌石窟、大足石刻、龙门、云岗、张家界、黄山、各地历代皇陵、兵马俑、陕西法门寺地宫、上海东方明珠、杭州西湖等，此中有不少世界级的文化遗产，也是中国人引以为傲的文化瑰宝。

当然，以上只是举其要者，其他还有不少世界各地的名胜，如英国大英博物馆、巴黎卢浮宫、巴西的亚马孙河等，都可以各依所好，做进阶的参访学习。

怀念的地方

在人的一生当中，总有几个是我们所怀念的人，也总有一些我们住过或是到过的地方，让人怀念。例如，现在有很多人出门观光旅行，当他一番走马看花后，你问他："哪里最好玩？"他必然也能说出一二个地方，不会交白卷。

怀念的地方，有山巅水边，有林泉树下，有宁静纯朴的乡村农舍，有辽阔空旷的自然原野，甚至巧夺天工、浑然天成的峡谷岩洞等，总有一些地方让人怀念。在一般人的一生当中，大概有几个地方是大家所共同怀念的，例如：

一、读书的学校。每一个人从幼儿园、小学、初中、高中到大学，甚至出国留学，在一生七八十年的岁月中，可以说有四分之一的时间与学校为伍，怎么可能不会留下一些值得回忆的纪念呢？只是在求学的阶段中，哪个城市的学校最可爱，就看他在校时，与老师的师生关系、与同学的互动如何，乃至他对读书的兴趣高低，种种因素留下的印象，都会有所影响。

二、接受挑战教育的地方。所谓挑战的教育，就是人生遭逢最苦、最难的考验。有的人“十载寒窗无人问”，有的人有挫败、打击、困苦的往事，真是不堪回首。武训为什么要“行乞兴学”？因为他知道读书不容易。王冕画荷成功，因为他缺少笔墨。有的人参访寻师，多次不遇；有的人投帖拜师，遭人拒绝。在饥寒交迫、在生死存亡间挣扎时，乃至贫病无依，孤苦无助的心情，可能在当时这些都不是好事，但是当你能通过这些考验，则这一切的一切，都将成为你最怀念、最值得记忆的所在。

三、结婚的礼堂。一个年轻人，成年礼时希望父母参加，毕业典礼时希望亲人与会，结婚典礼时更希望父母、亲人、师长、朋友都能出席。因为结婚对一个年轻人来说，是从个人走上成家立业，过上成双成对的生活，今后他必须负担的责任，不同于单独的个人生活，所以无论是结婚的对象、地点、时间、过程，他都非常重视。古人有《四喜诗》：久旱逢甘霖，他乡遇故知；金榜题名时，洞房花烛夜。事实上，很多人最在意的，还是“洞房花烛夜”，所以有“小登科”之说。

四、一些人生的试场。当过兵的军人，知道在某次的战役、某个战场上，要能建功立业，才能当上一旅、一师之长；在一些专业竞技的试场，能够智冠群伦，拔得头筹，他日才能得以扬眉吐气。所以，人生的试场，都是经过一番努力、脚踏实地走过的地方，怎能不怀念呢?

怀念的地方，总有一些叫人难以忘记的事。中国万里长城的无边风光、印度泰姬陵的月光映照，乃至罗马竞技场、希腊神殿、埃及金字塔、加拿大尼亚加拉瀑布、俄罗斯红场、美国大峡谷、法国巴黎凯旋门、澳大利亚悉尼歌剧院等，这些都是举世闻名的名胜景观，当你亲身一游之后，怎么可能对它们全然没有一点怀念呢?

台湾地名

人有人名，地有地名，物有物名，世间任何东西，都要替它取个名字，以便识别。

台湾地区，有很多有趣的地名，略举如下：

一、以植物为名的乡镇。如莿桐乡、佳冬乡、牡丹乡、芦竹乡、大树乡、路竹乡、竹塘乡、花坛乡、柳营乡、麻豆镇、竹山镇、杨梅镇、卓兰镇等。尤其以“林”为名的地方，多不胜数，如树林市、坪林乡、水林乡、杉林乡、茂林乡、秀林乡、林边乡、林口乡、林园乡、林内乡、芎林乡、员林镇、大林镇等。由于台湾是个海岛，又处在热带地区，一年四季如春，适合各种植物生长，奇花异木很多，所以台湾不少乡镇，很自然地就以植物林木为名。

二、以动物为名的乡镇。如龙潭乡、龙井乡、龙崎乡、后龙镇、狮潭乡、狮子乡、鹿草乡、鹿野乡、沙鹿镇、鹿港镇、鹿谷镇、凤山市、凤林镇、燕巢乡、鱼池乡、鸟松乡、麟洛乡、龟山乡等。中国人一向认为“龙”是吉祥的动物，所以叫“龙”的地名很多。此外，狮子、老虎、凤凰、麒麟、乌龟等，有的是因为长得雄壮威猛，有的是由于象征祥瑞、长寿，因此也不免被用来当地名。

三、以矿物为名的乡镇。如金山乡、金峰乡、金宁乡、金沙镇、金城镇、金湖镇、石锭乡、石门乡、石冈乡、东石乡、尖石乡、土城市、土库镇、盐埕区、盐埔乡、埔盐乡、盐水镇、铜锣乡、玉井乡、玉里镇等。以矿物为名的乡镇当中，以“金”为名最多，可见黄金之受人喜爱，可谓“人同此心”。其他以石头为名者，如石门乡真有石门，以“盐”为名的地区，多数过去也的确产盐，所以称得上是“名副其实”。

四、以数字为名的乡镇。如二水乡、二林镇、三峡镇、三芝乡、三义乡、三民乡、三湾乡、三星乡、四湖乡、五股乡、五峰乡、五结乡、六甲乡、六龟乡、六脚乡、斗六市、七股乡、七美乡、七堵区、八里乡、八德市、九如乡、万里乡、万丹乡、万峦乡等。从数字看台湾的地名，多数也都是有典故的，例如彰化县的二水乡，因为是处于“二分水圳”与“八堡圳”这二条水圳之间，所以原本叫“二八水”，直到日据时代才简化为“二水”。另外，宜兰的头城、五结，乃因清末时，地方经常发生械斗，此两地就是乡民“集结防守”之地，故名。其他如三民乡，有人认为是与“三民主义”有关，尤其近来台湾当局政党之间凡事喜欢泛政治化，故有此联想。

除上所举，另外也有用颜色为名的，如白河、白沙、绿岛等。甚至以气候为名的，如恒春、春日、冬山乡等。可惜台湾就是缺少以人名为地名，直到近几十年来，才有麦克阿瑟路、罗斯福路、孙立人路、逢甲大学、台湾“中山大学”等，以示对名人的纪念。

说到人名，在桃园县与高雄县，分别有观音乡与弥陀乡，能以佛菩萨名号为地名，可见宗教信仰对民间的影响之大。

十度空间

吾人生存在宇宙之间，但是一般人对宇宙并不十分了解。所谓“宇宙”，四方上下曰“宇”，古往今来为“宙”，所以“宇宙”就是时间、空间的总称。我们对时间和空间不能了解、认识，哪能认识宇宙呢？就像“阿弥陀佛”四个字，若译成中文就叫“无量寿”、“无量光”。“无量寿”是超越“时间”的意思，“无量光”是超越“空间”的意思。世间什么东西能超越时空呢？那就是“真理”，因此“阿弥陀佛”四个字，就是宇宙的真理。

吾人生存，也要有时间、空间。尽管在无限的时间里，寿命有长短，在无限的空间里，也有多少的区隔，但是宇宙供我们生存，必定有其共生共存之道。

说到空间，人类经过百千万年的琢磨，慢慢发现人类生存的宇宙，原来有十度空间。在数十年前，我们只了解到二度空间、三度空间，慢慢而四度、五度、六度……直到现在才真正洞彻宇宙有十度空间。兹将“十度空间”说明如下：

一、第一度空间。什么是第一度空间？就是“点”。所谓点，例如，一个方盒子，每一个角都是一个点，这就是点的一度空间。

二、第二度空间。什么是第二度空间？就是“线”。例如一个方盒子，两个角，也就是两点之间连成一条线，这一条直线就是物体的二度空间。

三、第三度空间。什么是第三度空间？就是“面”。方盒子的正面、反面、侧面，也就是两条线构成的平面，就是第三度空间。

四、第四度空间。什么是第四度空间？就是“体”。方盒子的四个面构成的立体体积，就是第四度空间。

五、第五度空间。什么是第五度空间？第五度空间是动态的空间，叫“速度”。因为既有空间，就有由此到彼、由彼到此的“速度”，这就是第五度空间。

六、第六度空间。什么是第六度空间？就是“温度”。因为物体移动，相互摩擦，必然会产生“温度”，这就是第六度空间。

七、第七度空间。什么是第七度空间？就是“电”。因为温度产生了热量，当热量累积到相当程度时，就会爆发而产生“电”。有时候我们感受到衣服上有“静电”，就知道必定有空间的存在。

八、第八度空间。什么是第八度空间？就是因电而产生的“声光”。现在的DVD，一块小小的芯片，里面藏了多少声光影音，既然能让声光存在，就有空间，这就是第八度空间。

九、第九度空间。什么是第九度空间？就是因声光而产生的“波动磁场”。声光往外发射，就会在空间产生波动，就有磁场，所以第九度空间叫“波动磁场”。

十、第十度空间。什么是第十度空间？第十度空间是属于“心灵”的空间，也是最高层次的空间。佛法讲“心包太虚，量周沙界”，所以整个虚空应该都在我们的心里。若问：世界上什么东西最大？就是虚空！能超越虚空的，只有吾人的心了。当初释迦牟尼佛因为认识自心本性而成佛，因此吾人“若要识得佛境界，当净其意如虚空”。只要我们的心能到达十度空间，自然就能明白宇宙世界了。

叁·读书与学习

想要让自己在某个方面有所精进，就要努力地钻进去，做到时时不忘。这样，你就会发现，很多自己不能领悟的妙处，往往会在别人的一句无意间的话语当中得到启示，帮助自己成长。

阅　读

人的知识学问，来自于阅读。阅读并不限于书本，有的人从一件事获得启发，他就能从“读事”里获得智慧；有的人一生跟随一个人，他说我以一生阅读了某一个人，“读人”也能读出思想。

人生，生也有涯，知也无涯。有的人终其一生，研究动物、研究海洋、研究太空，成为专家，有的人博览群书，成为通才，这就看各人的志趣了。

我们究竟如何阅读才好呢?

一、阅读一个国家。阅读世界、阅读人类、阅读宇宙，有时候阅读的领域太广、太深，无法消化、融会，只有徒然浪费时间，最好就着自己的能力去阅读。例如，阅读一个国家的文化、历史、经济、政治、人物等，比方中国的贞观之治、欧洲的文艺复兴、美国的南北战争等，你能把一个国家读通、读透，你就能成为研究中国的专家、研究欧洲的专家、研究美国的专家……不管你研究任何一个国家，都会有所成就，因为一个国家的人文历史，有的人穷一生数十年岁月，都不见得能把它研究透彻。

二、阅读一个社会。如果我们把阅读的范围缩小，更求深入，可以阅读一个社会。例如，男人的社会、女人的社会、士农工商各种人群的社会，甚至

“同志”的社会，他们的形成背景、生活方式、互动模式、思想理念等。我们能针对社会的各种族群，深入调查研究，把成果出书分享大众，也是非常有价值的事。

三、阅读一个家族。家庭是社会组成的单位，世界上有很多的家庭，乃至他们的家族，对国家社会造成很大的影响，都值得去研究、阅读。例如，洛克菲勒的家族，肯尼迪的家族，《红楼梦》里的“大观园”，明朝大儒方孝孺，其被诛杀十族的冤狱，乃至红顶商人胡雪岩的家族兴衰史。举凡书香之家、官宦之家、农耕之家等，都可以花一生的时间去阅读，把他们的行谊得失，做成论文研究，公诸于世，都能对世人有所启发。

四、阅读一个宗教。一般宗教大都有排他性，彼此互不包容，所以很多宗教都是各说各话，各写自己的好。如果有人能以佛教的“无我观”阅读，然后客观地研究各宗教的思想、义理，也能对人类做出贡献。

五、阅读一个人生。有的人的一生，代表一个时代、一种社会，有的人的一生，影响整个国家甚至全人类。例如释迦牟尼佛、耶稣、穆罕默德、孔子、苏格拉底、爱因斯坦、达尔文、拿破仑、亚历山大、成吉思汗等，这许多的宗教家、哲学家、科学家、政治家等，我们研究他们的生平，把他们一生的事迹，巨细靡遗地呈现出来，让未来的子子孙孙都能与古人同在、能与专家同行，岂不快哉?

六、阅读一个自己。麦克阿瑟在《为子祈祷文》里有一句话说：“认识自己是认识一切知识的基石。”认识自己就是自觉的功夫，也就是明心见性，如禅宗所谓的“识自本心，见自本性”。一个人能够自我阅读、自我观照，把自己一生的功过、得失，都能读得清清楚楚，最后能读出自己的佛心、佛性，这才是世间最大、最有价值的学问。

书中有什么

古人说：“书中自有黄金屋，书中自有颜如玉。”在古老的时代，没有电视机、收音机，人们只能从阅读书籍与语言交谈中得知天下事。所谓“秀才不出门，能知天下事”，就是说明“书”的重要性。

书籍不但能增加我们的知识、智慧，改变我们的气质、品德，读书更能开扩我们的思想、见闻，让我们真正认识宇宙人生。所谓“开卷有益”，只要我们善择好书，多读书必然对自己的人生有很大的帮助，因为：

第一，书中有知识。现在是个知识爆炸的时代，网络上的资讯包罗万象，而且传递迅速。处在这个时代，唯有终生学习，汲取新知，才能因应不断改变的世界。而获得新知、充实知识的途径，除了网际网络以外，“书”是另一个最佳的媒介。根据报道，现在举世每年都有十万本新书问世，每个人一天要读二百八十八本书才能跟上时代，所以唯有多读书，才有丰富的知识，才不会被时代淘汰。

第二，书中有明镜。历史书中的成败兴衰，能让我们鉴古知今；励志书中的名言佳句，能作为我们待人处世的殷鉴；故事书中的忠奸善恶，能帮助我们明因识果，增加对人生的理解。除此以外，只要是有益身心的书籍，都可以作为我们的明镜，借以认识自己，看清人生。

第三，书中有前途。书，好比是我们人生道路的指南针，指引我们人生的前途，也好比是人生道路的食粮，随时补充足够的能量。诸如性向的分析、工作的选择、职场优劣剖析等各方面的书籍，都是人生很好的参考书。

第四，书中有世界。资讯发达的现代社会，如何让“八千里路云和月”成为“小小世界”，只要手中握有旅游手册、名胜导览、介绍古迹文物的杂志等，就可以“卧游天下”，足不出户也能饱览世界风光。

第五，书中有方法。工具书是我们读书、工作的好帮手，除此以外，现今有许多书标榜着如何读书的方法、致富的方法、成功的方法，甚至烹饪、园艺、美工等各类书籍，只要懂得好好利用，都可以在生活中发挥作用，提供帮助。

第六，书中有自己。宗教书籍有别于世间一般书籍，借由分析人生实相，让我们认识人生、了解自己，让自己不再受虚妄烦恼所惑，所以阅读正信宗教的书籍，可以找到自己。

读书要靠日积月累，要持之有恒，而且不能把读书当儿戏，不能轻忽为之。读书是很认真的事业，读书是每日必做的功课，所谓“三天不读书，言语乏味”，所以唯有养成每日读书的习惯，才能建立“书香人生”。

读书四要

古人说：“书中自有黄金屋，书中自有颜如玉。”其实最重要的是，书中有养分，读书才能变化气质，读书才可以增加见识，所以“人不学，不知义”，不读书的人，不能成才。

读书要讲究活用，不能读死书，也不能死读书。古人为了读书，像苏秦的“悬梁刺股”，像匡衡的“凿壁偷光”。现代多少名人，也都是因为有好父母，不惜一切地让他读书，他才会扬名立万。

如何才能把书读出心得，读了有用？兹将“读书四要”提供给大家参考：

一、选择好书。“开卷有益”这句话已不合时宜，有的人尽读一些无益的书，对自己毫无用处，只能说开卷浪费时间。所以读书要能受用，最重要的前提是，要选一些好的、健康的书来读。

所谓“好书”，举凡圣贤之书，如四书五经、诸子百家。所谓“好书”，像中国的五大才子之书，像《二十四史》《贞观政要》《胡适文存》、钱穆史学等，都可以作为读书入门之要。其他的“好书”，如宗教的书籍，不论是谈说真空妙有之理，或是唯识性空之学，乃至禅宗的《六祖坛经》，各种高僧语录、传记等，都值得一读。

二、读其精要。读书要能读出精要，如《古文观止》就是古人读出的精要；如台湾《国语日报》出版的《古今文选》，就是今日大家读出的精要。图书馆的藏书之多，无非希望选其精要来读，并非要人每本必读。在哲学、科学、文学等各种领域里，都有其各自的精要之作，甚至应用学也有应用学的精要之作，读书人要会取其精要，才算会读书。现在的大学教授，指导学生读书，总要开出三五十本，甚至上百本的书，不但要学生熟读，而且要读其精要。

三、随时做笔记。读书不能走马看花，不能过眼烟云，一定要将其精要做成笔记。把书中的理论记录下来才是你的，不记，还是他人的，所以古代有许多伟大的学者，都有读书笔记。平常我们看电视连续剧，虽然精彩，因为没有记录下来，最后还是还给剧本，所以读书要做笔记。

四、要能活用。读书之要，要能活用。有的人以生活就是学校，有的人以社会就是大学。有的人随着老师从幼儿园读到研究所，一无所成，有的人自学而成为大儒，所以读书的人，不在读多读少，而在读得有用。科学家许多的发明、发现，都是因为能活用。哲学家能推理探究，发明学说，也是因为活用。思想是活用的泉源，凡是一个读书人，先要穷其思想，究其思维，才能读出书中的智慧，才能成为自己的思想。

以上“读书四要”，虽无新意，却是至理，值得参照。

读书六到

俗语说，“活到老，学不了”，人生要不断地学习、不断地阅读、不断地增加自我的能量，才能活得充实。举世闻名的德裔美国科学家爱因斯坦认为，成功等于刻苦努力加正确的方法，再加上不说空话，也就是具体的实践。

在知识爆炸的现代，每个人都知道要自我充实，要多读书才能跟上时代。但是同样一本书，不同的人阅读，其效用、体会也有深浅不同。会读书的人，读了小说也能受益匪浅。不会读书的人，即使读了圣贤的大道理，还是不知所云。读书姑且不论智力差别，就以阅读方法而言，也有很大的影响。一般说，读书有“五到”，试举如下：

第一，眼到。眼睛要看，不论文、史、哲，乃至天文、地理等各种书籍，都要用眼睛去看。一般说，看小说、杂志或闲书，浏览即可。若是看技术、专业的书，就要仔细地看。有的书看一遍就可以，有的书却可以一看再看，因此自己要能分辨书的内容，加以浏览、细读、选读、精读、专读或研读。

第二，手到。在阅读的同时，要划下重点、佳句，写些眉批，做些重点笔记。有的人甚至用颜色来区分重点的强弱，或是区分关键词与佳句等，这些都有助于将来复习，或搜寻资料。

第三，耳到。读书也要把耳朵打开，听老师、学者、专家的评论与解析，甚至不但要多听别人的看法、论点，耳朵也要听听自己阅读的声音，像读诗、词、曲，都要用耳朵听，才能听出其中的韵味。

第四，口到。读书一般称为“阅读”，不光是用眼睛看，还要用嘴巴去读，如此才能读出韵味。尤其读书做“学问”，“学”了还要会“问”，读书时探究问题的根源，远比获得答案重要，所以要经常用嘴巴发问，问了才能明白。真理是越辩越明，做学问最好能够讨论、辩论，论过以后，对所学的东西才会了解得更透彻。

第五，心到。读书要专心，才能看得真、听得明、学得精、问得透，所学才会扎实。有心读书，不但能读出兴趣，还会加强记忆。尤其读书除了要“专心”，对重点要能提纲挈领，对全文要懂得综合归纳，对各种学说要能分析比较。除此之外，读书还要有恒心、细心、耐心、慧心、巧心，只要有心，就能读出心得，就能领会个中的况味。

除了以上“五到”，其实读书更重要的是“身到”，所谓“读万卷书，行万里路”。阅读不仅仅是知识的吸收，最主要的是能开阔心胸，提升人格，所以读了那么多书，要把书中的道理运用在生活上，要用身体去实践，如此读书，才是真正的阅读，才能活用。

床头书

许多人都有睡前看书的习惯，这时候所看的书，就叫作“床头书”。有的人看床头书，是为了摄心息念，以期尽快进入梦乡。有的人精神兴奋，不想睡觉，借此机会看看自己喜欢的书，还有的人平常不爱读书，就喜欢在睡前看书，也有的人喜欢读书，一读便不想睡觉了。

喜欢读书的人很多，而书的种类也有不同，如何将睡觉与书结合，以发挥床头书的功用呢？以下举例说明：

一、很需要睡眠的人，一看到书就想睡觉，这种人想要养成读书的习惯，可以把武侠小说当作床头书。因为武侠小说的情节引人入胜，让人看得津津有味，很容易忘记睡觉这件事，可能因此养成阅读的习惯。

二、不爱睡觉的人，可以看富有艰深哲理的书，比方四书五经、东西方哲学等各种思想性的著作。这类书不容易理解、消化，所以很快就让看的人呼呼大睡，具有催眠作用。

三、有的人睡癖不好，经常在床上翻来覆去，辗转难眠，甚至有的人即使已经躺在床上，也要花上一两个小时才能入眠。与其浪费时间，不如利用这个时间背诵英文、日文单句，以外语书籍作为床头书。因为不长于外文，需要费神，最后就因为疲劳而入眠了。

四、假如平时因为事情多而烦扰，一上床，静下来便开始妄想纷飞，这时用宗教书籍作为床头书最好。因为宗教书籍都是教人要摄心息念、万事放下，不要被贪、嗔、痴所扰乱，不要自寻烦恼。如果你能与宗教书籍相应，就容易入睡了。

五、以念佛机代替床头书。现代人多数不好读书，倘若不容易入睡，最好能准备一台念佛机。为了不吵人，可以戴上耳机，随着念佛的清净音声，一句句、一声声，浮动的心渐渐平静，可能比床头书更有功用，更能帮助睡眠。

六、上床时，播放一段柔和的音乐或佛教的梵呗，并且随着哼唱、诵念，或许梵呗唱念没学会，却因此养成了良好的睡觉习惯。

睡前躺着看书，并不是最好的阅读习惯，但是现代的社会，人心动荡，为了解决因为生活上的不如意而无法成眠的问题，所以不得已要用床头书催眠入睡。但是，千万要记住，不可以用现代的八卦杂志、黄色小说及不正见的邪书作为床头书，否则不但无助于入眠，就算因此入眠，心中也不清净。所以，慎选床头书，非常重要。

学　习

俗语说："没有天生的释迦，没有自然的弥勒。"人并非生而知之，乃学而知之，所以学习在人的一生之过程中，非常重要。

学习任何东西，态度决定成败，有的人什么都学，但是学得很肤浅，只学到一点皮毛就自以为是地到处卖弄，所以被讥为"满瓶不动半瓶摇"。有的人学什么都是五分钟热度，而且学得不像、学得不真，学了也是白学。

其实，人生"活到老，学不了"，尤其今天是个多元化的时代，人要在社会上立足，必须广泛地多方学习，例如学习驾驶、学习厨艺、学习电脑、学习会计、学习医疗等。然而这种种的学习，都还只是技术上的应世能力，并没有学到人生的要点，人生真正应该学习的重大课题是"学自己"，略述如下：

一、学习自我健全。所谓"自我健全"，眼能看正当的事物，耳能听正当的声音，口能说正当的语言，手能做正当的事情，乃至威仪端庄、举止安详，这些都不能不学。

二、学习礼貌周到。中国一向被称为礼仪之邦，孔子一生弘扬“礼”的重要性，周公以礼乐立天下。礼是做人的根本，是立身的基础，是应世的要道。中国的五伦，包括：君臣之礼、父子之礼、夫妇之礼、兄弟之礼、朋友之礼。这些都是做人应守的礼仪，有礼社会才有秩序，有礼人生就有规律。礼者，理也，有理走遍天下，无理寸步难行。礼，对于吾人立身社会，与人相交，能不重乎?

三、学习体谅他人。人的劣根性，容易苛责他人，却总是多方原谅自己。其实，一个真正有修养的正人君子，应该“宽以待人”，多方体谅他人，反过来要“严以律己”。我们不能把“体谅心”用来宽待自己，应该多方替人设想，对自己则要严格要求，而且要学习谦虚、学习感恩、学习知己知彼，如此才能生起体谅心。体谅心就是仁心，有体谅心的人，才能交到知己。

四、学习为众服务。助人是伟大的服务、是神圣的使命，人的一生之所以要学习知识、技术、道理，其目的就是要为人服务。如果所学的知能再多，却没有服务的热情，对社会一无用处，也是毫无意义。所以，人要有工作，在工作之前多说“Ok”，少说“No”。不轻易拒绝别人的人，必能为人所拥戴。

人生需要学的东西很多，以上四点是自我学习的重点。学习自己才有佛法，有佛法就有办法，所以要想在社会上立足，就是要自我学习。

学习什么（一）

人生在世，要想立足社会，应该学习的事情很多，学习做人、学习处事、学习技能、学习读书、学习礼貌、学习自爱。人要学习的内容很多，甚至世间万事万物、情与无情，都值得吾人学习。就拿动物来说，我们要学习狗的忠诚、学习牛马的奉献、学习虎豹安处深山、学习老鹰坚毅飞翔。

动物的长处有胜于人者，多不胜数，要学习也不容易。再就大自然来说，也有很多值得学习的地方，例如：

一、学习小草的身段柔软。我们不要小看路边一棵弱不禁风的小草，小草虽小，但狂风暴雨能折断千年大树，唯有小草因其身段柔软，故能安然无恙。因此，吾人如能成就高耸挺拔的大树，勇敢地与狂风暴雨抗衡、较量，固然很好，否则就学一棵柔软的小草，也能活得傲然、活得挺立。

二、学习流水的遇阻则弯。江湖河海，急流滚滚；溪水潺潺，流水清浅。水的精神，不但滴水能够穿石，尤其水性遇山水转、遇石水转、遇舟水转、遇岸水转。因为不管遇到任何阻碍，都能遇阻则弯，所以能奔向大海。人如果能学到水的性格，周转自如，能够不拣细流，点滴润泽苍生，则受苦受难，也是在所不计，所谓“但愿众生得离苦，不为自己求安乐”，这就是菩萨的心。

三、学习和风的成熟万物。在炎热的气候中，一阵和风徐来，让人感到无比舒畅，所以普世无人不歌颂春风。春风怡人，虽然严冬寒冰彻骨，但是大自然的冷热都是为了成熟万物也。就如阳光，有阳光，万物才能生长；有阳光，万物才能成熟。所以人生要能够学习春风，给人清凉，学习阳光，给人温暖。尤其讲话时，所谓“好话一句似春风，良言一语如冬阳”，语言能如春风、冬阳般，给人信心、给人鼓舞，则如佛教所谓“青青翠竹无非般若，郁郁黄花皆是妙谛”。只要我们懂得，大自然无一不在向我们示意，无一不在对我们说法，所以说“溪声尽是广长舌，山色无非清净身”。

四、学习虚空的无私包容。虚空有多大？哲学家、科学家们至今难以解释，但佛教讲“无量无边”。世间上，能与虚空相比的东西，就是我们的“心”。经云：“心包太虚，量周沙界。”宰相的心量能撑船，诸佛菩萨的心量能包容天地。虚空之所以伟大，因为它能包容万物，不管善的、恶的，都能包容在虚空之中；不管光明的、黑暗的，也都容许你在虚空里运转。心如虚空，我们的心有体大、相大、用大，比之虚空，并不稍减分毫。可惜吾人不知扩大心胸，包容万物，不知世间万有，莫非我心中之物。人如果能学习虚空的包容，则世间万有，都如我的兄弟姊妹；世间万物，都是助长我们生存的助缘；世间万法，都是我心中的艺术。

所以，吾人要学习什么？在宇宙之间，就是学习自然界，学习小草、流水、阳光、虚空。吾人真能学到大自然的奥妙与启发，才不愧为万物之灵。

学习什么（二）

人生“活到老，学到老”，“学习”是永无休止的功课。提到学习，一般人首先想到的无非是学习知识、学习技术、学习专长、学习伟大。事实上，在各种学习之前，先要建立正确的学习态度，例如现代人提倡“终生学习”，这是很好的观念。人生应该要学习一些什么呢？

一、学习谦卑。人生要学习的事情很多，先从精神上、心态上学会“谦卑”，这是很重要的事。人的本性里都有“傲慢”的因子，不用学就会，但“谦卑”就必须花一些功夫来学习了。谦卑的人，成熟稳重，待人彬彬有礼，让人一见就被他的涵养所摄受，自然对他心生尊敬。傲慢的人，昂昂乎不可一世的样子，让人心生排斥，不屑与之为伍。做人谦卑，就像愈是成熟的稻穗，头垂得愈低；愈是结实累累的水果，枝叶弯得更沉。所谓“满招损，谦受益”，学会谦卑，让人终生受用不尽。

二、学习贫穷。人都希望富有，害怕贫穷，富有的时候，生活称心如意；贫穷的日子，生活艰难。贫穷不值得标榜，学习贫穷是不得已的事，谁愿意贫穷呢？但是兵法说“置之死地而后生”，禅家也说“贫无立锥之地”，文学家更有所谓“文穷而后工”。学习贫穷，在有限的物质生活里扩大自己的潜能，提升自己的能力，散发自己的光和热。能够简朴生活，贫而自存，这才是学习贫穷的意义。

三、学习吃亏。人都喜欢讨便宜，不愿意吃亏，但得到便宜之后，失去更多。憨山大师说：“吃些亏处原无碍，退让三分也无妨。”吃一时之亏，或吃一些小亏，看起来是很委屈的事，但日后会给自己带来很多的好处。先跟人说几句好话，先向人行个礼，感觉好像是让对方讨了便宜，自己吃了亏，其实谁有修养、谁有美德，不必日后算账，当下就已分明，所以吃亏就是占便宜。

四、学习施舍。人都希望获得，不喜欢施舍，获得是很快乐的事，喜舍则感到为难。事实上，你能以施舍为乐，那么你的人生就更有意义了。施舍不一定要用金银财宝，布施给人几句好话、一些方便、一点因缘、一些欢喜。能够施舍，表示自己富有；只想贪取获得，就是贫穷。人为什么不过一个富有的人生，而要成为贫穷的人呢？

五、学习主动。人有被动的习性，少有主动的性格。但是人不是棋子，不能总是要等人指挥才有所行动，人是活的，凡事要能主动。主动做事、主动说话、主动慈悲、主动发心，凡是一切善美的因缘好事，都要主动。只要不逾越分际，不妨碍别人，“主动”对于成就自己、成就别人，都有很大的帮助。

六、学习思维。人是有思维的万物之灵，凡事都应该有一、二、三的思维，也就是有第一种方案、第二种方案、第三种方案……凡一切事情，都要懂得分析、综合、归纳，要能辨别是非、明白善恶、权衡利害，当然更要知道好坏。思想是人的潜能，好像泉水，源源不断，又像宝藏，取之不尽。有思想，就能明白世事；有思想，就能决定取舍；有思想，就能知道何去何从。思想之重要，由此可见，所以人要学习思维。

以上所说应该学习之事，看起来都与一般常情相违，但是正因为不是常情，才需要学习，如是常情，不学也会。虽是有违常情，但是谦让、贫穷、吃亏、施舍、主动、思维，此中妙处无穷，所以值得学习。

学问六要

世间上，宝贵的东西很多，有人以钱财最宝贵，有人以爱情最宝贵，有人以名位最宝贵。但是有人认为学问知识最宝贵，因为学问里有道理、有智慧、有义气、有远见、有人我、有公平，所以学问之道贵矣！

学问之道，试举六要如下：

一、一个“拙”字。学问之道，不一定要聪明，有的人“聪明反被聪明误”，这就不是学问。“拙”，就是诚实本分、按部就班、难得糊涂。一个真正有学问的人，聪明而不讨巧，所以一些深谙世故、经验丰富的出家人，都自称“老拙”。例如，弥勒菩萨的诗偈云：“有人骂老拙，老拙只说好，有人打老拙，老拙自睡倒。有人唾老拙，随他自干了，我也省力气，他也无烦恼。”其实真正能做到这个程度的人，可以说是世上最聪明的人了，岂能用笨拙来看待他?

二、一个“勤”字。学问之道，在于勤学、勤思、勤省、勤于自觉。没有学问的人，不知道反省。真正有学问的人，做人明理，凡事为人设想，勤于为人服务。有学问的人，不汲汲于为自己的利益打算，就像农夫勤于耕种、工人勤于生产。做学问的人，要勤于做人。

三、一个“诚”字。学问之道，不能虚浮，不能妄为，真正做学问的人，要诚诚实实。道德可以四两充半斤，学问四两就是四两，半斤是半斤，完全假不得。做学问的人，如果不以诚实为主，只靠一时侥幸，天长地久，骗人的人哪能永久呢？所谓“知之为知之，不知为不知”，知道多少说多少话，这才是真学问。

四、一个“问”字。学问之道，所谓“学问、学问”，学而要问，学而好问，不学就不肯问，不学就不会问；唯有要学，所以先要会问，唯有好学的人，才知道问题所在。例如，你通达文学，对文学中的许多问题，你不问就不易了解。所以，佛教教人要问法，道家教人要问道，儒家教人要问学，甚至于政治家，为政先要问政。唯有学而肯问，才能自谦，才有自知。

五、一个“思”字。学问之道，如《论语》说，“学而不思则罔，思而不学则殆”，所以在佛教里，叫人求智慧，要从“闻”里成就智慧，从“思”里成就智慧，从“修”里成就智慧，从闻思修才能入三摩地。因为学而才会思，思而才会学，学与思、思与学，二而为一，一而为二，所以真正有学问的人，才能成为思想家。

六、一个“明”字。学问之道，有时候我们称赞一个人“你是个明白人”、“你是个明理的人”，就是说他是个有学问的人。过去对勤政爱民的皇帝，我们就称他为“明君”；一个能干的人，为全民服务，而且公平有正义感，我们就称赞他“英明”；一些不学好的人，当他改过自新了，就说是“弃暗投明”。可见学问之道，在于一个“明”字。做人必须要英明，要光明，要明白事理、人情、是非、好坏，才算是有学问的人。

其实，若论学问之道，岂止六要，其他如：学要交友、学要问道、学要实践、学要实验、学要研究、学要印证、学要应用，所以为学之要，多矣！

学习语言的方法

随着资讯、科技、交通的发达，现在国与国之间不但“天涯若比邻”，尤其随着“全球化”的发展趋势，未来必然是一个“地球村”的时代。

在“地球村”的世界里，不会第二国语言，将成为现代的新文盲。因为未来的世界里，国与国之间要打破地域、疆界，人与人之间要消除藩篱、隔阂，必须靠语言的沟通，所以每个人都要具备外语的能力，有讲说外语的能力，才能真正“走出去”。

语言是自然的学习，学习语言要有环境，还需要时间的累积，不是一日可成，尤其要靠自己的决心、毅力，要感觉到有实际迫切的需要，如此奋发努力、用功学习，才能学有所成。

除此，学习语言，不管英文、日文、韩文、西班牙文、中文等，如果懂得方法，将能收到“事半功倍”的效果。以下兹举一些方法，提供参考：

一、每天自己开口讲十分钟，而且一开始务必要把发音学习正确。

二、每日利用早餐、做家务等零碎的时间听录音机半小时。

三、每周看一次电视长片。

四、每星期学一首歌。

五、每日找人对话半小时至一小时。

六、每天收看当地的新闻报道，一方面熏习语言，再者了解时事。

七、每日撰写一篇外文讲演稿，增进书写能力。

以上七个方法以外，也可以参加游学团，利用出国游学的机会，实际融入当地人的生活里。尤其一些原本已经在外的留学生，每日可尽量与当地学生同桌用餐，甚至与当地学生同寮住宿，增加开口交谈的机会。

总之，学习语言和做任何事一样，唯有多下功夫，别无捷径，只要自己敢开口多讲，平时多听、多背、多用心、多应用，自然就能把语言学好。

新　知

现代人都讲求新知。追求新知是人性的本能，所以现在书店里的出版物，如果只讲过去的历史，而不重视未来的新知，已经难以受到青少年的欢迎了。现在的报纸，如果每天只是披露一些社会打杀的新闻，而没有新知报道，看起来报纸也会被淘汰。反之，现在的电视、网络上都在努力介绍新知，唯有新知才能带领人类不断向前发展，走向未来。所以凡是科学证明存在，但是尚未普及的新知识，应该普遍报道，让大家知道。例如：

一、发现基因是生命的密码。数十年来，基因的发现改变了人类对生命的认知，克隆羊、克隆牛，甚至将来还有克隆人的可能。现在已有试管婴儿，有代理孕母。生命虽然发生了这么大的变化，但是还不能突破佛教的“业力”之说。科学家提出的基因，还是与佛教的“业力”有牵连关系，所以希望未来的科学家，能在业力这个生命密码的议题上再做探讨，期让人类对现在、过去、未来的生命，有更深层的认识。

二、发现外太空有生命。现在人类已知宇宙虚空中，有一些星球上面有水，例如火星已被证实有生命的存在。只是太空无边，地球与之相隔无数光年，要探索究竟，可能需要太空专家长期的探索追求，才能有更进一步的了解。不过可以断言的是，数十年或是数百年后，星际间的往来，必然有实现的一天。

三、发现治癌药物。古代人类对疾病的无知，一个小小的感冒，可能并发致命的疾病。自从医学发现阿司匹林、维生素等药物之后，一二百年来救活了无数人命，甚至过去肺痨被列为不治之症，但现在肺结核在台湾已绝迹了一段时期。另外，现在的艾滋病、癌症，医学界研究新药方也都大有进步，今后控制这些不治之病，已不是那么遥不可及的事了。

四、发现可以漫游外太空。美国、俄国曾经训练航天员到外太空漫游、探索，中国也急起直追，一直跟进。现在到外太空漫游，不一定坐在飞机里，可以在飞机之外，像孙悟空一样，腾云驾雾，所以现在用科学，可以把神话小说里的情节，实现在人间，这也是人类的一件大事。

五、发现水有生命。日本科学家江本胜先生在他的《水知道答案》一书中，提到他利用科学仪器拍下水的结晶，发现水跟着人类的爱嗔，呈现不同的反应，显示水有生命。此外，过去也有人说过，山也有生命，青年的山、壮年的山、老年的山，在地理学家眼中都可以分辨出来。在佛教看来，宇宙所有万物，一切众生都是有情，都应该赋予生命。例如，有人问：花草树木能不能成佛？只要吾人成佛，我们心识中的宇宙万物，哪一样不能跟着我们成佛呢？

六、发现改变肤色之道。现代人对科学寄予许多希望，例如世界上的国与国之间，因为强弱、大小、贫富而不能平等相处，人类因为肤色黄、白、红、黑，也彼此相互歧视。未来假如科学家可以通过基因工程改造，让世间的人类统一肤色，不管红、黄、白、黑，只要一种就好，那么世间也就没有种族的歧视，岂不是和平在望吗？

宇宙的空间是无量无边的，世间的时间是尽未来际无穷无尽的，只要人类应用智慧，不断地研究，就会发现，如同佛陀所说：我观宇宙三千大千世界，如一庵摩罗果在我手中而已！

教　育

人的最大本钱，就是“教育”，一个人即使天纵英才、资质优异，后天的教育仍然非常重要。教育可以变化气质，增加知识，明白道理，提升人格。过去的人想要了解一个国家强弱，都先问这个国家有道无道？乃至一个领导人的好坏，也是看他有道无道？道德观念的有无，就看他对教育的重视与否？所以教育关乎一个国家的发展。

发展教育，也要懂得掌握要点，有的国家一味学习外来的文化，废弃了自己民族文化之所长；有的国家废止博大悠久的历史文化，只看重眼前的蝇头小利。以下兹以教育的四点原则，贡献诸方：

一、生活重于知识。一般人以为教育就是学多少字、读多少书、知道多少常识，其实，教育最重要的是正确的价值观与生活态度，例如，吃饭要有感恩的心情，穿衣要有物力维艰的了解。生活学的博士都懂得，一切都有因果，都是得来不易。在生活里要有因果观，有因果观念就是教育。懂得感恩图报、发心回馈，就是教育。有了生活的教育，就与单纯获取知识的教育不一样了。

二、道德重于功利。有的人以为教育只是为了拿到毕业文凭，可以谋得高薪的工作，所谓“名利双收”就是受教育的目的。实际上在教育的内涵里，功利的价值只是渺乎小哉，道德才是教育的真正意义。例如，印度的甘地以不抵抗、不合作主义，为万千民众争取权益，树立了自己的道德人格，岂是万千书卷所能比？天主教的特蕾莎修女，一生救人无数，但是她更为人敬重的，是她一生感谢贫穷。教育固然可以给人励志，发掘才华，贫穷也是一种磨炼，可以将自己的本性提升。中国古来多少帝王，如纣王、幽王等，将人与之相比，人皆不喜，因为无道。反之，有的人一生穷途潦倒，如蔡邕、苏东坡等，他们风骨嶙峋，为人所重，可见道德重于功利。

三、普济重于接受。现在教育最大的缺点，就是重视功利，养成学子自私、贪吝，凡事只为自己的利益，不为天下苍生谋福。但是真正的教育，必须要有菩萨的发心，如释迦牟尼佛及跟随他的十大弟子等一千二百五十人、耶稣的十二门徒、孔子的七十二贤人等，这许多人因为受到老师教育的感染，兴起献身普世人类的发心，因此能留名青史。所以，能有“先天下之忧而忧，后天下之乐而乐”的普济思想，才能显示出受教育的学子，其人格不同于一般。

四、自觉重于他教。在佛教里的学生有两种，一种是“声闻”，一种是“缘觉”。声闻是经由老师教导而悟道，缘觉就不一定有老师教导，自己观因缘、自发自动、自己追寻、自我觉悟。所以，教育有家庭教育、学校教育、社会教育、团体教育，但真正的教育在于自己，自己无心于教，所谓“讲者谆谆，听者藐藐”，也无济于事。佛教的教育，就是“觉”的教育，但是先要“自觉”，而后“觉他”，进而才能“觉满”。

俗云：“一斗米养一个圣贤，一担米养一个江洋大盗。”孔子的学生也不一定个个都成为圣贤，阳虎、子路为其所不喜也，佛陀也有提婆达多为叛徒也。所以，没有自觉的教育，不易成也，自己没有自觉要向上、向好、向善，即使有再好的明师，也教不成，所以教育要靠“自觉”最重要。

老　师

“人非生而知之，乃学而知之。”要学习，就要有老师。韩愈说：“师者，传道授业解惑也。”中国人一向尊崇五伦“天地君亲师”，老师能与天地君亲同等并列，可见其受人尊敬的程度。

孔子说：“三人行，必有我师焉。”可见老师也不一定指什么特定的人士，只要能开导我们，影响我们，指示我们，让我们能受教、受益的，都是我们的老师。

过去的人，以社会为学校，社会就是我们的老师，有的人上图书馆自修，图书馆也是我们的老师，甚至一部字典，都是我们无言的老师。可见天地之间，岂但“三人行，必有我师焉”，其实世间万物，皆可为师。试举其例：

一、以自然为师。大自然有日月星辰、风雨雷电、山川湖泊、树木花草，这一切的生长、运转，都有它的规则。时当深夜，我们就知道，再过几个小时太阳就会出来。现在是上旬或下旬，我们就知道月亮将以什么样的形态露面。春夏秋冬，就是时间的自然定律；生老病死，就是人生的自然循环；成住坏空，就是世界的自然道理，所以大自然就是我们的老师。只是，登高山虽然可以望远，却也有发生山难的危险。河流可以划船，逍遥自在，但旋涡逆流，也能让人沉溺。这些自然的现象，人经历并习惯以后，就能与自然共存，甚至以自然为师，从自然界学到宝贵的道理，懂得如何在人间生存。

二、以圣贤为师。圣贤是人格完成、道德崇高、学有专精、经验丰富的人，所以我们从小就要以圣贤为榜样，要拜师学艺。在学校里，多少专业的老师，有的教授学术，有的教导做人，有的教以治世。在军队里，有军官领导，军官就是老师；在体育场上，有教练教导，教练就是老师。各种授业教学的人士，都是老师，所以一个人的成长，都是靠着社会大众做我们的老师。甚至朋友指导我们，纠正我们一个字，就是一字师；同事告诉我们如何做事，就是一事师。有人能把世间所有一切男女老少都当自己的老师，则自己的道德健全，必然也堪为别人的老师。

三、以戒律为师。两千五百年前，释迦牟尼佛在印度拘尸那城示寂涅槃，当时即使证得圣果的弟子也不禁悲从中来，想到从此不容易见到老师了。但是佛陀指示，你们可以“以戒为师”。“以戒为师”因此成为佛门千古以来，颠扑不破的指导原则。佛教讲“依法不依人”，以制度、立法、规章为依循的准则，甚至比人师更标准。就是今日社会，不管再怎么自由民主的国家，都是“法治重于人治”，我们不但要以法为师，更要以法师人。

四、以真理为师。希腊哲学家亚里士多德说“吾爱吾师，吾更爱真理”，可见以真理为师，这是智者的行事原则。不过真理并不是公说公有理，婆说婆有理，真理也有真理的标准，真理的条件是不能违反平等性、必然性、永恒性、本来性。例如“因果”，宇宙所有一切人事物，哪一样能离开因缘果报的关系？再如“无常”，一切法无常，大至宇宙世界，小至日常生活，哪一样能逃脱无常的定律？所以佛教徒纷纷皈投到佛教里来，就是皈依真理，即使不能证悟真理，至少也能了解真理，如此才不会徒然空过人生。

俗语说，“一日为师，终生为父”，对于以上所举的各种老师，我们都应心存敬重，并且用心学习、效法，才能受益。

提　升

“水往低处流，人往高处爬”，一个人出生以后，就要不断地提升自己。官场上有名位的提升，团体里有权力的提升。每一个人在年年提升当中，他的生命内涵都会随着年龄增长而提升。

人生要怎样提升自己呢？

一、由弱小而成长。刚出生的婴儿是弱小的生命，在父母、亲人呵护下慢慢成长。成长就是提升，本来不会走路，经过学习，慢慢学会了走路；本来不会讲话，慢慢学会了讲话，甚至学会了礼貌、学会了家务、学会了读书、学会了讨人欢喜、学会了给人接受。父母看到儿女的提升、成长，真是喜在心头。世间“没有自然的释迦，没有天生的弥陀”，孔子出生的时候叫孔丘，孟子出生的时候叫孟轲，但他们成长以后，成为“释迦”、“弥陀”，成为“孔子”、“孟子”。所以人非生而知之，乃学而知之者，在成长学习中，就看你能提升自己多少。

二、由无知而明理。人自出生之后，首先最需要学习的，就是“礼”。礼者，理也，学习明理，这是一生中最重要的阶段。世间，无论什么都有理，天有天理，地有地理，人有人理，事有事理，心有心理，物有物理，情有情理，法有法理，你说哪里会没有理呢？但世间人多数就是不明理，所以用“无明”形容之。世间许多无明人不能明理，但理是人生的交通，好像道路一样，你在世间生存，就要有通路。人要和天地人交通，天地人都有理，要和心物情交通，心物情也都有理。一个人的程度、人格有多高，用明理与否是可以衡量的。

三、由贪求而喜舍。穷苦的人难以大方，无知的人不懂得文明，当一个人自己缺乏生存的条件，你叫他舍弃自己的拥有，而来喜舍给你，这是不容易做到的事。人必须经过学习，了解这个世界是众有的、是公有的、是因缘和合的。人生要求共同存在，就不可以执著个人，要心怀大众，胸怀法界，才能成就大事。一个人全然接受别人的赏赐，必定是贫穷的人生，如能经常自我喜舍，这就是富贵的人生。完全接受，就是向下沉沦，所以人要经常喜舍给人，才能向上提升。

四、由为己而为人。人的习性，在利益之前，大都只想到自己可以分得多少，很少想到别人。世间上，凡事只为自己，都非常渺小，能够为公、为众，就能伟大。唐尧虞舜的“公天下”，孙中山先生的“天下为公”，乃至历代帝王都想“大公至正”，至今都为人所称颂。但后来成为“家天下”，就为人所诟病了。

五、由执我而执法。人是自私的，什么都以“我”为中心，我的身体、我的拥有、我的家人、我的财产。殊不知这一切的一切，都不是我们所能私有的。我的财产是“五家共有”，我的身体是“四大假合”，家庭、物质也都是众缘和合而有，你再多的执取也不能长久，所以有的人就从“我执”，慢慢提升为“法执”。一般说，凡夫“执我”，罗汉们“执法”，罗汉的我执虽除，但法执很深，他对戒律、信仰、真理的执著，不容易动摇分毫。一直要到大彻大悟，我法双亡，获得一个完全超越的人生，才算是最高的提升。

六、由人间而佛道。以人为本的佛教，人是万物的中心，但是所谓“天外有天，人上有人”，所以说到人生的提升，就是要渐往佛道。人有烦恼，佛有自在；人有愚痴，佛有智慧；人有分别，佛能平等。人生有残缺，只有提升以后成为佛陀，才能圆满。

训 练

儒家说："人非生而知之，乃学而知之。"但是学而知之还不够，必须经过不断地训练、实践，才能心领神会，融而通之。中国古代的投师求学，之后还要拜师学艺，"学徒制"在中国实施了两三千年，直到近代，从个人的投师学艺，到集体训练，最普遍的就是军人的操练、行军，能够训练有素，才能克敌制胜。另外，社会上也有一些专业训练，甚至一般的公司行号，都有最起码的职前训练。受过训练，才能投入职场，才能得心应手地展开工作。

其实，人从出生之后，在婴儿时期，父母就会训练他走路、说话。及长，训练他的礼仪应对，然后入校求学，进而到社会上工作，还是要不断地接受训练。可以说，人生就是在不断地训练之中成长、进步。人生应该训练的事项很多，包括：

一、体能训练。关于体能训练，人的潜在能力无限，通过体能训练，不但要把肉体的潜在能力，包括耐苦、耐寒、耐热、耐饥、耐久等耐力开发出来，甚至在精神方面，也要能接受"称讥毁誉利衰苦乐"等八风的考验。中国"龟兔赛跑"的故事，说明人生不能只是全凭机智，还要不断实践乌龟的精神。一个人纵有狡兔的快速，如果在意志上因循怠惰，也不容易成功。

二、技能训练。在古代，中国北方的民族要学习骑马，南方的人士要学习行舟，一般青少年更要学射、学礼，尤其男人学工、学农，女人学厨艺、学刺绣等。总之，每个人都要学得一技之长，才能立足于社会。当今之世，一个人学习一、两项技能已经不够，技能应该愈多愈好。例如，学习开车，如果更能学习驾驶飞机，不是更有出路吗？学习记账，更兼长于计划，具备的才能愈多，愈有机会发展。现代人学习电脑，如果没有学习程式设计，也是容易被淘汰。总之，三百六十行，行行出状元，所学得的才艺愈多、愈精，就愈有前途。

三、心智训练。现代人，有的人从小生长环境闭塞，及至成长，心智未开，或者童年时怕羞，不肯主动，不敢在人前说话，不能适应群体生活，一旦成为习惯，就会更加自闭，这时就需要施以特殊的心智训练。现代人，有的尽管家境富裕，父母仍然从小就将子女送至他方，接受种种的刻苦训练，无非是希望让他的心智更成熟，更有条件融入社会。

四、丢丑训练。中国古代的农业社会，有的人长于音乐，却苦于没有环境学习，有的具有绘画天分，可惜没有明师指导，致使内在的潜能没有开发出来，诚为可惜。现在的社会，有很多社团可以参与，也有很多明师志愿开班授业，甚至还有人发明种种训练，例如挫折的训练、冒险的训练、表达的训练等。尤其有一项"丢丑"训练，让你在人前丢人现丑，借以训练你敢于承担、敢于表现。"敢"是人生成就的重要力量，不怕丢丑的人，才敢于表现自己，才有机会发挥才能，也才有成功的机会。

其实，训练的项目还有很多，除了上述体能、心智的训练以外，五官的训练也很重要。我们的眼睛不但要会看，还要看得准、看得清、看得远，看到外表也要看到内部，看到人的面孔还要看到内心。耳朵不但会听，还要善听、谛听，能听出"言外之音"，才算会听。嘴巴不但会说，还要能说善言美语，所说的话都有智慧，让人听得皆大欢喜，听得有所启发，才是真正的"能说善道"。此外，身体上的其他各部功能，都要加强训练，才能善用。

思想训练

中国的教育，一直被人诟病为"填鸭式"教育，只是死记名相，不去研究内涵、意义，所谓"知其然，不知其所以然"。因为没有思想飞扬的教育，搞得现在的年轻人想象力愈来愈贫乏。当前补救之道，应该施以思想训练，要让他们懂得举一反三、闻一知十，要丰富他们的想象力，要提供给他们充分的学习机会，兹举事例如下：

一、一切事要有“一二三”的层次。要告诉年轻人，做任何事不是一厢情愿，不能只有一条道路，凡一切事，都应该有第一案、第二案、第三案……经过研究以后，再来选择哪一案。

二、一切事要有“为什么”的问号。做任何事，必须要问“为什么”：为什么这么做？为什么需要做？做这件事的目的是为什么？做了以后的结果又是如何？能思前顾后地把“为什么”想清楚，将来发生任何问题都能成竹在胸，都有应变、解决的办法。

三、一切事要有“怎么样”的结论。人不可能十项全能，当然不是每一件事都能全部了解，所以要旁征博引，尤其要征求别人的看法，听取别人的意见，参考别人对这件事的想法、建议，所谓“集思广益”，结合多人的智慧，不但能使事情做得圆满，自己也能从中学习、获益。

四、一切事要有“过去因”的了解。做一件事情之前，能先了解来龙去脉，懂得前因后果，明白各种因缘关系，才能全盘掌握，而不致状况百出。

五、一切事要有“未来果”的预知。做任何事，要先预测结果，就如农夫春天播种，也会盘算秋天能有多少收成。预测未来果，不仅是评估成效合不合乎成本，更要想到合不合法，也就是要有因果观念，不能只知道做，不知道结果。没有因果观念，正如一些贪赃枉法之辈，就是因为没有想到结果，于是作奸犯科的结果就是锒铛下狱。

六、一切事要有“分析说”的理解。任何一件事，未必全好，也不必然全坏，所以要把利弊得失分析清楚，才能去芜存菁、汰沙留金。

七、一切事要有“综合讲”的统筹。做一件事，难免千头万绪，所以要有综合、统筹的能力，如此才能把各分支机构、各相关单位紧密联系、配合，也才不致乱无章法。

综上所述，所谓思想训练，就是凡做一件事，从制订方案、计划开始，就要想到接下来一连串进行的步骤、程序，以及该具备的条件，例如经费的筹措、各种因缘的培养、各相关单位的接洽联系，以及各种可能发生的情况，包括利弊得失的评估等，一切都要明明白白、清清楚楚之后才能进行。因此，思想的启发，并非只从书本上的知识、学问就能获得，更要从实务经验中磨炼、累积，尤其要懂得处处用心，如此日久自然成。

笔

过去印刷术不发达，所有书籍完全靠手抄，抄书就不能不使用“笔”！即使到了近代印刷出版业发达，日常生活中，仍少不得有用笔写字的机会。

笔，有毛笔、钢笔、圆珠笔、铅笔等，尤其中国的毛笔，自古通行于韩国、日本等亚洲国家，几乎所有读书人、办公人员，都少不了运用毛笔的机会。零卖毛笔的商店，不只是一般的文具店，甚至有“笔庄”，专卖与笔有关的文房四宝——笔墨纸砚。

一般文人爱笔，就如军人爱枪，厨师爱刀一样。小小一支“笔”，千万不可小看它，有的读书人靠着一支笔，上动公卿，下通庶人。甚至文人的一支笔，可以横扫千军，也能判人生死。

现代人，有的人靠笔会友，专门组成“笔会”，有的人靠摇笔杆写文章为生，就叫“笔耕”。如果欠人文稿、书法、绘画，就是欠人“笔债”。从古至今，也有不少人因为一支笔惹下“笔祸”，不但个人杀头，甚至满门抄斩，都是为了一支笔。

王羲之一篇《兰亭集序》，价值连城；怀素大师的草书，龙飞凤舞，被尊为“天下第一”。颜真卿、柳公权、苏东坡，以及近代的于右任等人的书法，都如行云流水，进入圣人之境。

现在有人要办报纸，先要问：“你有几支笔吗？”想要办杂志，同样的也是：“你有几支笔吗？”文化事业需要“名笔如林”，文人更希望自己能拥有如下所说的一支好笔：

一、如椽大笔。根据《晋书·王珣传》记载：东晋文士王珣，从小才思敏捷，精于诗、赋、散文，二十岁就被大司马桓温聘为主簿。一日梦见有人给他一支如椽一样的大笔。隔天醒来，他把梦境告诉家人，并且预言会有大手笔的事情要他去做。果然就在这天上午，晋孝武帝突然驾崩，由于王珣文笔出众，朝廷所发的哀策、讣告和孝武帝的谥议等，都交由他起草。因此后人就以“如椽之笔”称誉他人文笔出众。

二、春秋之笔。笔除了可以写公文、散文、小说、诗词歌赋以外，尤其写政论时评，真是春秋之笔。一笔之褒、一笔之贬，在古代都视为一字万金。如孔子作《春秋》，春秋之笔大大发挥了对人物臧否的评论之功。

三、生花妙笔。平常用刀斧锄头的农夫，你叫他写字，他说拿笔比拿斧头还要重，可见用笔之难。但也有的人一笔在手，天上地下，大块假我以文章，表情达意，快哉心情，真是“一枝生花笔，满怀镂雪思”。

四、倚马快笔。文人舞文弄墨，也非常讲究速度。有的人一天只能出产两三千字，有的人一天能写万言书。如李白《与韩荆州书》所说：“请日试万言，倚马可待。”可见其为文之快速，真可称得上是一支快笔。

今日靠鬻文为生的人，不快也不行。如果平均一天能写五千字，一字一元，五千字五千元，每周总得有个休息假期，所以一个月下来，有名的文人大概有十万元的收入，比起经商的人，也是渺乎小哉。所以，过去社会以“士”为贵，但今日时代变迁，士农工商的地位，也不是往日可比了。

文　字

世界上，每一个国家的历史文化之进程、发展，都需要文字来做记录。国家如此，个人亦复如是。个人的一生，除了成就一番事业以外，能留些文字，哪怕只是片语只字，也总是有价值。一个人一生之中，就怕空手而来，空手而去，徒然来到人间空走一遭，最为可惜。

在中国，三皇五帝，历代君王将相，都仰赖文字的记载，我们才知道历史上有这些人物。甚至盘古开天、女娲补天，乃至孙悟空、白娘娘、九天仙女、土地公、城隍爷等，虽没有历史考据，但有文字记载，也为大家所津津乐道。

文字的重要，例举如下：

一、可以记录往事。语言说了，成为过去，我们没有听见；事情做了，往事如烟，我们没有看见。没有关系，有文字把这些事和话记录下来，一样活在我们眼前，听在我们耳里。

二、可以传承历史。中国一部《二十四史》，多少的朝代兴亡，多少的人事悲欢离合，让中华民族的生命，随着文字记载的历史，一直活在中华儿女的心中。其他如四书五经、三藏十二部，甚至章回小说，都靠着文字传承历史，维持它们的生命。

三、可以创新艺术。文字不但表情达意，甚至通过诗词歌赋，可以赋予人物、事件新的生命力、新的意境，让情节更加生动感人、更加曲折美化，让人悠游在文字的情境里，其乐无比。所以，文字可以化腐朽为神奇，可以创新艺术。

四、可以表达心意。常有人说，我心里有话，但我说不出来，改天我写封信给你，表达我的心意。多少人，靠文字的沟通，解释误会，增加情谊，平添许多佳话。历史上，文天祥的《正气歌》、岳武穆的《满江红》、孙中山的《总理遗嘱》，真是荡气回肠。那些作品固然表达他们的心意，也激励后人效法。

五、可以文以载道。古今多少文人，运用文字就好像武将统率千军万马，也像神仙呼风唤雨。文字可以让你欢笑，也能让你流泪。唐朝的韩愈“文起八代之衰”，宋朝的苏东坡，写诗作赋，洋洋洒洒，如江湖海洋，滔滔不绝。梁启超先生一篇《异哉，所谓国体论者》，袁世凯出价十万银元，请他不要公开发表，梁启超断然拒绝。台湾的诗人余光中先生，以一首小诗表达海峡两岸情谊，大陆立刻收录到中学教科书中。所谓“文以载道”，这也是文人责无旁贷的使命。

六、可以启发思想：吾人潜藏在内心的智慧，往往由于文字的启发，引起更大的思想火花。远事不说，就拿近代台湾天下文化出版公司高希均教授来说，他们出版了不少有关科学新知及管理学的书籍，带动台湾经济发展，提升台湾的竞争力，造福了台湾人民，功德无与伦比，真是难以说尽他们对人们的贡献。这一切足以说明，文字的功能，不能小视！

“三”的启示

文字的发明，是人类文明的一大进程，尤其数字的应用，更为生活带来诸多便利。数字除了计数以外，与其他文字配合运用，更有其代表的意义与启示，兹以“三”为例略说之：

一、三十六计。三十六计的故事，在中国民间可谓家喻户晓，诸如“连环计”、“空城计”、“离间计”、“美人计”、“苦肉计”等。三十六计给吾人的启示，就是现代人讲究计划人生，生活中举凡成家立业、生儿育女、理财投资、退休养老等，都要计划。有计划总是好事，就怕没有计划，没有计划的人生，糊涂行事，到头来活出一笔糊涂账。有一句话说“吃不穷，穿不穷，算盘不到一世穷”，所以人生要有计划。人从童年到老年，至少要做好就学计划、创业计划、成家计划、发展计划、阅读计划、退休计划、养老计划等，人能按照计划行事，纵有误差，也不致有太大的损失。

二、三思后行。做人要言行一致，凡事经过审慎思考后，就要付诸实践，也就是要解行并重。“三思后行”是告诉吾人，凡事不可冲动鲁莽，不可以不经缜密思考就妄动，否则必然吃亏。不管做什么事，都要订出第一案、第二案、第三案……要有上策、中策、下策等周全的应对策略，懂得“三思而后行”，稳扎稳打的人生最是妥当。当然，思考也要决断，不能犹豫不决，一旦决定后，就要义无反顾，勇往向前。

三、三省吾身。曾子说，“吾日三省吾身”，真是一句最好的座右铭。一个人每天能有三次反躬自问：我今日有缺失空过吗？我今日有功德成就吗？我今日有损人利己吗？人最不了解的就是自己，假如借助三省吾身，对自己毫不留情地检讨、省察，必然能增进道德、增长智慧、增加进步。

四、三足鼎立。一个人有两只脚，走路才能平衡；汽车有四个轮子，才能安全行驶；宝鼎有三只脚，所谓“三足鼎立”才能平稳。世界不是一个人的，是大家共有的，世间有你、我、他，就等于鼎足三立。所以“三足鼎立”是告诉我们，世间一切都是众缘成就，独木难撑大厦，要把自己融入大众里，不能执我。能够“无我”，才能成其大，因此佛教讲布施要能“三轮体空”，也就是布施的我、接受的你、所施的物之间的关系要能超越，不分彼此、大小、多少，要做“空”想，能如此则功德和价值才是无限、无量的。

五、三进三出。人生是反复周折的，有时一而再，再而三，都有起伏升降。就如三国时代，赵子龙为了救小主人阿斗，在长坂坡三进三出曹营，忠勇过人，但他从不居功。令尹子文，三度为官，三度下台，但他毫不介意，从来不曾面露愠色。所以人生在世，起伏得失，都是在所难免，三起三落、三进三出，都不要太过介意，能够经过再三的忍耐、煎熬，又何尝不是好事呢？

六、三心二意。有的人生性优柔寡断，做事犹豫不决、举棋不定，面临决定时，总是三心二意，这种人必定经常错失良机。在佛教里，鼓励修行人念佛，对观音菩萨要“一心称名”，念阿弥陀佛要“一心不乱”。做人处事，也要讲究“一心一德”，虽然不能没有思维、考虑、辨别，但是一经决策，就不能三心二意，如果经常翻来覆去，于人于己，都无益处。

佛教有一部《教乘法数》，就是汇编有关法数的名相义理。佛教对于数字的看法，所谓“一就是多，多就是一”，真理是一个，从一开始，一生二，二生多，所以我们不论学习什么，要能“举一反三”，这才是自觉自悟之道。

解行并重

每个人打从出生开始，就处在不断地学习当中，举凡生活所需的各种技能与知识，甚至包括天文、地理、历史、法律、经济、艺术、建筑……各领域的学科都要把握有限的生命多方学习，学到的知识、技能愈多，人生就能活得愈充实，生命也才能发挥愈大的能量。

在学习上，由于每个人的态度不同，因此也有层次上的差别：

一、不肯学习，游手好闲，终会颓废终生。

二、认真记忆，不肯思索，可能冬烘一辈子。

三、满口说理，没有行动，注定一事无成。

四、真才实学，做中体验，越做越有成就。

五、解行并重，智慧通达，生命从中升华。

学习不只为了求得知识，更要开启智慧，读书不应只在求得学问，更要身体力行，也就是佛教所谓的“解行并重”。在《百喻经》里记载：

有一个人熟读各种航海技术的书，对于航海理论说得头头是道，因此商人们都认为他必定是个航海专家。有一天，他和许多商人一起出航寻宝。航行途中，船长突然得了急病死去，于是商人们公推他担任船长。从未有实际航海经验的他，自以为已经完全懂得航海技术，于是毫不迟疑地接手领航。可是没多久，船遇到大旋涡，他口里一直喃喃地背诵着掌舵的方法，然而船却不听使唤地随着旋涡打转，最后整船人都一起翻覆沉没。

譬喻里善于背诵的航海者，正如战国时代的赵括“纸上谈兵”一样，都只有理论上的知识，却又自以为真知，到了真正要用时，一点力量也使不出来，轻则害己，重则危害他人。

反观春秋时代的军事家孙武，他以兵法谒见吴王阖闾，吴王在看过他的《孙子兵法》后，问他："可以用女子操练吗？"孙武说："可以。"吴王就派了一群宫女给他。

孙武以吴王的两个宠妃为队长，并施以严峻的军法管理，起初众宫女大笑不止。孙武说："号令不明为将之罪，明而不从是领兵官吏之罪。"由于孙武三申五令，宫女仍然轻忽嬉笑，不听号令，因此尽管吴王求情，孙武仍依军纪将两位宠妃处死。此后宫女认真操练，队伍整齐。又经过一段时间后，孙武报告吴王说："兵已练就，王欲用之，虽赴水火犹可。"吴王因为起用孙武，国势因此日渐强盛。

俗语说："真金不怕火炼。"真正有用的知识是实务，因此不管修学任何事物，应以融通为要务，以方法、技巧为辅助，以勤熟为功效，以用心、下手为实际，也就是要解行并重，如此才不会流于空谈。

肆·时间与金钱

人到世间来，除了要把握时间、争取时间、利用时间多做有益于社会人群的事，以延长时间上的寿命以外，更应该努力创造美好的语言寿命、芬芳的道德寿命、显赫的事业寿命、不朽的文化寿命、坚定的信仰寿命、清净的智慧寿命、恒久的功德寿命、互存的共生寿命，如此才是真正拥有了福德与长寿。

时　间

生命在哪里？《四十二章经》说：“生命在呼吸间。”因此，时间就是生命，爱惜生命就不能浪费时间。时间是维系生命的要素，时间好像一间工厂，可以制造福德因缘，可以制造历史功绩，可以生产美好的事物，但看身为工厂主人的你如何运作了。

时间究竟有什么用呢?

一、时间是试场。所谓“路遥知马力，日久见人心”，时间可以检验一个人的人格、道德。因为一个人的修养，短时间内不容易看出来，但是时间久了，善恶好坏就历历分明了。

二、时间最公平。时间是最公平的，每个人每天都拥有同样的二十四小时，但是有的人很会利用时间，有的人却只会浪费时间。甚至有的人觉得时间不够用，有的人却不知道怎么消磨时间。

三、时间的意义。工作忙碌的人，有足够的时间睡眠，此乃人生一大美事；挑灯夜战的考生，读书时间充足对他是何等重要。反之，作奸犯科的歹徒，担心被警察抓住，日子难熬；疾病缠身的人，其痛苦真是度日如年。所以，时间的意义因人而有不同。

四、时间的阶段性。时间是有阶段性的，一天有早中晚的转换，一年有春夏秋冬的更迭，一生有日日月月的交替。在无限的时空里，生命则是一期一期地轮转着。

五、时间如流星。时间如流星，刹那流逝，曾几何时，红颜成为老媪，少年成为白头，怎可不珍惜呢？有的人用时间创造功业，有的人用时间为未来培养因缘，有的人浪费时间在人我是非中。想想，你过的是哪一种日子呢？

六、时间有因果。因果就在时间里，春天播种，秋天收成；今年播种，明年收成。人也有“三世因果”，所谓“欲知前世因，今生受者是；欲知来世果，今生做者是”。因此，对于自己的所作所为不能不慎！

七、时间是杀手。所谓“自古美人如名将，不许人间见白头”。昔日风光随着岁月的流逝而消散，令人不胜唏嘘！时间赐给我们生命，也会斩断我们的生命。因此，吾人蒙赐的数十年岁月应该好好利用，一旦时间消逝，一切就做不成了。

八、时间是资本。成也时间，败也时间，时间能解决一切难解的问题。所以，拥有多少时间，就拥有多少本钱。坐拥时间，何事不成？

和人生最亲近的就是时间，再好的亲朋好友终会离我们而去，但是时间始终跟随着你我。所以，沐浴阳光之下，要知道光明的可贵；饮用洁净的清水，要知道清凉的可贵；拥有生命，更要知道时间的可贵。

关于时间

时间就是生命，每个人的生命都有春夏秋冬，都会经过生老病死。但是每个人拥有多少生命、时间，长短因缘就各不相同了。有的人活到百岁以上，有的人出生不久就夭折了，不过生命生了要死，死了要生，生死轮回，这是不会停息的。

人的生命，有的人虽然活上百岁，但对世人了无贡献，只是寄生世间；有的人短短数十年生命，但福国利民，对世间贡献良多；也有的人毫无贡献，甚至危害世间，招人唾骂。

人生世间，时间长短好像都有一本账簿，记载着你的所行所为。既是账簿，当然就有所收入，有所支出。人生的收支，至少要能平衡，不能到处赊欠，那就不是好事了。

时间的单位，一般是用分秒来计算，如：六十秒为一分钟，六十分钟为一小时，二十四小时为一昼夜，一昼夜为一天，三百六十五天为一年，一百年为一世纪……另外，中国计算数量采“十进制”，共计为：一、十、百、千、万、亿、兆、京、垓、秭、穰、沟、涧、正、载等单位。现在中国历史号称五千年，其实可考的历史也只有两三千年，所以对于亿、兆、京、垓、秭等，真是叫人不敢想象。

佛教说到时间，最小的单位是“刹那”，最大的是“无量阿僧祇劫”，这都是十地菩萨以上的圣者才能证知的时间，我们也无法述说那么长远，现在只以“过去”、“现在”、“未来”三世的时间，分述如下：

一、过去。我们现生的寿命，你可以数知自己有多大年龄，但对于过去的生命，就没有办法知道了。因为过去的生命必定经过无量的生死流转，才能到现在。过去生中，我们可能是世界上另外一个国家的人士，我们也可能做过国王、皇后、王子、公主，但也可能当过乞丐等贫穷下贱之人。古德说：“人生真是苦，孙子娶祖母，牛羊席上坐，六亲锅里煮。”假如一个有天眼通的人，他看世间所有人等，过去可能都曾经做过我们的父母、兄弟、姊妹等亲人眷属，所以个人一期的生命，在无量阿僧祇劫里算来，实在太微不足道了。

二、现在。现期的生命，从母亲怀胎开始，到生命结束离开世间为止，这一期的生命，在三世里面说来，算是最为短少的。所以在佛教里很重视“当下”，一再强调“凡事要把握当下”，当下一刻、当下一念，最为重要。你不重视当下，把现在虚度，那么如电光石火的当下时间逝去，再也追不回来了。所以讲到时间，过去的已经过去，现在的不能停息，未来的尚未来到，过去、现在、未来，就在时间的轮盘上转动，永不停止。我们在自由轮转不停的时间里，要掌握刹那的时间，念念与我们的愿望相应，庶几不会空费现在的时间。

三、未来。在现在的这期生命里，我们也有穷通得失，有时“风平浪静，万里晴空”，有时也有“山雨欲来风满楼”的时刻，是好是不好，是幸福是痛苦，时间总会过去的。当然，过去的因缘，影响到现在的因缘。现在的因缘，当然也会影响未来下一期生命的果报，所以我们对未来往往是无知的。

但是，说我们完全不知道未来的果报，也不尽然！在《三世因果偈》说：“欲知前世因，今生受者是；欲知来世果，今生做者是。”从三世因果的关系，其实已经把我们的过去到未来，做了一个概略的示知，所以吾人在时间之流里，究竟何去何从？应该要谨慎、用心！

时间用法

每个人一天都有二十四小时，但是有的人不善于规划、安排、利用时间，让时间徒然空过。懂得安排时间、规划时间的人，才能把握时间、善用时间。

时间要如何安排、规划呢？以下仅就一天二十四小时的使用法，代拟如下：

一、睡眠八小时。一般人一天的睡眠时间以八小时为正常，但也不是绝对的，有的人虽然睡不到八小时，但他只要一上床，很快就能安心入睡，因为睡眠质量好，故而一天里都是精神饱满。所以，睡眠时间长短是其次，重要的是，睡眠时就要一切放下，不要把烦恼、杂念带到床上。

二、工作八小时。青壮年时期，工作时间可以不限于八小时，因为体力充沛，可以加班；到了中年以后，应以每天工作八小时为宜。不过，工作也不一定看它的时间长短，重要的是进度要完成。

三、三餐二小时。早餐二十分钟，午、晚餐各半小时，剩下的四十分钟可放松身心与家人、同事或朋友餐后聊天，或者早餐后阅报，午餐后小寐均可。

四、盥洗一小时。每日盥洗时间十五至二十分钟，其他的时间从容大小便，应该足够。

五、运动半小时。早晨的晨跑、体操或饭后的散步，每日半小时，要持之以恒。

六、信仰修持半小时：利用早晨或晚间诵经、静坐、礼拜三十分钟，或早晚各十五分钟均可。

七、读书两小时。每天应该有阅读时间，可以用来看书、写生活日记，或是做明日重要行事的备忘录等。

八、亲子娱乐一小时。每天应该有一小时的亲子时间，不管上对父母，或是下与子女，都是必要的，如果久不沟通，容易疏远。

九、各种预备一小时。生活里难免有些突发状况，因此预留一小时作为备用。

十、如系周六、日等例假日，可以规划为交友、联谊、访问、参加共修、参与读书会、家庭普照、整理内务、庭院大扫除等。偶尔也可以安排全家出游，至少两个月一次，即使不能远游，全家到公园一走也好，借此可以培养家人共同的兴趣，凝聚家人的向心力。

人生在世，自己拥有多少金钱，要懂得“量入为出”；一个人一生拥有多少时间，也应该给予规划妥当。当然，规划也不是刻板的一成不变，只要能掌握一个大致的原则就好。不过一旦做好计划，要能遵守，要让生活有规律，就如学生上课、军人出操，都有定时安排，如此也会觉得时间很好过。读者们不妨一试。

善用时间

投身在繁忙的工商社会里，有的人因为不善于利用零碎时间，因此总觉得时间不够用，譬如一坐上车子，不是闲聊，就是睡觉。其实，时间要靠自己把握、善用，例如在佛教里，随时随地都可以修行，即使是上厕所、盥洗时都可以念佛，只要懂得把握时间，充分利用时间，时时刻刻都能修行。

时间是很宝贵的，如果没有时间，事情就难以完成。因此，一个不会争取时间的人，要想有多大的成就，实在难矣哉。人要懂得规划时间，才能充分利用时间，实现人生的理想。

如何善用时间呢？因应人的生理时钟，一天的时间安排，大致可以做如下分配：

一、思考于清晨；

二、行动于白昼；

三、反省于日暮；

四、休息于夜晚。

除了大方向的时间规划之外，零碎时间如等车、坐车、发呆、闲聊、洗澡的时间也当把握。零碎时间可以做些什么呢？

一、读一篇文章、看一份报纸，增广见闻。

二、背诵单词，学习外文。

三、打坐冥想，净化身心。

四、分享经验，与人联谊、交流。

五、慢步跑香，有助身体健康。

时间是最公平无私的，每个人每天都同样拥有二十四小时，但是不会利用时间的人，一不留意时间就浪费了。所以，如果你是一个懂得规划时间的学生，那么当别人还在埋首苦读的时候，你早已轻松愉快地做着自己想做的事。如果你是个懂得安排时间的员工，那么当别人还在全力以赴地工作时，你已经在享受休闲的快乐时光了。

时间对一个运动健将来说，分秒必争，例如世界百米赛跑，几秒之差，成就便相去甚远，但是时间对一个慵懒的人来说，却是度日如年。因此，一个会珍惜时间的人，常觉得时间不够用，一个不爱惜时间的人，则嫌时间过得慢。莎士比亚说：“时间的脚步，不会因为我们有许多事情要做而稍作停留。”时间就是生命，人生即使拥有再多的金银财宝，都无法换取生命。所以，人生切勿蹉跎时光，眼前想做的事情，应当全力以赴，切莫辜负岁月，以免留下后悔的人生。

时　代

人在宇宙天地间立足，所谓“宇宙”，是由时间、空间，以及人间的事事物物所组成。此中，时间一分一秒、一年一月不停地流逝，时间的齿轮永不歇息地向前转动。但是时间过去了，总会留下一些痕迹，这就成为各个时代不同的记录。

已经过去了的时间，成为历史，当下的时间，我们称之为“时代”。过去皇朝政权，我们称为某个皇朝时代，如唐朝时代、宋朝时代、元朝时代。皇朝是“专制时代”，到了现在称为“民主时代”。

每一个时代不一定以年限或朝代来划分，有时以战乱或升平而分别为“战乱时代”与“太平时代”。大体说来，历史上一向依据经济、政治、文化等状况来划分时代。从有历史可考，大约可分为：

一、洪荒的时代。洪荒时代从什么时候算起？有人推算为五千年前，有人说是一万年前，并没有确切的标准。不过可以肯定的是，所谓“洪荒时代”，那时混沌初开，一切都未经人工开凿，是最接近自然的时代。当时地球上只有少数动物在活动，人类并没有显得比较特别，也不敢以地球的主人自居。整个生存环境，除了自然的山水与植物之外，人类没有建屋居住，也没有耕田种植，只是跟一般动物一样，过着茹毛饮血的生活，那就是洪荒时代。

二、游牧的时代。到了三四千年前，人类慢慢掌控了地球，成为万物之灵。这时候，人类可以在大地上逐水草而居，带着自己畜养的牛羊周游大地，到处随遇而安。这时期“火”的发明，改变了人类的生活，终于让人类由“生吃”而进步到“熟食”，牛羊不但是自己的财产，也是自己的食物。这个阶段，就称为“游牧时代”。

三、农业的时代。人类的智慧，随着时间不断在进步、发展。从游牧而畜牧，之后慢慢懂得开荒垦地，播种生产，于是进入到“农业时代”。在农业时代里，男耕女织，生养教育，让每个人都懂得礼貌、知道廉耻，并且了解勤劳耕种、团结合作的重要性，于是从群居而有了种族、社会的组织。农业时代维持的时间最久，以中国来说，从唐尧虞舜、文武周公，约有两三千年的时间，都被称为“农业时代”。在农业时代，男女养蚕耕织，组织家庭，负责传宗接代，也开始占据土地，聚为集团，所以造成你征我伐，年年征战不已的社会。

四、工业的时代。时代进步到现在，已经进入到工业化时代，人类重视生活质量，不断致力于种种发明，提高生产技术，重视文化互访，视祖先留下的雕刻、建筑、文化、艺术等遗产为宝，并且在此基础下，继续创新发展。在工业时代里，随着科技发展，经济、交通等民生相关的衣食住行各项建设突飞猛进，出版、电信、传播等技术也日新月异，让人觉得这是一个有光有热的世界。只是随着物质的迅速发展，道德、伦理并没有相对提升，不禁令人为此感到忧心。

五、心力的时代。时代再往前发展，就是一个心力时代的来临，就以佛法所说的“西方净土”来说，也是由心的愿力所成的世界。现在随着时代发展，慢慢地，人类平等，各有所宗，随心所欲，随意所取，业力会带动我们未来的各种成就。所以，只要我们有美的行为，有善的想法，一个善美的净土世界就会成立。

理财十事

谈情、做人、理财、处事，似乎是人生必备的基本能力，尤其钱财对人生非常重要，所谓“无财百事哀”，一个人没有钱财，事情难成，生活也很艰难，所以每一个人都希望自己有钱。

然而，钱财并不会自己从天上掉下来，也不会从地底蹦出来，顶多由祖先留下一些遗产给我们，或是社会的一个机缘，让我们发财。有时就算有了钱财，也要好自经营，否则钱财如流水，流来也会流去。兹将“理财十事”，略说如下：

一、开源节流。所谓“理财”，一是要“开源”，二是要“节流”，“开源节流”是经济学上理财的不二法门。没有开源，没有来路，怎能有钱？没有节流，钱财一直浪费、流失，怎能保有？开源节流没有一定的程序，但看各个领导人和主管如何规划、预算。

二、规划预算。所有的事业，都需要有规划，人事制度、生产营销的规划，乃至“岁入岁出”的规划。所谓“吃不穷，穿不穷，算盘不到一世穷”，发财谈何容易，能替消费者节约预算，就是替自己增产。

三、评估价值。经营事业的人，要做市场调查，举凡产品的营销、社会的需求、买卖的行情、成本的高低等，都需要做一番确实的评估，才能稳操胜算。

四、通达财讯。经商的人，财讯应该要互相通报，哪里有商机、哪里有新产品、哪里发现能源、哪里有善于管理的杰出人才，或是有专业技能的特殊人士，都是财讯，不能失之交臂，所以参与各地的商会、联谊会，就显得非常重要。

五、廉洁自爱。钱财是一个大染缸，人在钱财里，很容易被污染。所谓“君子爱财，取之有道”，现在的事业，大都合伙经营，因系共财，所以自己的洁身自爱，就非常重要。与人共事，先要让别人了解自己不贪财，这是合作的第一要件。

六、善财能舍。会赚钱，也要会用钱，员工的分红，会激励他更加卖力；善事的赞助，会让产品更加知名。现在一些财团对地方的回馈、对政府的支持、对宗教慈善团体的乐助，可说都是“善财能舍”。

七、纵合分管。经济的原理，要懂得分散风险，因此有人说，“鸡蛋不要放在同一个篮子里”，这就是分摊风险。所以当事业发展到某一个阶段，可以合营，可以分管，相互资助，千万不能只求面的扩展，不知力量能否统辖。大而不当，也非经营之道。

八、重视智财。看今日之财团事业，所以发财，都是先发掘人才，有人才，才能赚到钱财，所以人才的培养、人力资源的开发，要舍得投资。懂得重视智慧财，也是理财之要。

九、管理有道。现在讲究管理学，工商管理、技术管理，乃至人力资源的管理、产品质量的管理，尤其人心、人性的管理等，只要管理有道，何患不能赚钱。

十、经营有方。最近台湾天下文化公司出版《蓝海策略》一书，所谓“蓝海策略”，就是不要彼此恶性竞争，杀得两败俱伤，而是通过柔性管理，找出新的发展之道，彼此共荣共有、共创双赢，这才是最好的经营之道。

人都希望赚钱，能够经营有道，而且理财有方，必然赚钱。以上“理财十事”，提供参考。

财务十分法

现在的工商界、军公教人员，每月薪资多少，看起来是没有定准，一般说，多赚多用，少赚少用。现在的社会，正常的情况是不会有饿死的人，只要肯努力勤劳工作，吃饭总不成问题。

不过，如果不是个人，而是身为一家之主，肩负着一家大小的经济重担，则对家庭的收支，应该有一个预算。假定夫妻二人一起工作，每月共赚十万元台币，试为之作“财务十分法”，说明如下：

一、四分家庭生活。十万元当中，必须有四万元作为家庭的生活费，包括支付房租、水电、交通，以及三餐伙食及购买日常用品等。

二、一分储蓄备用。十万元的薪水里，应该留一万元做定期储蓄，以备不时之需，同时也可当成投资理财。

三、二分读书旅游。在家庭总收入中，有两万元作为子女读书的教育费，以及全家人旅游、参学之用。

四、一分宗教慈善。一万元作为奉献社会公益事业，或布施给自己信仰的宗教，乃至缴交各种会员费等，这是和社会大众结缘，同时也是对世界的投资。

五、一分资助亲友。以一万元帮助穷苦的近亲朋友。如果没有这项支出，可以移做储蓄备用。

六、一分社会公关。一万元用在社会的各种交际应酬上，包括亲友的婚丧喜庆，同事朋友之间的聚餐联谊，乃至社会各种公关往来等，难免会有一些不得不参加的应酬。

以上的“十分法”，如果情况特殊的家庭，例如夫妻共同的收入无法达到十万元，只得在各个项目中节约用度。如果总收入超过此数者，应该在教育费上增加额度，好好培养子女受教育，乃至做一些小额投资均可。

其实，世间有一个不公平的现象，有的人靠着父母遗留给他的一栋房子，不但每个月不必支付房租，甚至还有一笔额外的房租收入。相对的，有的人父母没有留下房子，自己也无力购屋，只得每个月支付房租。不过，但看今日的社会，能够受父母庇荫的人毕竟不多，多数的父母无力照顾子女的后半生。同样的，今日社会，无法照顾父母老年生活的子女，为数也不少。所以关于经济财务上的难以公平，还是要靠自己的智慧赚取善财、净财为好。再说，金钱是给人用的，有的人钱多了，不会用，反而增加烦恼，甚至带来无谓的灾难，所以金钱财物，还是够用就好。

善财七法

世间的人都希望发财，所谓“向钱看”已成为社会风气。其实，钱财不一定指有形的黄金美钞，或是房屋地产、有价证券等，这些有形有价的钱财之外，另有一种不受人注意的善财，更为宝贵。

一般有形的财富都是向外去求，无形的财富，如以下的七种善财，则在自己的心中，本为自己所有，就看自己如何去发掘。兹将“善财七法”，略说如下：

一、惭愧。惭愧就是自觉对不起别人，自感愧疚。一个人如果能觉得对不起父母、对不起兄弟姊妹，对不起妻子儿女，对不起社会大众，对不起朋友……有“对不起”的惭愧心，则所谓“惭耻之服，无上庄严”，人有惭愧知耻的美德，就会受人尊敬，这就是无形的财富。

二、感恩。有的人每天只希望别人给他，这就表示自己贫穷，如果心存感恩，只想给人，就表示自己富有。有兄弟二人在地狱受审，准备投胎。大哥希望拥有“接受”的人生，因此投生为一个乞丐，日常生活都由别人施舍。小弟心存感恩，只希望能“布施”给人，因此出生在富有之家，成为一个富翁。感恩的人生，无限美好，感恩才是富有。

三、喜舍。喜舍不一定要施钱财，你不吝于说别人的好话，不吝于给人笑容，不吝于伸手与人相握，不吝于为人服务，所谓“你丢我捡，是我有福；你要我给，是我富有”。一个喜舍的人生，就是快乐的人生。悭吝不舍，即使是天上的雨露，如果不肯普施万物，上天于我何益?

四、惜福。人生多少都有一些福德因缘，要好好爱惜，不能糟蹋，如同银行的存款，不要乱花，日用钱财，不能乱用。现在人都懂得存款、储蓄，不也是生财之道吗?

五、助成。助成别人，看似帮助别人，实际上也是为自己增光。你建公园，我帮助你，我也可以散步；你建华厦，我帮助你，我也可以躲雨；你修桥铺路，我帮助你，我也可以行走。对于别人的好事，能随力赞助，对别人好，也对自己有益。现在很多大公司、大企业的董事长，不将资产交给儿女，反交给工作伙伴，因为你助成我，我也会助成你。

六、智慧。有财富是福报，会用财富才是智慧。智慧是别人偷不去的财富，有智慧的人不看一时之财、不看个人之财，有智慧的人才会大公无私。例如，居里夫人最先发现了镭，但她舍弃申请专利的机会，把研究成果公诸于世。再如佛教的须达长者，他以黄金铺地，购地建寺，利益众生，他们都是历史上有智慧的“富人”。

七、结缘。结缘看起来是给人，实际上是给自己。赞美别人的一句好话，可能得到的比一句好话多出千百万倍。不经意帮人做一件好事，所受的回报也许难以计数。眼看世上荣华富贵的人，并非完全靠天地父母对他特别照顾，还是要靠自己广结善缘而获得。

综上所述，求外面的财富千难万难，发掘自我的财富，则是轻而易举。聪明的人儿，何不向自己内在的宝藏去发掘呢?

高级赚钱术

赚钱营生，这是每个人生存必要的途径，不能赚钱，怎么能生活呢？不过谈到赚钱，有的人使用劳力，只能赚小钱，有的人虽然本业外加兼差，也是所赚有限。现在社会上有很多高级的赚钱术，既不必费力气，也不必太伤神，每天只要坐在办公室里，就可以财源滚滚，兹列举如下：

一、用签名赚钱。有的人，凭着他的专业，只要签个名，就能赚进大把的钞票，例如会计师、律师、医师等。当然，当初他们都是经过苦学才能成为会计师、律师、医师，所以他们的投资、辛苦，也不在话下。

二、用牌照赚钱。现在有很多行业都需要牌照才能挂牌营业，例如上述的医师、律师、会计师，乃至药剂师、建筑师、水电工、厨师等。

三、用印章赚钱。现在有很多年轻人时兴到法院公证结婚，法院盖个章，就要缴公证费，有的人要向银行借钱，也要有保证人盖章。有钱的人，一个印章，就可以向银行借个百万、千万，没有钱的人，亲自上门也借不到钱，所以有的人用印章也能赚钱。

四、用电话赚钱。有的人坐在家中，只要通过电话联络，也能赚钱。例如，很多中介商就是利用电话接洽广告、买卖房屋等，或是利用电话贡献智慧，帮人排难解纷，如日本的“相谈所”就是一例。

五、用网络赚钱。现在科技发达，很多人架设网站，利用网络来赚钱，例如申请电子信箱要付费，上网查资料也要付钱，甚至有的人利用上网广告、拍卖物品，都能赚钱。

六、用介绍赚钱。现在很多家政介绍所、婚姻介绍所等，专门为人中介劳工或婚姻，甚至过去为人中介土地、房屋买卖的“掮客”，都是靠为人介绍来赚钱。

七、用智慧赚钱。有的人专门为人出谋划策，凭着智慧也能赚钱，例如广告设计、活动策划等，甚至每个公司团体的决策部门，都有一群智囊团，专门动脑筋想办法，规划公司的发展方向，这些人都是凭着智慧赚钱。

八、用结缘赚钱。有的人当交际花，就是靠结缘赚钱；有的人当义工，也能求得善名美誉；有的人布施行善，也会获得他人的回馈帮助。所谓“培福”，你播下了善缘的种子，日后自然会有收成。

其实赚钱的方法举不胜举，例如有的人用钱财赚钱，有的人用人情赚钱，有的人用关系赚钱。所谓“君子爱财，取之有道”，只要不偷、不抢、不骗，用正当的方法，甚至只要肯帮助别人，助人就是赚钱。世间上什么钱都可以赚，但是黑心钱不可以赚，诈骗的钱不可以赚，非分的钱不可以赚。总之，不应赚的钱不能赚，至于怎么样赚钱，那就要看每个人的用心了。

经济六不

人在世间生存，必须要有经济基础，因为衣食要钱，读书要钱。人到无钱百事哀，甚至一钱逼死英雄汉，金钱怎么能说不重要呢?

金钱是为了供人生活方便，不能为了金钱而造成许多不便。但看世间有人为了钱财而增加许多烦恼，甚至“人为财死”，殊为不智。兹提供“经济六不”，作为参考：

一、缺钱不借债。在人的一生当中，有时有钱，有时缺钱，缺钱的时候就想到借贷，因为借贷而增加利息，于是更加缺钱。所以，缺钱的时候，一定要咬紧牙关，宁可清贫淡泊，学习颜回先生的“一箪食，一瓢饮”，也不要跟人借债，以免还债时困难。

二、欠钱不赖账。无钱时，借钱支用，非常容易；欠债还钱，非常困难，但是人生有比金钱更重要的，就是“信用”，树立自己的信用非常重要。已经欠了别人的钱财，欠钱不可赖账，“欠钱还债”，等于“杀人偿命”，这是必然的因果关系，不能不知。

三、有钱不放贷。人生时来运转，有时也会有钱。有钱可以布施，周济贫穷，帮助急难，千万不能有了钱财，就去放高利贷。人生偶尔用钱救急，用钱辅危，这是当然之事。如果有钱放贷，别人还钱，加付利息，他会痛苦；如果对方欠债不还，你会痛苦，所以还是将多余的钱用作施舍，最为安全。

四、见钱不敛财。许多贪官污吏，看到别人稍有钱财，就会想方设法去贪污、搜刮。官吏看钱做事，贪污敛财，让人觉得他们吃相难看。就算不是官吏，“有钱能使鬼推磨”，只要你有钱，他就甘愿为你效劳。“见钱眼开”，这是一般常情，假如见钱能不为所动，不贪污、不敛财，这是为官之道，也是做人之道。

五、少钱不诈财。有的人缺少钱财，生活艰难，如此就应该想正当的赚钱方法，即使打工、摆地摊、送报纸，当个小贩，都可以维生，千万不能诈财、骗财。一个人的生活，如果走到需要今天骗朋友，明天诈他人，骗来骗去，诈来诈去，周遭的朋友，各种关系人都曾被你骗过、都曾给你诈过，以后你的生活怎么办呢？所以生活里缺少钱财，要用正当的方法去赚取钱财，千万不能用诈骗的手法来获取不当之财。

六、多钱不共财。世间的财富，有个人私有的，有大众共有的。日月星辰、山水公园，都是大众的共财。当然，有时合伙投资，与人合资经营事业，那也是共财。共财可能不必你辛苦，可以让钱去赚钱，这当然是好事。但是共财也有许多缺点，公司倒闭了，共财被人假借各种名目用光了，你能接受这些事实吗？因此，即使是好朋友，最好也不要共财，因为好朋友借贷共财，为了钱财伤了友谊而反成仇敌的例子，不胜枚举。所以，如果你要与人共财，最好有最坏的打算，否则就算自己钱多，也不要与人共财。

以上“经济六不”，虽非赚钱之道，却是生活中不能不建立的理财观念。

购物须知

每个人都有上市场购物的经验，即使不购物，也有到百货公司参观的愿望。

购物，是为了生活所需，举凡卫生纸、牙膏、牙刷等日常用品，少一样都会觉得不方便。人类自古以来，从“以物易物”开始，到现在经贸发达、百货俱全，大大地改善了人民的生活，此中商贾对人类的贡献，不可谓不大。

既然人类都有购物的需要，兹将“购物须知”略表意见如下：

一、不要崇拜名牌。东西以实用最好，名牌只能满足虚荣心，于实际无益。现在有很多人喜欢出国购买廉价的名牌仿冒品，结果过海关时被查扣没收，在欧洲就发生过这样的实例。

二、要防伪防假。现在的商品中，良莠不齐，不但有许多仿冒品，甚至黑心食品，例如在素料中掺入荤食，或是把一般蔬菜当成有机蔬菜高价出售，还有不具疗效的食物、用品，都可以夸大宣传为医疗用品等。因此购物要注意“货真价实”，不要贪小便宜，要到有信用的商店购买，否则万一买到假货、伪药等，则花钱事小，伤身事大。

三、要清楚来路。购买东西要清楚来路，例如有的妇女买了来路不明的化妆品，使用后伤了皮肤，甚至危及健康再来打官司，真是身心俱疲。此外，诸如买地、购屋时，对产权乃至建设公司的背景要清楚，如此才能确保自己的权益。

四、要实用。有的人习惯贪小便宜，喜欢趁着百货公司打折扣时大肆采购，结果买了一大堆便宜货囤积在仓库里不用，形成浪费。

五、不要过分还价。有的人买东西喜欢讨价还价，所谓“货比三家不吃亏”，这是人情之常，但是不能过分杀价，如果太过要求低价，商家只好以劣质品冒充，如此对买卖双方都没有好处。

六、最好到“不二价”的商店购物。过去的商店讲究“童叟无欺”，现在台湾当局“主管部门”也在推行“不二价”运动，如果人人响应，不但减少购物纠纷，也能重建以往诚实互信的民风。

七、对商家要尊重。购物者对卖方要尊重，须知经商者批发、运输货品，给予购物者很大的方便，这也是一种服务，他们从中赚取一些服务费也是理所当然，所以应该心存感谢与尊重。

八、做一个受人欢迎的顾客。有的人买东西东挑西拣，一再要店家把东西一样一样拿出来，结果挑选、批评了半天，最后一样也没买。长此以往必然会使自己成为不受欢迎的顾客，所以购物时要注意自己讲话的口气和态度，不要颐指气使，以免伤了人和。

总之，购物不是只在“办事”，也在“做人”，购物也不是一次性的买卖，生意的往来是长远的，所谓“买卖不成情义在”，所以买卖双方都应该重视“和气生财”，如果因为购物而“建立友谊”，更是美好。

购买的个性

在人的很多习性当中，有一个“好买”的性格。童年时期喜欢买吃的糖果、买玩具，少年时代喜欢买纸、买笔、买书，如系青少年的女性，就开始买花粉、化妆品、衣饰等。及至成人，有的好买土地、有的喜欢购屋，有的醉心于买古董、书画、家具、股票等，购买的嗜好就更加不一而足了。

购买，表示其富有，因为有钱才能购买，但也表示贫穷，因为有所不足，才想要购买。商品就是要人购买，有人购买才需要许多百货商店。没有人购买，则市面萧条，就不成其为繁荣的社会了。

但是，现在有人好买名牌、好储存物品、好标新立异，“好买”的内容就更是不简单了。人因为从幼小就知道要买，所以一直到老年的时候，他会买一瓶老酒、买一包香烟，还是要买他所喜欢的物品。然而很多的购买之中，一些聪明的领导人士总想购买“人心”，因为“万众归心”，才能成就自己的伟大。

购买是人的习性，从购买物品的种类当中，也可以看出每个人的性格不同，例如：

一、喜欢购买钟表的人，一定非常重视时间。虽然也有人手表、时钟好多个，但他就是不守时间，与人约会迟到了，总是怪时间不好，甚至误时侵犯了别人的时间，还要东怨西怪，怪交通堵塞、怪天公下雨、怪朋友临时来电等，总之都是别人的错。

一个人不会利用时间、不会控制时间，永远只能做时间的奴隶。时间就是生命，人生数十年岁月，注定了可以拥有多少时间，如果不善于利用时间，就等于浪费人生。所以，能够节约时间、计划时间、爱惜时间、重视时间，比光是购买钟表更为重要。

二、好买零食的人，一般比较重视吃。所谓“民以食为天”，人都要吃饭，除了主食以外，有的人好买零食、好上餐馆、好到外面吃饭，这都是对饮食没有加以规范，没有养成好的习惯。就如儿童，家中开了糖果店、面包店，但是他还是喜欢花钱到外面买别家的糖果、面包才好吃。现在的人愈来愈不善于烹调三餐，一心只想工作赚钱，平时总是在外面即兴而吃，虽然满足了自己的口欲、嗜好，但是一个经常不在家吃饭的人，可想而知一定难以过正常规律的家居生活。

三、好购买衣物，表示是个讲究体面的人。一家之主，总要经常把家里布置得美轮美奂，家具是首要的选择，甚至一幅字画、一盆花草、一件摆饰，都要挖空心思设计。家具、摆饰都齐全了，家人的衣服也要精心选购，丈夫、儿子、女儿等，总要打点得让家里的每个成员出门在外，显得光鲜体面，不但自己觉得很有面子，也会觉得很有成就感。

四、喜欢买书的人，必定是欢喜做学问的人。喜欢看书的人，自己买的书不够，还向朋友借书，或到图书馆看书。甚至一天不看报纸，就像生活里少了什么东西，几天不看一份杂志，就觉得心灵上缺少一些什么。喜欢看书，只要是正当的书，总是“开卷有益”，看书是一本万利的事，书中自有黄金屋，养成看书的习惯，必能改变自己的气质、品格。

以上略谈“购买的性格”，可以看出愈忙的人愈重视时间，好吃的人则重视饮食，爱体面的人会讲究衣物，爱读书的人就有买书的嗜好。只是一个人可以少吃一餐饭，但不能没有买书、看书的习惯。

刷卡文化

近十几年来，社会上兴起一项新的交易机制，就是“刷卡”消费。举凡购买衣食住行等各项生活用品，或是到大饭店用餐、住宿等，都不必付现金，只要通过“刷卡”，发卡的银行到月底结账后再缴交卡费即可。因此，现代人出门，根本不必带钱，只要一卡随身，就能走遍天下，真是方便无比。

卡，本来叫作“信用卡”，能有信用才有卡，但是现在发卡银行彼此竞争厉害，为了以广招徕，多数银行对申请人的信用考核不严谨，造成现在几乎人人有卡，也因此很多人成了“卡奴”。因为还不起卡债，为卡身败名裂的大有人在，为卡走上死亡之路的，为数也不少。因此，刷卡虽然方便，但是刷卡不当，也衍生出诸多弊端。究竟有哪些不当的刷卡呢？略述如下：

一、不懂节制的刷卡。卡，不代表金钱，卡的设计，只代表你的存款；你有多少存款，才可以刷卡消费多少。有的人一卡在手，不懂节制，今天三千、五千，可以刷卡，明天三万、五万，也可以刷卡。刷卡的时候不费什么力气，但是到了月底结账时，由于你没有节制，没有这么多存款付账，问题就此产生了。

二、不会预算的刷卡。拥有卡的人，不管银卡、金卡、钻石卡，即使额度再高，也不能没有预算地刷。人在世间，不管贫富，要懂得收支平衡，因此要有预算，要了解自己收入多少、能支出多少。有的人因为不懂预算，不计多少的刷卡消费，等到经济陷入困境，呼天天不应，叫地地不灵，这也是罪有应得。

三、不知预防的刷卡。刷卡就如使用支票，如果开出的支票超额，银行里没有那么多存款，就会跳票。一次跳票，失去信用以后，银行会把你列入黑名单，甚至拒绝往来。现在的刷卡超额，银行不会退票，所以不懂得预防，一旦到了月底结算时，才发现自己没有能力付款，这时懊悔就来不及了。

四、不见危机的刷卡。三五朋友外出旅行，这家饭店吃饭，我来刷卡付款，明日要出门到另外的地方去，没关系，我来刷卡买车票。到大百货公司、小商店购物，几百、几千、几万元，我有卡，我来替你们刷卡结账。等到一趟旅行归来，刷卡累计的消费额为数可观，因为刷卡的人没有想到付款的艰难，等到透支的危机出现，就来不及补救了。

五、不计后果的刷卡。刷卡积欠卡债，有的人是恶意为之，有的人是刷卡时不知后果严重，横竖刷卡能当钱用，于是拼命刷、刷、刷，先刷了再说。可是一个月很快就到，等到缴费时，没有钱付款，有的人因此借高利贷，有的人则是“以卡养卡”，但是利息循环累计的结果，有的人倾家荡产，有的人锒铛入狱，因此刷卡岂能不计后果！

六、不防盗用的刷卡。刷卡虽然方便，但有时密码外泄，被人盗用，其结果是别人刷卡，你来付账，成了冤大头。所以刷卡时，也不能不预防被盗用的问题。

总之，刷卡是很方便，但是刷卡不当却是弊端丛生。刷卡到底是现代人的福祉呢，还是多数人的梦魇呢？是好，是坏？就看你怎么刷卡了！

存　折

中国人一向有储蓄的好习惯。储蓄不是只有储存金钱，也要懂得储存人生的资粮。例如，干旱时储水，春夏时储粮准备过冬，成家时储存教育基金，以备将来儿女入学读书，年轻时储备养老基金，以便老来安养。尤其，人生要储备功德，以便享受来生。

我们到银行或邮局存款后，都会拿到一本存折，从存折里，可以看出我们有多少存款。人的一生，也需要有好多本存折，才能保证一生平顺。人生的存折应该存些什么呢?

一、储蓄时间。一个人的一生，有多少时间供我们使用，这是自然规律，受因果业报所限定。在我们基因业力的银行里，储存的时间有多少可用，我们要好好地争取时间、利用时间、把握时间、节省时间。需要三天才能完成的工作，我两天就把它完成了；别人需要忙碌一天的事情，我半天就做完它。把时间储蓄起来，很多的理念、想法、愿心，就可以利用这些时间去实现。

二、储蓄技能。中国俗语说“万贯家财，不如一技随身”，在我们的生活里，多储蓄一些技能，不管汽车修理、水电修理，乃至木工、瓦工、铁工、会计、行政，甚至绘画、音乐、书法等，你储蓄各种技能，还怕失业吗?

三、储蓄善缘。有的人不去求事，事来求人；有的人种种辛苦，想找一份职业，千难万难。平时广结善缘，有了善缘，一切都会顺利。

四、储蓄福报。福报就如银行里的存款，我们存了三万元，银行不会少给我们一块钱；存了两万元，银行也不会多给我们一毛一分，所有福报都要靠我们平时自己储蓄、累积。我们护生、惜福、救灾、济贫，都是积德培福的储蓄。有的恶人，今生荣华富贵，钱财使用不尽，那是他过去世行善培福，他过去世行里有存款，我们不能不给他使用。有的好人，过去没有储蓄，银行也不会看在交情、面子上，供他领钱。所以，一个人有多少福报，就能享有多少，就如银行里有多少存款，就能提领多少。每个人都要懂得储蓄福报，才有福报可享。

五、储蓄诚信。一个人要培养自己的声望，有待储蓄自己的道德、人格、慈悲、善良，尤其诚信，用途广泛。别人和你来往，先要查看你人生的存折里，有没有诚信。人家要和你共事，也是一样，要了解你过去的历史里，有无诚信的储蓄。有诚信的人，几万、几十万、几百万，一句话就成交。没有诚信的人，即使拿不动产抵押，请人担保，对方也不放心，所以，有人说诚信是人的第二生命。人生的存折里，储蓄诚信是无价宝。

六、储蓄力量。练武的人，拳头不轻易打出去，要把力量储存在自己的身体里。人生，金钱不能一下子就花光，要把金钱的力量放在口袋里。我们平时做体操运动，就是在储存我们的健康，我们练武学文，都在储存自己应世的能力。我们有学识的力量，有慈悲智慧的力量，甚至有会说好话、善于交际的力量，则走遍天下都不会遭人欺负。假如一点都不懂得储蓄，则如纸糊、稻草做的假人，只能吓唬野鸟于一时，终究不会引起别人的注意。所以，人生要储蓄各种力量，生命才有动能发光、发热。

储　蓄

中国人一向有储蓄的美德，不只储蓄金钱，甚至晴天就要储备雨伞，以防雨季到来。春天也要储存粮食，以防冬天没有收成。每天能赚三百元，总要储蓄一百元，以备不时之需。健康时要保险储蓄，防备疾病时需要。

储蓄是很好的习惯，人能养成储蓄的习惯，就没有危难无助的时日。自己没有储蓄，天灾人祸，一旦时势变化，会让自己措手不及。没有储蓄的人生，真是苦不堪言！

说到储蓄，人要储蓄一些什么呢?

一、储蓄经验。人生的经验，非常宝贵，所谓“上当学乖”，就是从上当中获得一些经验。另外，从谦虚请教当中，也能跟别人学得经验。有了煮饭的经验、种植花草的经验，甚至缝衣织补的经验，经验多了，就能节省金钱，就可以不受人刁难，所以做人老到、经验丰富，非常重要。

二、储蓄常识。人生知识不够，至少常识要丰富。举凡天文地理、历史掌故，乃至世间社会的常识、自然界的常识、身体保健的常识、人情礼貌的常识……你懂得的常识愈多、愈丰富，自然会愈受人尊敬。识途老马，不就是靠着经验的累积，以及常识的吸收而来的吗?

三、储蓄力量。天朗气清，我要备妥洋钉铁锤，要有力量防范突然而来的台风；台风即将来袭，我要备办水缸储蓄净水，以防自来水接济不上。人要有足够的力量，才能抵抗外侮。力量要靠自己储蓄，拳头不要轻易打出去，打出去就没有了力量。金钱不要用尽，留一些余钱才有力量。人和人交恶，语言不要说得太绝，留一些余地，才有转圜的空间。人要广结善缘，不要结冤、结仇，才有力量。这个世界是属于有力量的人所有，没有力量，只有被人歧视，遑论成功立业了。

四、储蓄能源。“随手关灯”，不要浪费社会的能源；“敬惜字纸”，不要无谓地浪费资源。可吃的饭菜，不要随便倒掉；能穿的衣服，不要随便丢弃。为大家节省能源，也是为自己惜福。能源好像我们银行里的存款，你透支超贷，日子不好过，家有余粮，身有余款，才有幸福安乐的生活。

五、储蓄人缘。处事宽容，待人厚道，才有人缘。婚丧喜庆多送一份礼物，年庆佳节不忘馈赠，这都是在储蓄人缘。与人交往，谈话之中不吝于赞美，这也是在储蓄人缘。亲朋好友之间，不惜给予助力，这也是在储蓄人缘。总之，人缘储蓄多了，所谓“得道多助”，我给别人愈多，别人必然也会愈厚待于我。我们看社会上，深得人缘跟没有人缘的人，分别不是大有悬殊吗?

六、储蓄功德。世间的人，大多储蓄金钱、宝物等有形的财富，但是更重要的，人生要储蓄无形的功德。有形的金钱财宝，可以买房屋、土地、股票、有价证券等，但是这些都是“五家共有”，一旦遇到水、火、盗贼、贪官、不肖子孙，财产可能一夕化为乌有，唯有功德才是自己生生世世享用不尽的财富。所谓“万般带不去，唯有业随身”，能够“诸恶莫作，众善奉行”，就能为自己储蓄生生世世随身的无尽功德。

债 务

你曾经跟人有过金钱上的债务纠纷吗？你欠人的金钱都偿还了吗？所谓“有借有还，再借不难”，“欠债还钱”，这是天经地义的事。只是债务也不只是有形的金钱，过去两国交战，为的就是讨回你欠我的土地、你欠我的物品，所以侵城掠地，都是为了债务而大动干戈。

说到“债务”，种类很多，列举如下：

一、欠人的金钱。欠人金钱，只要“欠债还钱”，应该很简单，但是有的人之所以欠钱，就是因为没有钱，没有钱，如何还债？尤其借钱要付利息，“本上加利”、“利上生息”，于是债务就如滚雪球般，愈滚愈大。因此，人生要懂得“量入为出”，不要随便借贷，尤其现在的讨债公司，手法残忍无比，逼债会逼死人，所以借钱要审慎，以免为债所迫。

二、欠人的人情。别人对我，一次卖我人情，二次又卖我交情，欠了别人的人情债，是很难偿还的。因此，做人不要受无功之禄、不要贪无功之赏、不要攀无功之缘、不要欠人很多人情债，免得还债艰难。

三、欠人的恩情。有时候在人生遭逢苦难时，得过他人的帮助；有时候在遇到危险时，受过他人的救济，这些恩情也不能不报。语云“有仇不报是君子”，相对的，有恩不报就是小人。所以“滴水之恩”，应该“涌泉以报”，人家有恩于我，应该回馈、报答。报恩的人，才是富者，天天贪图别人的利益，是为贫穷。有能力报恩，就表示自己的内心无比富贵。

四、欠人的承诺。我们欠钱、欠物品，都应该偿还，欠人承诺，更不能不偿。“一诺千金”，不能更改。我自己这一生，曾为了一年前承诺要去讲演，一年后的当时正远在天涯，但为了这句承诺，不能不连夜千山万水赶回，了此一段承诺。有的人容易承诺，不容易兑现，失信于己，还可再来，失信于人，难以修补，所以不能欠人承诺。

五、欠人的助缘。不肯助成好事，这是人的劣根性。例如，一份文件，众人皆已签字，唯独他一人不肯认同；一个议案，众人都已通过，唯独他不肯合作。不肯给人一些助缘，欠下了对别人的影响，难以补救。

所以，吾人应该建设一个观念，凡是对人有所亏欠的，应该早日偿还。只要我能施恩于人的，也应及时行动。做人宁可他人欠我，我不欠人，如此人生自能活得心安理得。

伍 · 生活之要

不要觉得自己的生活很平淡，就可以马马虎虎地度过了。你应当在平常的生活中感悟自己的真心。这个真心不带染杂，能让你时刻保有安宁的心境，当你生活不顺、妄想纷飞时，不妨内观自己的心灵，让它静下来，你的内心平顺了，生活中的不顺也会少了许多。

生活之要

人每天都要生活，生活不是有的吃、有的穿就算，也不是有钱赚、有人爱就好。生活不是那么简单，当吾人生到世间来，本能的第一个要求，就是平安，之后就要饮食。婴儿在摇篮里，或在母亲的怀抱中，感到无比安全，但他还是需要牛奶。及至长大后，要求赞美，要求鼓励。一旦入学读书之后，所要求的就更多了。

人在世间生活，要求很多，但最基本的莫如：

一、要过得欢喜。人间生活里最宝贵的东西，就是欢喜。假如一个人住在洋房别墅里，但是住得不欢喜；家中拥有万贯家财、千百亿存款，但生活过得不欢喜，人生有什么意义呢？有的人，遇到吃的，不欢喜，见到别人，也不欢喜，听人讲话，更不欢喜。这里不欢喜，那里也不欢喜，生活里没有欢喜，人间还有什么乐趣可言呢？反之，有一些人生活简朴、物质贫乏，但他生活得很欢喜。偶尔三五好友，相约海边山上，踏青郊游，无比惬意。平日生活里，饭食以外，一杯茶、一份报纸，无比满足。因为满足而产生的快乐、欢喜，胜过百万富翁。

二、要行得正派。人的生活范围，不是只在家中，也不能躲在象牙塔里，而要走上社会，交朋友、求职业，要和人际互动往来，建立许多关系。这时候，一个人的行为正派，就非常重要了。有的人只凭口才好，能言善道，但是花言巧语，没有正派的行为，日久也会被人拆穿，不容易获得他人的信赖。甚至，有的人为了利益，总想沾别人的光、占别人的便宜。能占则占、能骗则骗，如此纵使别人上当，也只有一次。一个行为不正派的人，在社会上往往被人讥为地痞流氓、无赖汉、伪君子；行骗欺人，到最后一个知心朋友都没有，岂不悲惨！所以，人生在世，宁可无钱无势，但不能不做一个正派的人。

三、要忍得自在。人在生活中，不可能样样顺利。身体上的病痛、气候上的寒热、物质上的缺乏、人情上的冷暖，在在都让自己的心湖不平，这就得靠自己的修养忍耐了。世间本来就没有十全十美，所谓“十全十美”，是要我们自己建设有力的世界，要靠忍的功夫来降伏一切。忍不是只有忍穷忍贫、忍饥忍苦，甚至还要忍气。忍气也还容易，更重要的是，要能忍名誉、福报、赞美、恭维，一切都能堪忍，才能自在。忍之一字，在我们的生活里，有巨大的功用，尽管世事变化，人间有善恶好坏，在我们“能忍”之下，也能到处没有风波，如果不起风波，还怕不能自在吗?

四、要活得平安。人生第四要，也是最重要的，就是要能活得平安。一个人即使享受荣华富贵，但是觉得不平安，生活也不会快乐。就如同金毗罗王子出家后，在享受解脱放下的自在快乐时，忍不住回忆起过去住在王宫里，吃的是珍馐美味，穿的是绫罗绸缎，住的是高墙皇宫，但是每天都怕别人陷害，吃饭睡觉都觉得不快乐。

人，生活得不平安，活着有什么意义呢? 所谓“平日不做亏心事，夜半敲门心不惊”，只要我们不犯法，守着国家的法律，守着做人的道理，每日做好事、说好话、存好心，“三好”会带给我们平安，那就是人生最大的意义了。

生活之道

在人间不能没有生活，说到生活，人人都离不开柴米油盐酱醋茶等民生物需。除了基本的物质生活以外，有的人向往爱情，有的人重视名利，有的人追求权位，有的人爱好艺术，有的人虔心信仰等，不一而足。如何才是生活之道呢？试论如下：

一、物质的生活要淡泊。人在世间生活，首先要解决的就是物质生活，因为人要穿衣、吃饭、居住。所谓“仓廪实而知礼节，衣食足而知荣辱”，如果衣食不足，还谈什么道德仁义呢？但是物质生活也不能奢侈浪费，应该简朴节约为好。唐太宗得天下后，为了养民生息，不愿意浪费金钱，所住的宫殿乃是隋朝的旧居，正因为他的简朴爱民，才有后来的“贞观之治”。

二、精神的生活要升华。有了物质生活当然还不能满足，还需要精神生活，例如，要爱情，男婚女嫁；要读书，充实学问；要精神愉快，甚至要修养道德人格，要培养忍耐毅力等。物质生活解决了，精神生活升华了，人生基本的生活架构就算完成了。

三、艺术的生活要丰富。一般人有了物质与精神生活以后，进而还会追求艺术生活。所谓“艺术生活”，就是要美感、要气氛，例如绘画、雕刻、美术、音乐等，甚至自己的仪容、姿态，都要有美感。确实不错，艺术的生活能提升人的品质，能增进社会的文明，人间能多一些艺术，就增多一些真善美。

四、信仰的生活要超越。当物质、精神、艺术生活都拥有的时候，人不一定就都能满足，因为不管怎么样还是在人间。世间的有为法都是对待的，有善恶、美丑、苦乐、生死等，所以都在烦恼里流转。这时候，每个人都会想到，生命应该要超越时空、超越生死、超越一切的对待。因为觉得人生的价值应该要超越、要把生命安住在一个不生不灭的境界，所以进而会需要有信仰的生活。

五、独处的生活要用功。不管什么样的生活，人在世间常常会有独居的生活，例如晨起大家都还在睡觉，这时候做什么呢？又如夜晚睡觉前，一个人独处一室，又如何消磨时间呢？一个人独处时要会用功，例如禅坐、诵经、止观、念佛、礼拜等。如果独居的时候会用功，就会感到生活很丰富，内心很充实，自然觉得世出、世间都非常美好。

六、群居的生活要无我。人当然不能离群而独居，必定要过群体的生活。人的一生当中，除了父母、夫妻、子女以外，还有亲戚、朋友、同事、同胞等，必定时时会参与很多的群体活动，诸如宴客、开会、共事等。和群体共同生活时，最重要的是要能以"无我"之心来处众。能以无我来面对大众、以无念来对治妄念、以空见来包容一切，则生活何乐如之！

生活七巧

做人不能太过刻板、执著，不可以不知圆融、变通，否则在做人处事上会增加很多的困难、障碍，所以生活里要有智慧、巧妙。兹举"生活七巧"如下：

一、说话要有技巧。一句话能给人欢喜，一句话也能让人生气，就看说话者的技巧如何。有时候困难的事，经他一说，易如反掌；有时候容易的事，被他一讲，增加困难，所以说话要讲究技巧。不过，技巧也不是学得来的，技巧存乎一心，端看个人的运用之妙了。

二、做事要懂善巧。做事情，有时要一个人独力承担，有时候要众人共成，不管个人、众人，总要有善巧。某一个村庄，挑一担水都要经过"五里路"，大众嫌远，向国王陈情。国王即刻下令，把"五里路"改名"三里路"。大家一听，欣喜若狂，今后不需要再走"五里路"了，只需要"三里路"即可。可见领导者之善巧。

三、反应要能敏巧。反应要灵敏、快速，反应要像电光石火一般，刹那之间不容犹豫，如果反应迟钝、犹豫，接不上节拍，就会失去时机，就无法精准。属下跟随主管做事，如果反应敏巧，比较容易获得赏识。

四、思想要达智巧。人的思想要像活水泉源，要有智巧，才能通畅无阻。一件好事、一个好的策略，经过你的思考，反而引生诸多障碍、诸多困难，不能用智慧解决，反用愚痴阻止，这种做事方法非常不智。诸葛亮以草船向曹营借箭、张飞义释严颜，都是思想上的智巧。

五、读书要用心巧。读书要能活用，首先心要巧，读的道理才会活起来，心不巧，读死书、死背教条，不能活用，也是枉读诗书。

六、做人要够灵巧。做人先学做个优秀的秘书、助理、帮手，只要灵巧，受主管赏识，将来自己身为主管，在做人方面的经验丰富，应对又很灵巧，则前途发展，不为难也。

七、凡事要会活巧。一切事是死的，法也是死的，但人是活的，所以活人做事，不管用什么方法，要让方法能活用，所谓“智人做难事，难事也好做；愚人做易事，易事也变难”。所以事没有难易，端看人是否能灵活应用。

上述“生活七巧”，所谓“巧”者，其实就是能随机应变、识得大体，如《大乘起信论》说：“不变随缘。”做人做事，如果能有不变的原则，又有随缘的方便，就是一个懂得灵巧的人了。

四　和

二〇〇八年佛光山春节平安灯法会，以“子德芬芳，众缘和谐”为主题，希望从人们心灵的净化与提升，进而带来世界和平、社会和谐、人民和好、心灵和悦。

所谓“以和为贵”，能有和平、和谐、和好、和悦等四和，那么世间就会更加富贵了。但是“和”并不是要大家“和稀泥”地混杂在一起，真正的“和”是和而不流、和而尊重、和而分工、和而融洽。

例如，一桌饭菜，不管酸甜苦辣，各种味道只要调和得宜就很好吃；一件衣服，管它红黄蓝白，各种颜色只要搭配协调就会好看；一个乐队，不管中西各种乐器合奏，只要音阶和谐就很动听；一支舞蹈，参与的舞者有的用手、有的用脚，尽管肢体语言不同，只要能表现一个主题，就是美丽。

释迦牟尼佛创立佛教僧团，僧侣称为“和合众”，所谓“身和同住、口和无诤、意和同悦、戒和同遵、见和同解、利和同均”，因为“和”，才有僧团的存在。

六和当中，有的重视“理和”，有的重视“事和”，不管“理和”或“事和”，总之，“和”才能同体共生、才能共同存在。“和”的重要，仅就“四和”略述如下：

一、世界要和平。世界上，国与国战争、种族与种族战争，甚至宗教、经济都有宗教、经济的战争。战争不但摧毁建设、破坏文明、斩断历史，尤其生灵涂炭，更是人类的浩劫。世界就因为有不少野心家，不顾生命的宝贵、文化的重要，发动一场场战争，大伤世界的元气，这些损伤世界的刽子手，就是和平的破坏者。

二、社会要和谐。因为中国众多的人口，不断产生纷争，让社会各阶层饱受苦难。假如现在能倡导社会和谐，这就是中国人的觉醒。唯有社会和谐，士农工商才能相互尊重、相互帮助、相互提携、相互动员，尤其各种族、各宗教，不分男女老少，所有中国人民一致起来，才能向欢喜快乐的世界挺进、向五湖四海迈进。过去孙中山先生倡导“以平等待我之民族”，今后我们要以“和谐”来和世界交流。

三、人民要和好。每一个国家，都是“以民立国”，人民和好，社会才能和谐，国家才能强盛。人民不和好，都是由于教育不够。人民要和好，必得加强道德教育，提升宗教信仰。人与人之间，对同胞朋友要尊重，对社会国家要有贡献，大家友爱、互信，好像一个大家庭，所有成员要共创美好的和乐家庭。

四、心灵要和悦。讲到世界和平、社会和谐、人民和好，最重要的，需要心灵和悦。人是世界的主人，心是人的主宰，我们心灵的主人要能清净、真诚、坦白，什么东西都能与大家分享。世界不是一个人的，世界是共有的，我们心灵里能拥有他人、拥有社会、拥有佛法，如《法华经》说："佛法在恭敬中求。"我们心存恭敬，心灵和悦，还怕世界不能和平、不能得救吗?

不要复杂

世间万事，有的"单纯"，有的复杂，单纯的比较容易处理，复杂的处理起来就棘手多了。所谓复杂的，例如，风雨交加就是自然界的复杂，冷热无常就是气候的复杂。当然，复杂不是完全不好，色彩缤纷就是复杂，多种语言也是复杂，但是有时候多种色彩，更加美丽；会讲多种语言，更加方便。只是一般讲，凡事还是简单化，不要太复杂为好。例如：

一、感情不要复杂。家庭里的成员，虽然讲究感情和睦，但仍注重男女有别、长幼有序的伦理。时下的社会，两性的交往太过复杂，处理起来备感困难，不如愈单纯愈好。

二、工作不要复杂。古代工人建房屋，从砌砖盖瓦、木工油漆、门窗地板，一概都由一人负责。现在的社会，讲究分工，板模工人、扎铁工人、土木工人、水电工人，甚至管线安装、室内装潢等，各有所司、各有专业，不会复杂，因为愈是单纯的工作，愈能精细。现代人不时兴"样样皆通，样样稀松"，而是重视专业，每个人只要配合大家，把自己负责的一件事做好，就是完成任务。

三、程序不要复杂。现代人做事，很讲究程序，开会有开会的程序，教学有教学的程序，工程有工程的程序，宴会有宴会的程序，甚至写一篇文章，组织、架构、论述都要讲究程序。做一道菜，油盐作料，哪样先、哪样后，也有程序。你不依程序，或者没有程序、乱了程序，凡事都会复杂，事情一旦复杂化，就难以有圆满的结果。

四、人事不要复杂。世间无论什么事，都以人为主，人事布局，资源不能重复，否则就是浪费。不过，也不能分工不清，工作分配不清，就会混乱。在人间，管钱、管事，都算容易，因为金钱和事物都不会讲话，但是管人很难，因为人有自己的意见、看法，只要他稍感不平，就会有反应。因此，人事的升迁、赏罚，彼此间的关联，都不要太复杂，才能事半功倍。

五、环境不要复杂。现代人求职，无论工厂、公司、学校、机关，都重视工作环境。有时候环境不适合，如交通不便、设备不全、办公室太过拥挤、各种信息不足等，就算待遇优厚，因为环境不能满足他的需要，也只得另谋他就。所以现代人工作，不但要求人事和谐、主管领导有方等条件以外，设备完善、环境单纯，也是重要的要求。

六、思想不要复杂。人是有思想的动物，思想是一切事业的原动力，工作要靠思想才能开展、才能创新、才能改进，但是思想太过复杂，朝三暮四，不停地变来变去，使共事的大众不知所从，最后也会厌烦求去。与同业间要有竞争力，必须要有思想。思想要有条理、要有远见、要能赶得上时代，但不能复杂。

除上所提，感情、工作、人事、环境、思想不能复杂以外，其他还有很多事也都不宜太复杂。例如，说话不要太复杂，生活不要太复杂，交朋友不要太复杂，读书不要太复杂。现代的社会，讲究专业，为了适应时代，只有在专业里精益求精，但不宜太复杂。

一半一半

世间什么东西都有分享，土地所有权如果是共有的，你会拥有几分之几，参加股东事业，也会说每人拥有几分之几。大体上说，这个世间不是分成几分之几，几乎可以用“一半一半”来形容之。地球分为东半球、西半球；昼夜分白天一半，黑夜一半；人类分男人一半，女人一半。兹将“一半一半”，举例说明如下：

一、善美一半，罪恶也一半。世间有许多被人歌颂的好事，但也只有一半，另外还有一半被人诅咒的坏事。一场战争，受害的一半，诅咒战争的残忍，受益的另外一半，歌颂战争的伟大。一件事业的投资，赚钱的就说投资的好话，赔钱的就说投资如何可怕。在这个世间，确实也是：凶猛的肉食动物一半，温驯的草食动物一半；善心人士一半，为非作歹的坏人也有一半，大概这就叫作人间的平衡吧！

二、真实一半，虚假也一半。《大乘起信论》开宗明义说：人心，真心一半，妄心一半，一心有二门。不过，虚妄的终究禁不起时间的考验，总会消灭，真心，必定历久不变，所谓“亘古今而不变，历万劫而常新”。

三、男人一半，女人也一半。世界本来就是对待的，乾坤、阴阳、上下、内外，都是各有一半，所以男女当然也各自拥有一半。照此看来，一半的世界也不是不好，假如世间全部是男人，或者全部是女人，人类又怎能延续下一代呢？

四、光明一半，黑暗也一半。世间的事情，能摊在阳光下见得了人的，只有一半，另外一半只能在见不得人的黑暗中进行，但是你说黑暗不好吗？其实黑暗能带给生命休养生息的机会，让生命养精蓄锐，更有力量活得自在，这又怎能说光明的世界是好的，黑暗的一半就完全不好呢？

五、自由开放一半，专制闭塞也一半。现在世界上的国家，有的自由开放，和国际往来，彼此文化交流、人民互访，但这也只有一半，另外专制闭塞的也有一半，举国上下，不和外界往来，不许人民出国。锁国政策的国家，乃至封锁闭塞的家庭、人生、人心，不都是在这一半之内吗？我们倒不一定希望全世界的国家、政体都要一致，才能世界和平，但我们希望世间人人都能相互包容、尊重，有了这一半，再有那一半，不是更圆融吗？

六、佛陀的世界一半，魔鬼的世界也一半。天主教一再告诫子民，“不要被魔鬼撒旦所骗”，但魔鬼撒旦仍在世上到处风行。佛教徒也常说：“佛陀要经过降魔以后才能成道。”但今日佛弟子又有多少人能真正降伏境界上的魔，以及内心里的魔呢？所以佛陀觉者也始终只能拥有一半的世界，还有一半魔鬼的世界仍然在猖狂。

宇宙万物，好像早就形成“一半一半”的世界，谁的一半想要消灭另外的一半，都是不可能的，只有把自己好的一半，尽量去影响坏的一半，让它减少力量，就是真善美的世界了。

“一点”就好

“一点”就好，这是我们生活中一句很平常的用语。例如，吃饭要多吃一点菜，说话要多说一点客气话，做人要多珍惜一点因缘，待人要多留一点空间给人。虽说是“一点”，实际上一沙一石，内中都珍藏了无限的世界。

一滴水，可以和海洋汇合；一粒微尘，可以增加山岳的分量，所以不要小看了我们所说的话只有一点，实际上却蕴藏了无限的意义。不过，在日常生活中，很多小市民的心声，的确只希望“一点”就好，例如：

一、物价平稳一点。民生问题当中，民众最为关心的就是物价，因为物价不稳定，社会民心就会跟着浮动不安，所以物价平稳一点，就能让社会安定。真正有担当的政治家、经济学家，他们都把“物价平稳一点”，作为对人民负责的态度。虽然让物价平稳一点是小事，却是多少人衷心期盼的大事。

二、交通便捷一点。现在举世各国都在积极建设交通，希望交通能更便捷一点。大陆在近十年内，建了七千多公里的高速公路，台湾地区的高铁、捷运，都是为了交通的便捷，不但追求快速，而且力求守时，不能误点。过去从南到北，走高速公路需要五个小时的车程，现在只要一个半小时。不要小看高铁只是快了一点，但对全体人民生活的改善、时间的争取，可说受益匪浅，所以便捷一点，贡献无限。

三、选举干净一点。选举是民主重要的历程，但台湾地区五六十年来的民主选举，都被讥为肮脏的选举，因为候选人为了当选，不惜贿选、造谣、谩骂，乃至各种粗暴的言语、各种卑劣的竞选手法，都能施展出来，让人看不到民主的价值，只看到选举的丑陋。如果选民能用选票让选举干净一点，例如，对于骂人的候选人，不要选他；揭人隐私的候选人，不要选他；过去施政没有政绩的候选人，不要选他；花钱买票的候选人，不要选他。全民能够净化选风，让选举干净一点，整个社会都会因此变得更加光明、可爱。

四、薪水调涨一点。无论公教人员，或是企业界的劳工，没有人不希望薪水能够调涨一点。其实身为资方或政府单位，你要员工、部属全心服务，不贪污、不腐化、不偷懒、不因循，政府公家和企业主，都必须注意薪水要调涨一点。所谓“仓廪足而后知荣辱”，一个人如果每个月的薪水都不足以饱食三餐，如何叫他廉洁为公，如何要他尽力服务？所以社会的领导、机构的主管，如能顾念全民的生活，薪水调涨一点，社会的廉洁、人民的品德，都会提升许多。

五、政府迅速一点。老百姓和政府往来，都希望政府的效率快一点，尤其在减税轻赋的德政上，能让全民享受“新、速、实、诚”的益处。只要政府的施政便民一点、迅速一点，全民就能受惠多矣。

六、文化提升一点。文化、教育的建设，可以提升社会的品质，举凡一首歌、一幅画、一个公园、一栋建筑、一件艺术品，都能影响世道人心，提高人民的素质。只可惜现在很多国家，都只知道购买军火，只重视武力国防，却不知文化提升的重要性。有时一首振奋人心的歌曲、一出净化风俗的戏剧、一场提升道德的讲演，不要小看它只有一点点，它的力量可能胜过十万雄师。所以教育扎根，文化提升一点，国家才有美好的未来。

各种“道”

世界上有很多的“路”，可以供作交通，人间也有很多的“道”，可以左右人类的前途。所谓霸道、人道、王道、圣道、佛道等，各种道都各有其不同的内容，略述如下：

一、霸道服人以力。春秋时代，齐桓公“九合诸侯，一匡天下”，以霸道挟天子以令诸侯，成为五霸之首。所谓“霸道”者，让人在他的霸气之下服从，如楚汉相争时，项羽称楚霸王，想要以霸道力服各路英雄，可惜霸道不能服人以心，自然不能永久让人服气，所以楚霸王最后还是被刘邦打败。

二、人道服人以情。在世间做人，首重情义，有情有义，众人敬服，情义不够，则家人夫妻也会离散。战国时代的苏秦，最初出外游说各国，但不获重用。当他回家时，妻不以其为夫、嫂不以其为叔、母不以其为子。后来经他自己发奋苦读，游说天下，终能佩戴六国相印。成名后的苏秦回乡时，乡人列队迎接，连当初看不起他的嫂子也跪在路边，匍匐迎接。苏秦问嫂曰：何以前倨后恭？嫂曰：因季子位高而多金。苏秦不得不慨叹：世间情义之外，金钱名位更甚于人情。其实，像这种把金钱名位看得比情义更重的庸俗之人，毕竟是少数，人道还是以情义为重。

三、王道服人以仁。王道号令天下，重在行善、行仁，所以一国之主治理天下，必须以仁服人，以仁爱才能治理天下。佛教的仁王政治，要行五戒十善，要能与民同乐、视民如子、减税教耕、储财于民，要教育人民懂得父慈子孝、和睦邻里，让全民都能安居乐业，这才是仁政实行于全国之时。

四、圣道服人以智。圣人之道，以慈以智来服人。中国的儒家有“五圣”之说，即：孔子为至圣、颜回为复圣、曾子为宗圣、子思为述圣、孟子为亚圣。佛教把声闻、缘觉、菩萨、佛，称为“四圣”。所谓“圣”者，要了生死、断烦恼，以出世之心，做人间事业，才是圣道。佛教说：人人皆可成佛。当然，人人也都可以当圣人。唐朝的韩愈曾说：“唐尧虞舜、文武周公，皆为圣人；周公以下，则不复曰圣。”其实，圣者，只是对人格的尊重，以他的行为来定标准，所以圣人用包容日月之心，行智慈之事。就如佛教的菩萨，观音以慈悲、文殊以智慧、普贤以行门、地藏以愿力来自度度人。佛儒对圣人之道的尊崇，由此亦可明矣。

五、佛道服人以理。人间最高的道，应该是佛道，因为佛道才能与真理相应。可惜这个世间，大家都自以为有理，“公说公有理，婆说婆有理”，但实际上能称为“真理”的道理，不是那么简单。所谓“真理”，必须具有普遍性、必然性、平等性、永恒性，例如“因果”就是合乎上述四种真理的条件，“无常”也是如此。所以佛教应是散播真理之光，今后的世界，能够奉行佛道，才能光明普照人间。

无　聊

“无聊”一词，有很多意义。没有事做，精神空虚，会感到无聊。讲话啰唆，言不及义，对人没有贡献，因此被称为“无聊之士”。世间有许多无聊的人、无聊的事、无聊的语言、无聊的境界、无聊的遭遇。人生为什么会无聊呢？原因不外乎：

一、没有意义。没有事做，心情愁闷，就会感到无聊；有事做，但是做不出意义来，也会忙得无聊。所以，“过有意义的生活”是人生的主题，也是开创人生无尽价值之道。

二、没有目标。作战不知为何而战，这是一场无聊的战争；赚钱不知为谁而赚，这是没有目标的赚钱。人生是为了信念和目标而工作，盲目行事只会徒增无聊之感。

三、没有兴趣。无论从事哪一种行业，都要培养兴趣，假如没有兴趣，凡事应付、敷衍，越做越无奈，那就很无聊了。

四、话不投机。所谓“话不投机半句多”，与人谈话，如果话不投机，就会感到无聊，所以讲话的时候，要注意什么该说、什么不该说。

五、不懂情趣。所交的朋友不懂情趣，就是无聊的朋友；所做的事情没有情趣，就是无聊的事情；所看的书籍没有情趣，就是无聊的书籍；所到的地方没有情趣，就是无聊的地方。所以，建立艺术的人生，提升生活的情趣，人生才不会无聊。

六、没有计划。工作要有计划，设立目的、规划流程才能事半功倍。如果只是埋头苦干地做，没有事前的计划，阻碍一多，没有了成就感，工作起来就会感到无聊了。

七、没有信仰。人要有信仰，才不会感到生活乏味，因为信仰的世界里有神圣的使命、有真理的法言、有大众的同修、有升华的境界，因此信仰可以去除无聊。

八、没有发心。无论做什么事，没有发心，就不会积极，不积极，就会感到无聊。所以，凡事要能发心，不管是为家庭的老幼发心、为社会的朋友发心、为国家的前途发心，或是为大众的福利发心，只要能专注在本分事上，有了冲劲，就不会无聊了。

无聊的日子很难熬，无聊的岁月比死还痛苦，所以我们要建立工作目标、立定志愿、培养兴趣、提起精神、去除懒散，如此才不会觉得无聊。

打发无聊

你有无聊的时刻吗？无聊的时间很多，可以用读书来打发。如果连读书都无法打发无聊的时间，那怎么办呢？游山玩水、找朋友约会、赌博游戏，当然都是打发无聊时间的一种方便，只是一个人如果大部分的时间都感到无聊，这是很可怜的事。人生短短数十年，值得做的事情很多，应该觉得时间不够用才对，怎么会感到无聊呢？如果一个人的人生，时时感到生活很充实，不会感到无聊，那就是最快乐的人生了。

对于一些不会利用时间的人，难免有无聊的时刻，有时连睡觉、看电视、看报、看书都会觉得无聊。不过我们还是鼓励大家，应该想一些方法来打发无聊的时间，例如：

一、培养自己的兴趣。你喜欢书法，埋首写字；你嗜好绘画，投身丹青。你爱棋艺，你爱琴音，乃至莳花植草，都可以培养一些兴趣，当这些兴趣提起，哪里还会有无聊的时刻呢？

二、经常外出走动。出外访友、出外参学、出外问道，你有目标，时间都非常珍贵，不会感到无聊。当人生能在有道有德的人面前提出问题，能让我们茅塞顿开；人生能有三五知己，一起交心谈说，融入在相知相应的道理里，互动不断，真是人生处处有乐趣。因此，只要你走出去，在你的眼中，在你的嘴边，在你的心里，在你的脚下，都可以获得乐趣，驱走无聊的时刻。

三、用静坐化解时间。无聊的时候，因为时间太多，你可以用来静坐。静坐里没有时间，静坐能化解时间，所谓“洞中方七日，世上已千年”，静坐一刹那，世上已过几大阿僧祇劫，你还怕什么时间难过呢？不过也要你会静坐，所谓“毗卢七支坐法”，“调身、调息、调心”以外，还有“五停心观”、“四念住”、“九想定”等。你能掌握到静坐的要领，用心都来不及了，哪里还会感到无聊呢？

四、发心做义工。打发时间，消磨无聊，所谓“无聊”，是因为个人闲下来，没有找到生活的重心，生活里没有目标，没有建立积极的人生观，所以“小人闲居为不善”。人要让自己忙起来，首先要把自己投入群众中，最好的方法，就是跟大家去做义工。寺院道场、慈善团体，都是值得我们发心奉献的地方。例如，到医院里，帮病人挂号、带路；在学校放学时，担任“爱心妈妈”，导护儿童安全过马路，乃至到寺院里，帮客人倒一杯茶，引导拜佛等，其乐无穷。

快乐是人制造的，不会制造快乐，当然就会感到无聊。假如吾人对每日的生活，都从有意义的上面去设想，一日的时间恨不得当五天使用，哪里会有时间闲下来而感到无聊呢？

喘一口气

工作了一段时间后，需要休息一下，喘一口气；运动员长跑，途中希望停下来喝一茶水，喘一口气。在中国的劳工有所谓“抽烟时间”，在美国有“喝咖啡时间”，主要都是为了让大家“喘一口气”。

其实，机器运转一段时间后，都需要关机，让机器休息一下，何况是人，更是需要喘一口气。如何才能喘一口气呢？

一、子女愿意承担家务，让妈妈喘一口气。在一个家庭里，爸爸每天上班八小时，儿女每天上学也不少于八小时，大家都觉得很累、很辛苦，心想：妈妈在家不用上班，最是轻松。一日，妈妈回娘家探亲，把家务留给父亲、子女分担。身为一家之主的父亲，开始分配工作：大女儿择菜、洗菜、洗碗、整理厨房；小儿子打扫庭院、为花草浇水、喂食猫狗、清洗鸟笼等。这一天早上起来，爸爸忙了两个小时，总算把早餐准备好。接着又是午餐，又是晚餐，一天下来，直说累得腰都直不起来。大女儿择菜、洗菜、整理厨房，也大喊好累。小儿子扫地浇花，一天下来也说实在吃不消。爸爸、姐姐、弟弟这时才发现，原来妈妈平日一个人要做这么多家务，大家竟以为妈妈不用做事。从此以后，大家心甘情愿地主动分担家务，让妈妈喘一口气。

二、师长适量减少作业，让学生喘一口气。学校里，语文老师要学生背诸葛亮的《出师表》；数学老师要学生把数学的习题做好，明日交卷；地理老师要学生画好一张全国的山脉分布图；体育老师交代，为了下个月的校际比赛，放学后全班同学到操场练球。可怜的学生开夜车，加快步伐，也难以应付繁忙的课业，只有请老师减少作业，才能让学生喘一口气。

三、政客停止口水争执，让社会喘一口气。每天早上，打开报纸，全版都是吵吵闹闹的社会新闻。等到中午，打开电视机，多少血腥暴力的新闻，这里是“立法院”吵架，扭成一团，那里是竞选口水战，也是纠纷不断。每日自己的工作已经很忙很累，社会媒体报道的这些纷纭扰攘的社会新闻，只有更加让人心浮气燥。不知能否不要再吵闹，让大家心平气和共处，让社会大众都能喘一口气。

四、民众做好垃圾分类，让地球喘一口气。现在社会进步，物质丰富，人民生活富裕，带来垃圾量的增加。垃圾没有做好妥善处理，任意弃置原野山林，甚至街头巷尾到处堆满垃圾。结果满坑满谷的垃圾污染了水源，破坏了清新的空气，导致天不再蓝、云不再白、水不再绿、山不再青。大自然的青山绿水被破坏了，地球于是向人类发出哀号：请可怜可怜地球吧！请人类随手做好垃圾分类，可能的话，请尽量减少垃圾的制造，或是把垃圾变资源，回收利用。唯有人类重视环保，才能让地球喘一口气！地球的呼声，不知道人类听到了吗?

忙

忙，是多数人的生活形态，只是每个人所忙的事情不一样，有的人为国家忙，有的人为社会忙，有的为家庭忙，有的人为自己忙。当然，士农工商各界也都在各自的本位上，为教学忙、为著作忙、为采访新闻忙、为演艺事业忙、为农工商业的生产忙。

忙，是整个人类所不能少的生活。主妇为了家务忙，学生为了读书忙，少年男女为了谈情说爱忙，甚至悠闲的人为了出外旅行忙。人要不忙，除非他让金钱去替自己忙。再要不忙，两手一摊，双脚一伸，跟死神打交道，就不会忙了。

关于“忙”，也有不同的层次，略述如下：

一、气定神闲的忙。同样是忙，有的人忙得一团混乱，忙得很辛苦；有智慧的人，按部就班，忙得气定神闲。所谓“人忙心不忙”，有的人懂得交办，有的人懂得授权，有的人懂得分工，有的人懂得指挥。很多复杂的事物，经过能干的人化繁就简、提纲契领，虽然事情多，但一点也不觉得忙。因此，懂得忙中偷闲的人，就是再忙，也有安闲的时刻，不至于忙得讨厌生活讨厌忙，反而喜爱忙，从忙当中，只觉得人生很充实。这样的忙，人生会活得很有意义。

二、心浮气躁的忙。有的人不会忙，做事没有条理，不分轻重，也不分先后，只是乱忙一场，忙得自己心浮气躁。我们看苍蝇、蚊子，投窗想要寻找出路，但是它们一直猛撞玻璃，不知道旁边有空隙可以钻出。我们再看成群的蚂蚁，忙着奔来跑去，但它们有分工、有讯号、有指挥，它们忙得有条理。有的人跟盲冲瞎撞的蚊蝇一样，口口声声说忙，但是乱忙一场。人要懂得依照事情的轻重缓急去做，让自己忙得举重若轻，才不至于忙得心浮气躁。

三、开开心心的忙。忙是生活的意义，忙是生命的动力，忙的人生是骄傲的人生。你看，工商大亨哪个不忙，官员领导们有谁说他不忙？忙带来生活的充实，带来生命的意义，带来事业的成就，带来财富的增加。人要忙，而且要忙得欢喜、忙得快乐。假如一个人不肯忙，表示他的生命已经没有光彩了。忙是有用，不忙就没有用。没有用的人生，谁会在乎他的存在呢？所以人要开开心心地忙，为充实生活而忙。

四、不甘不愿的忙。有的人忙得心不甘情不愿，那是最苦的人生。忙得不甘愿的人，必然是他没有从忙中得到快乐，没有体会到身心寄托的地方就是忙，不忙做什么呢？当然，有的人会说：为谁作嫁为谁忙？因为他不懂人生为什么要忙，当然不甘愿帮人家的忙。其实世间没有白吃的午餐，也没有白干的活，你帮人家的忙，就是帮自己的忙，所以不愿意忙的人，应该转化一个观念：一切为人忙的事，对自己都有益处。例如可以升官，可以升级，可以得奖，甚至可以放慰劳假。假如你能想到一切的忙，与自己的未来都有关系、有帮助，甚至你懂得忙就是营养，忙就是力量，忙就是成就，你可能反而会问：

人生为什么不要忙呢?

浪 漫

社会上有一种人，被称作是“浪漫的人”。所谓“浪漫”，就表示他不拘小节，和别人不一样，他的生活有个人独特的色彩。像诗人、艺术家、音乐家、文学家，总有他们自己独特的想法，他们不是很合群，但也不会影响别人的生活，一般人就称他们为浪漫的人。

浪漫的人生，总留给人很多的遐想，所以很多人向往，想要过浪漫的生活。究竟什么是浪漫呢?

一、浪迹天涯是浪漫的人生。有的人离家远走，走到哪里？并没有目的地，他只是喜欢漂泊，像一叶小舟，在汪洋大海里漂呀漂，天涯海角，海角天涯，不重视名位，不在意别人的看法，只在乎游历，即使生活穷困，一点也不介意，如此我们就说他所过的是浪漫的人生。

二、一见钟情是浪漫的交往。青年男女偶然相识，彼此一见倾心，完全不重视传统的门当户对，不在乎传统的规矩、名节，双方展开热恋，我们就称其为浪漫的交往。浪漫的交往，彼此不顾虑年龄的差异，不忌讳异国鸳鸯，不在意彼此的出身背景，也不管家人的看法如何，他们一见钟情，马上宣布恋情，互许终身，这不称为浪漫的交往又何?

三、晨昏颠倒是浪漫的生活。有的人习惯过着晨昏颠倒的生活，早晨别人起床，他才刚要入睡，晚间别人入睡，他精力充沛，正好工作。生活没有定时，三餐吃喝不正常，行为举止也不重威仪，只喜欢率性地过日子，也不在乎别人的观感。这种人不太计较名分地位，也不在意酬劳待遇，好像只生活在个人的世界里，我们就称他为浪漫的生活。

四、说风凉话是浪漫的语言。有的人喜欢说风凉话，所谓“风凉话”，就是不负责任的话、不切实际的话，整天风花雪月，诗酒文章，一副不食人间烟火的味道。说风凉话的人，不为人接受。喜欢说风凉话的人，以为那是浪漫的语言。如《红楼梦》的大观园，里面的年轻人整天口边只挂着花前月下、燕瘦环肥，他不讲究浪漫的语言，还有什么可讲的呢?

五、不修边幅是浪漫的形象。有一种人喜欢在外表上标新立异，以搞怪为能事，发型与人不同，衣衫与人不同。长袍马褂合身与否，他不计较，鞋袜围巾大小长短，也不在意。他可能满脸胡须，不修边幅，或者口叼香烟，身背一个背包，人前人后，都有他个人独特的样子，这就是他树立出来的一种浪漫的形象。浪漫形象的人，就有浪漫的思想、浪漫的生活、浪漫的语言，这种人一生也就只能这样浪漫下去了。

六、任性逍遥是浪漫的性格。在禅门里，不少禅者都有浪漫的个性，乃至原始佛教里，罗汉的言行也有浪漫的特色。我们不能说浪漫的人有什么样重大的缺失，只是他有一个“任性逍遥”的特点。所谓“任性逍遥，随缘放旷，但尽凡心，别无胜解”，这是禅师悟道的境界。只是有时候“画虎画皮难画骨”，究竟浪漫和悟道的差距在哪里？这就要从他任性逍遥的个性上去辨别了。

根　源

“木有根，水有源”，万事万物都有根源，都非凭空而有，也不是从天空掉下来，或是从地底里蹦出来的。我们看到潺潺流水，就知道附近必有水源。此处有茂盛的大树，可想而知它必定扎根在厚实的土壤里。世间万有，都有其根源，试举数事如下：

一、文化的发展必有根源。世界上的古老文化，有所谓中华文化、印度文化、希腊文化、巴比伦文化、玛雅文化、埃及文化等。不同的文化孕育出不同的成就，举凡艺术、哲学、文学、天文、数学、科学、农业等，各种文化的发展，必定有它的根源。

二、种族的壮大必有根源。世界上有很多的民族，有的民族是从部落慢慢汇聚成一个大民族，例如中华民族是由汉族，还有许多少数民族集合而成庞大的中华民族。同样的，阿拉伯的民族、日耳曼的民族等都是。但是，在很多的民族里，有的民族在壮大，有的民族慢慢在萎缩，如印第安的民族，以及中国台湾的阿美族、泰雅族等。一个民族如果只靠别人养活，必定会慢慢衰微。靠自己奋斗的民族，必能壮大，所以民族的壮大必有其根源。

三、政治的派系必有根源。自古以来，举世各国的政治，向来就有许多不同的党派，甚至一个党里又分出多少派、多少系。因为政治是众人的事，所以大家都有意见，一旦有意见分歧，自然成为派系。现在所谓“民主时代”，尽管政治派系很多，最后仍须由全民来抉择，人民喜欢哪个派系，哪个派系就能执政，但是你的理念、政策，要能经得起全民的检验，才能存在。

四、事业的成就必有根源。同村的邻居，各自出外谋生，有人创业成功，有人还在艰苦奋斗。兄弟数人，同父同母，经过同样的教育后，各自创业，有的功成名就，有的一事无成。事业的成就与否，要看各种条件，除了个人的能力、智慧不同是重要因素以外，各种缘分的助成也是相当重要。所以，事业的成就，必有其根源，不懂探本求源，很难成功。

五、身心的健康必有根源。人在世间的舞台上活跃，必定要有健康的身心、体魄。身体多病，心术不正，怎么能和人一较长短呢？身心健康，思想纯正，为人有德，以诚信处世，以笃实做人，才能立足世间。有什么样的根本，成长什么样的树木；有什么样的水流，汇聚成什么样的流域，所以身心健康的根源，也不能不重视。

六、人生的圆满必有根源。人生的圆满，所谓“立功、立德、立言”，是为“三不朽”的成就。人生的圆满，福禄寿样样具备。人生的圆满，明因果，行慈悲，平顺一生，这就是人生的圆满，但是这许多成就，必定要有根源。你不勤奋发心，怎么能立德、立功呢？你不广结善缘、福利大众，怎么会有福禄寿呢？你不慈悲喜舍，怎么能平安吉祥呢？所以“根源”是人生不能不重视的根本问题。

真　相

世间上，一般人容易被假象迷惑，假象的背后必然有一个真相，只是真相常常被假象所混淆，不容易追查。现在的媒体，最为人所诟病的，就是经常不依真相报道。历史被人怀疑的，往往也是与真相距离遥远。很多人为了追查真相，自己也被假象所骗，陷身在假象之中，找不出真相，例如：

一、冤狱误判，难查真相。古今中外的历史，冤狱很多。有的冤狱是真假调包，有的冤狱是“莫须有”，有的冤狱是权力指示，有的冤狱是故设陷阱。冤狱一经审判定案，要想翻案，比登天还难。现在民主时代，虽然法律有初审、二审、三审，甚至可以上诉高等法院、最高法院，乃至非常上诉等，但是翻案必然引起轩然大波，大家在“多一事不如少一事”的心态下，冤案堆积如山，也就不足为奇了。

二、湮没历史，难查真相。掌握权力的人，凡是对自己不利的事情，都会想出种种办法来湮灭证据，后来的人要再追查真相、事实很难，所以有人慨叹“尽信历史，不如没有历史”。近代有人为《三国演义》翻案，说张飞是美男子，关云长是好色之徒，只是这种翻案又能对历史做公正的交代吗?

三、牵涉广泛，难查真相。一件事情，如果发生的时间遥隔很久，牵涉的人事很多，利害关系又非常对立，此中的真相，就很难查证清楚了。

四、事过境迁，难查真相。时空、人事都已经成为过眼烟云的案件，要把当时的真相再如实呈现，实际上很难，除非包青天再世。事实上，戏剧里的“狸猫换太子”，也是因为宸妃、八贤王等关键人士尚在，所以如此天大的案件，才能在包青天审理下，给予翻案，最终真相大白，但这毕竟只是千百件冤案中，难得的一件而已。

五、死无对证，难查真相。法院判案，讲究的是直接证据，如果死者已逝，苦主也无人闻问，再大的冤案也只有草草结案。因为当事人已逝，死无对证，除非能找到许多有力的旁物佐证，才能让真相大白于世。

六、权力介入，难查真相。一件事情，发生在单纯的小老百姓身上，很容易被人看清事实真相；如果当事者是有权有势的人，一旦权力介入，真相就很难有查明的一天了。现在的社会，很多乱象发生，都是源于权贵犯法，完全不受法律制裁。因此，比起过去的专制时代，还有“王子犯法，与庶民同罪”之说，今日虽然名曰民主时代，权力还是至高无上。一个国家，如果法律不能公正、超然，不能凌驾权威之上，这样的国家是不可爱的。

世间总观起来其实都是假象，但假象里依世俗的惯例、常识、法制，还是有真真假假、假假真真的关系。自古以来，多少人以假为真，多少人以真为假，可怜的人间因此需要有智慧之光，才能从假象里寻得一些蛛丝马迹。

防　骗

“世风日下，人心不古”，现在社会上最让人感到今不如昔的事，就是行骗的人太多。市面上，假货、仿冒品充斥，商店行号里，对客人完全不守商业道德，能欺则欺，能骗则骗。一般社会的骗术，更是不断翻新，有的装穷乞怜，有的造假敛财，有的谎称中奖，有的冒充慈善，无所不用其极地使出各种骗术诈财，让人防不胜防。

其实，诈骗手法再怎么高明，只要自己小心谨慎，不受诱惑，还是有办法防骗。试举防骗方法如下：

一、不贪。一般人之所以被骗，究其原因，还是在于一个“贪”字。骗徒想要骗你，先用“利”来勾引你上当，谎称只要出很少的钱，就能得到很大的利益。例如，电话通知你中奖了，但是要你先寄上一笔钱缴税，之后就能收到高额奖金。你因为贪图奖金，所以受骗吃亏。另外，一些金光党以假金子、假钞票骗人上当得逞，也都是因为人有好贪的心理。因此，只要自己不贪非分之财、不贪不是自己应得的财富，骗徒自然无机可乘，骗术也就不管用了。

二、识人。防止被骗，要会识人。例如，最近怎么忽然有一个不认识的人打电话给我，他与我联络往来，目的何在？有的人在电话里，只凭三寸不烂之舌，就要你把银行账户、金融卡的密码给他，这时就要提高警觉。当今的社会，不会有财神爷主动送上门，这个人与我素昧平生，不是至交好友，怎么会给我利益呢？即使对方说他是税务机关，要退税给你，也要小心求证，不要轻易听信花言巧语，才能免于上当受骗。

三、谨慎。言行谨慎，也是防骗的要务。自己的喜好、兴趣，不要轻易外扬，对方知道你爱好名牌包包，因此以廉价的仿冒品，高价贩售给你。你喜欢进口轿车，他向你游说，有一部走私的进口车，因为免关税，只要付一般同款车三分之一的价钱，就能拥有。你贪小便宜付了款，对方从此消失无踪。因此，自己言行谨慎，金钱不露白，不取不义之财，不贪非法所得，自然就不会遭骗了。

四、知识。有知识的人，被骗的机会比较少，受骗的人，大部分都是知识有限，不能认清事实，不能了解社会险恶，以致给骗徒有可乘之机。例如以造假的账单、伪造的公文，甚至冒充金融机构、税务机关等，寄发资料，或是用电话联络，让一些没有充分常识、经验的民众，被其谎言所骗，任其予取予求。其实，如果稍具常识的人，多少总能识出一些破绽，也就不容易上当受骗了。

五、警觉。防骗最重要的，还是警觉性要高。警觉性高的人，感觉打这通电话的人我不认识，他讲的事情我素无接触，这时就要多方求证，不能轻易上当。甚至有的歹徒，打电话假冒你的儿女，谎称在某地受伤，要你寄钱救急，乃至被人绑架，要你付款赎人。这时不能惊慌，可以先跟他谈一些亲子之间的私密问题，例如他的小名、兴趣、偶像，或是平时常用的口头禅等，只要你沉着应对、细心求证，就能洞察事情的真实与否。

俗语说“害人之心不可有，防人之心不可无”，面对骗徒猖獗的社会，只有自己凡事小心，多充实一些社会常识，时时提高警觉，加上不贪非分之财，如此就能保护自己，而不至于轻易受骗了。

绰 号

世间上，每个人都有姓名，有的人不只有姓有名，还有字号、名号，甚至有封号、谥号，但更多的人都有绰号。

绰号就是本名以外，别人为他所取的诨名、外号。绰号的由来，大都与本人的性格特质有关，例如“雷公”、“大炮”、“铁齿”、“咸鱼”、“火暴浪子”、“机关枪”、“慢郎中”、“小辣椒”等。有时则是取自名字的谐音，或是身体的特征，例如“高个儿”、“瘦皮猴”、“香菇头”、“四眼田鸡”等。

绰号的流行，有的人绰号比本名还响亮，叫到后来本名反而被遗忘了。绰号有时是表示可爱、亲昵，有时则是赞美、钦敬之意，有的是以取绰号来讽刺别人，表达厌恶的意味，所以也会让当事人感到受伤害。但是有的人生性诙谐风趣，不管别人为他取什么绰号，好与不好，他总是哈哈一笑。反之，有的人就非常计较，认为绰号有损他的清誉，破坏了他的形象，因此生气翻脸，这种人就会让人觉得他不解风情。试将各种绰号分类如下：

一、表示亲昵。有的人对与自己特别投缘、亲近的同事、友人，叫他的本名不足以表达彼此亲密的关系，因此就像父母叫小儿女“小鬼”，太太称先生“死鬼”一样，为他取一些绰号。例如，长相袖珍娇小的，就称他“小可爱”、“小不点”、“小美人”、“小仙女”、“小蝴蝶”、“小金鱼”等，个性温和好相处的，就称他“大象”、“骆驼”、“羚羊”、“兔子”等。

二、表示厌恶。有的人贪得无厌，专门剥削他人，人家就给他取个“吸血鬼”的绰号；有的人老谋深算，经常用心机算计他人，别人就叫他“老狐狸”；心性毒辣、性情古怪的，就叫他“眼镜蛇”；脾气暴躁、性情不随和的，就叫他“阎罗王”。这些绰号一叫，就让人联想到他的嘴脸，而令人心生嫌恶。

三、表示讥讽。有的人为富不仁，拔一毛而利天下，他偏不为，别人就以“铁公鸡”、“铁算盘”、“小气鬼”的绰号来讽刺他；有的人专门喜欢打听别人的隐私，别人就叫他“包打听”；有的人善于阿谀奉承，别人就封给他一个“马屁精”的绰号。

四、表示赞美。有的人机智幽默，平常点子多，又经常热心为朋友出谋献策，朋友就会帮他取个“智多星”的绰号；有的人长相甜美，个性亲切随和，而且欢喜与人为善，因此走到哪里都受人欢迎，别人就说他是“万人迷”，这都是赞美的意思。

五、表示钦敬。在中国的历史上，包青天不畏权势，勇于为民申冤，替天行道，他是“清官”的代表，也是苦难百姓的救星；诸葛亮忠诚为主，一生为国为民，鞠躬尽瘁，死而后已，他是“忠臣”的象征。因此，现代人如果被人称为“包青天”、“诸葛亮”，这是代表钦敬的意思，也可见自己在对方心目中的分量。

中国四大名著之一的《水浒传》，描写梁山泊一百零八条好汉，个个都有一个绰号，例如宋江叫“及时雨”、卢俊义叫“玉麒麟”、林冲叫“豹子头”、索超叫“急先锋”、李逵叫“黑旋风”等。虽然在佛教里认为名字是假象，但喜欢出名是一般人的天性，因此像现在东南亚的一些国家，有的通过捐钱就能博得一些头衔，例如“拿督”、“斯里”、“太平绅士”、“亲善大使”等，这就如同过去古代有钱人可以称“员外”一样。甚至古代的皇帝还可以赐给一些有功的臣民封号，如章嘉大师被封为“呼图克图”，妈祖被封为“天上圣母”等。甚至在佛教里也有“千佛名经”，可见即使诸佛也都有名号，何况人乎！

唱 歌

唱歌是人类的天性，也是人类与生俱来的天赋本能，不管男女老少，人人都会唱歌。唱歌也代表人一生不同的领域、不同的时期、不同的意义、不同的人生，述说如下：

一、儿歌是婴儿的天堂。初生的婴儿，在母亲的儿歌声中，他会露出满足的微笑，或在母亲的催眠曲中，安然入睡。婴儿不会多想其他，只要奶喂饱了，睡在摇篮里有歌声为伴，那就是婴儿的天堂了。

二、山歌是工作的调剂。过去农业时代，一些采茶的姑娘，一面采茶，一面唱着山歌，这就是工作的调剂。我们也看到，农田里插秧的农夫，一面插秧，一面唱歌，以歌声调剂工作的辛劳。黄河、长江因为逆水行舟，必须有纤夫拉纤，工作中他们也会大声唱歌，不但增加力量，也会忘记辛苦。中国的劳苦大众，靠歌声娱乐，靠歌声疏缓压力，可以让我们了解到歌声的重要性。

三、情歌是情感的表达。在各类歌曲中，以情歌的流行最为普遍，因为人是有感情的动物，歌声就是感情的流露。中国民间的一首《小放牛》，形容牧童和村姑的恋情，风靡全国。梁山伯与祝英台的《十八相送》，至今脍炙人口。现代青年男女的同学会、惜别会、餐叙聚会，也都会高歌一曲，可以说也都与感情有关。因为青年时期，释放感情，唱情歌是他们的拿手本领。

四、悲歌是英雄的末路。尽管情歌动人，但是人生也会有唱悲歌的时候。楚霸王项羽，在乌江与虞姬一别，《霸王别姬》唱出英雄末路的悲歌。苏东坡的《赤壁怀古》，“大江东去，浪淘尽，千古风流人物”，淋漓尽致地道出了壮志未酬、人生如梦的感慨。甚至曹孟德在不得意时，也会高唱：“对酒当歌，人生几何！”这种英雄气短的悲歌，再次说明了世间的无常，人生的苦短，何其无奈！

五、挽歌是老年的终结。人生经常要为别人唱挽歌，但总有一次，也会让别人为自己唱诵挽歌。我们每在告别奠礼时，听着哀戚的挽歌响起，或是送葬队伍的进行曲声声入耳之际，总会深切体会到，人生要把握时光，应该做的事情要及时完成，否则等到挽歌响起，再想做什么都来不及了。

六、佛歌是和谐的感动。佛教的音乐，称为“梵呗”。梵呗是用清净的曲调来赞颂十方诸佛菩萨的功德，它的音韵典雅、清净、庄严、肃穆，能够让人在宁静安详的梵音中，扩大自己、升华自己。尤其中国传统梵呗海潮音的唱腔，蕴含优雅庄严的气氛，有一股深切的感动力量，让人听闻之后，可以使身心清净，提升宗教情操。所以佛教的梵呗，唱出了人生的意义，唱出了心灵的和谐，唱出了悠扬轻快，唱出了至情至性。由于梵呗深奥，现代也有改以歌曲方式来呈现，以期佛法大众化，让佛教音乐能雅俗共赏，佛光山多年来提倡的“人间音缘”，就是这个意义。

瘦身法

“瘦身”是这个时代社会的一个普遍现象，尤其一般女性从小就担心自己成为一个胖子，所以为了瘦身，有的人吃减肥药，有的人打抽脂针，有的人节食，有的人束腰，真是五花八门，不一而足。

为什么一定要“瘦身”呢？因为瘦的人体态轻盈，看起来比较有美感，肥胖则显得臃肿，不容易讨人欢喜。但其实也不尽然，所谓“燕瘦环肥”，赵飞燕以瘦而赢得汉成帝的宠爱，杨贵妃则以丰满而获得唐明皇的醉心。再看现代的社会，香港的沈殿霞，台湾的邹美仪，她们不都是以肥胖而闻名，甚至在演艺界享誉盛名多年而不衰吗？

自古以来，瘦都被看作是福薄之相，胖则表示富态，但是一般人为了爱美，还是宁可节食减餐，甚至想尽各种方法，只希望能达到减肥的目的。其实妇女减肥不一定要求助他人，“解铃还须系铃人”，只要能在生活上多加注意，要胖要瘦，都能如愿。试举减肥方法如下：

一、走路。每日走路两小时以上，不要中断，能持之以恒，两个月下来不瘦个五公斤，至少也能减个三公斤！

二、爬山。每日固定爬二千米的高山，限时登顶，总要爬到全身汗流浃背，然后立刻下山，回家盥洗净身，如此试行一个月后，必能瘦个几公斤。

三、拜佛。早晨起床，或是晚上临睡前，礼佛一百零八拜，不可以用高的垫子，要平地“五体投地”地拜，如此不但净心，又能减肥。

四、素食。人的身体，体质各有不同，有的人吃尽各种营养补品，想胖就是胖不起来；有的人节食少吃，照样腰围粗大，肥胖不已。所以“吃”对胖瘦应该没有绝对的影响，不过基于健康因素，三餐饮食最好不要太甜，也不要太油腻，尽量多吃菜类、果类、瓜类，不但有益健康，也是减肥良餐。

五、节睡。要想减肥的人，必须让自己忙起来，每天工作十五小时以上，睡眠不超过六小时，让自己一直在活动中，不要停滞，活动的动物身体都很矫健，甚至活动就是减肥之妙法也。

六、拍打。用一根藤条，拍打臀部、腿部、背部等，因藤条内有纤维空隙，用来拍打身体不会伤到筋骨，而能促进血液循环、舒缓肌肉。每日拍打半小时以上，让全身发热，也是奇妙的减肥之法。

七、思考。我们常听人说，最近心思很多，把身体都想得瘦下来了。可见不用心，容易发胖。假如每天思考哲学上难以解决的宇宙人生的问题，或思考难以记忆的古今经典，让心去思考、活动，在智慧思想上悠游，就不容易在肉体上增加肥胖。

八、游泳。我们看一般水中的鱼类，它们都是往长的方向发展，不向宽度增加，可见能像鱼类一样游泳，也是减肥之法。但是，减肥的游泳不是戏水而已，应该把游泳当成功课，每日在水里游，不管是蛙式、自由式，总在半小时以上，才能收到些微的效果。

以上所说“减肥法”，希望减肥者，不妨一试。

开倒车

人生的希望在前方，假如说人生譬如一个交通工具，那么就应该向前奔驰。如果不能向前，而是向后“开倒车”，就会令人感到失望。

已经到了春天，能再回到寒冷的冬天吗？已经长大成人，还能像童子般愚顽吗？人生如车轮，不停地向前转进，千万不能开倒车，不能不求进步。社会人生有哪些是“开倒车”的行为呢？

一、复古是开流行的倒车。社会的潮流，带动时代的发展趋势，就成为流行。新式的服装、新式的包包，是流行的物品。流线型的汽车、液晶体的电脑，都曾流行一时。一种用品，哪怕颜色、样式，如果是流行的，就表示新颖，就为人所接受。如果开流行的倒车，所谓复古，不一定符合时代的潮流。一本精装的书籍，我们还要恢复古老的线装书吗？一部电动的织布机，我们还要恢复古老木制机子的手工操作法吗？古人茹毛饮血，游牧、农耕，我们还要回到往昔的社会吗？时代的齿轮不断向前转动，开倒车要复古，终是时代进步的障碍，所以往前看，不要陷入到复古的窠臼里。

二、专制是开时代的倒车。现在的社会，讲究自由开放，我们还能回到古代的皇朝时代吗？孙中山先生和许多先烈、开明之士，已经开创了民主的中国，袁世凯倒行逆施，又想回复君主集权，建立洪宪王国，怎能不失败呢？现在的教育，从小学、中学、大学，循序渐进向上进步，最能适应新时代的新式教育，我们还能再回复过去科举取才的制度吗？随着时代的进步，人可以保留一些传统的道德来创新时代，但不能回复专制独裁的君主政体，这是开时代的倒车，有碍民主自由的发展。

三、守旧是开思想的倒车。当今社会，有所谓新思想、旧思想的论战。

当然，我们知道旧思想未必全坏，新思想未必全好，只是思想必定要朝着未来的方向求真、求善、求美，总不能一成不变，否则赶不上时代的进步，就是落伍。中国过去蓄养奴婢、三妻四妾、三代同堂、父母在不远游、男婚女嫁靠媒妁之言、看时辰地理、拜大树公和石头公等，这许多守旧的思想、行为，赶不上时代进步，这就是开倒车，自然不足取。

四、执著是开人生的倒车。不管社会如何开放、时代如何进步、思想如何创新，一个人如果执著，仍然是开人生的倒车。所谓“法无定法”，人要放弃后面的一步，才能向前跨进一步，这就叫作进步。如果一直执著后面的一步，如何向前呢？吾人执著我相、人相、众生相、寿者相，所谓“我执”、“法执”，凡事太过执著，这也是人生的绊脚石。人生唯有放下执著，才能迎向未来，前途才有希望。

“放屁”的暗示

“放屁”是一句骂人的话，例如有的人听到别人对他的批评指教，自己不能接受，就回对方一句“放屁”。有的人听到人家说一些夸大不切实际的话，想要反驳他，也说“放屁”。

屁是臭的空气，放屁表示没有用。不过“放屁”也有真的放屁与假的放屁：无的放矢是假的放屁；肠胃开刀后，真的放了一屁，大家欢喜，表示肠胃已经通了。放屁也有响屁与阴屁之分，假如在群众里，有人放了一个响屁，大家都会取笑他、指责他。如果是不响的阴屁，大家就会互问：是谁在放屁？放的人也不敢承认，唯恐人家怪他。其实放屁是自然的现象，只不过放屁也要注重礼仪，在大庭广众之下，实在不宜放屁也！

兹将放屁的暗示，略述如下：

一、说话不当。一个人说话不当，得罪别人，或是虚妄不实，无端批评别人，就会被人回敬一句“你放屁”。屁应该是从肛门排出，会由口中产生，就是臭话，也就是不该说的话。

二、沉不住气。有的人听到别人说一句不中听的话，就沉不住气，如苏东坡因佛印禅师“放屁”两个字，就把他“一屁打过江”，表示沉不住气。所以我们对于别人的批评、毁谤、中伤，如果自己一点定力都没有，跟他计较，轻易回应，就容易被一屁打过江。

三、表示正常。在医学上，人的血脉要畅通、气血要旺盛、呼吸要顺畅，每天大小便正常，身体才会健康。尤其放屁表示肠胃通畅、内脏正常，这是最好的现象，所以有的人要多走路，让肠胃蠕动才能放屁，有的人要多吃水果才能促进消化，容易放屁。放屁表示健康，表示正常也。

四、无用之屁。放屁，有时候由不得你不放，这是生理现象，但是有的人生性拘谨，在大庭广众之前，总是忍住屁不放，这样有伤身体，放了也是好事。倒是有的人讲话，口不择言，习惯讲些闲话，说些没有用的话，就会落得“放屁”之讥。所以，说话不要像臭气一样侵犯别人，不要信口开河议论别人的隐私，不要尽说一些没有用的“屁话”。

五、有用的屁。有些小人物，不要说“放屁”无用，就是大声说话也不重要。不过，有时候在适当的时刻，小人物一句不经意的话，能够让大人物听入心扉，让他有所改进，知所进退，则所谓“臭屁”成为“响屁”，那么做一时的臭气、笑话，能够换来长远的世道清明，也是非常值得的事。

“放屁”一词也不一定是不好，有的人赞美他人“即使放屁也是香的”，可见事情不可一概而论。放屁也要看你用在什么地方，用得对，放屁有功；用得不对，放屁有罪。功罪之间，就看我们怎样“放屁”了。

陆 · 忧患的连锁

如果觉得生活太累，压得你透不过气来，那么你就应该好好想想了。是不是自己太过专注于心外之物，从而让自己的心蒙上了灰尘，落下了石头。这时候，你需要做的是忘掉身外，而将自己的注意力转向内心。

将困扰你的东西完全放下，你自己会觉得身心清畅，再也没有烦恼了。

忧患的连锁

世间的事，都有“连锁”关系，例如：因为贫穷，容易犯罪；因为无知，容易堕落；因为亲情，就会护短；因为失业，就会消沉。“螳螂捕蝉”的故事，更能看出一连串忧患的连锁关系，试说如下：

一、蝉在树上。蝉栖息在树上，餐风饮露，平时不仅不会伤害任何一只小蚂蚁、小蚊子，就是所居住的树枝也不会去无端破坏。这么一个与一切动植物无争的君子，只知道每日高歌，它的叫声在夏秋之际，总为大地带来无限生机。照说如此无所争的蝉，应该无忧无虑地生活在世上，但是很不幸的，蝉不犯人，人会犯它，因此它的处境自然就存在着危险。

二、螳螂捕蝉。螳螂是一种体积轻盈、动作敏捷的小动物，平时也栖息在树上，一旦发现了蝉，就会悄悄地接近它，然后以“迅雷不及掩耳”的速度，伸出锐利的前爪，一把将蝉攫获。可怜的蝉在一刹那间，连最后的哀号都来不及叫出，就一命呜呼，成为螳螂的食物。

三、黄雀在后。螳螂虽能捕蝉，但也不要太得意，正当它全神贯注地肢解蝉的尸体，准备饱餐一顿的时候，另一棵树上的黄雀，即时飞过来。说时迟，那时快，它一口就把螳螂衔走，找个舒适的地方，享受它的大餐。

四、儿童弹弓。所谓“弱肉强食”，黄雀比螳螂强大，螳螂自然成为黄雀的腹中物。但是正当黄雀喜滋滋地在树上大快朵颐之际，在地面玩耍的儿童拿出弹弓，瞄准黄雀一射，心理毫无防备的黄雀就这样应声坠地而亡，真是“强中自有强中手”。

五、父亲责打。黄雀虽然不敌儿童的弹弓，但是事情至此并未结束。因为儿童的父亲是一个知识分子，当他知道儿子竟然把小动物的生命当成自己游玩取乐的对象时，一时怒不可遏，当下对儿子施以一顿痛打，把个小小身躯打得遍体鳞伤，处处淤青。

六、学校解职。父亲以为自己是一家之主，具有最高的权威，可以任意处罚儿子。哪知儿子到家暴防治中心哭诉，经过社工人员出面调查，发现父亲是学校的一名教师。于是事情辗转传到父亲执教的学校，校长认为父亲虽然是处罚自己的儿子，但是身为教师，他的行为显然违反了现阶段推动的“零体罚”教育政策，因此下令解职。真是平地起风波，一件事情闹得全家鸡犬不宁，甚至连学校都受其影响。

世间事“牵一发而动全身”，每一件事情都与天地大自然有关联，不但善恶好坏都有因因果果的关系，甚至当下的事，与前世、今生、来世，也都有时间的关联。所以，吾人在世，一言一行都要想到彼此的连锁关系，能够懂得慎始，才能免于尝受苦果。“螳螂捕蝉，黄雀在后”的故事，虽然家喻户晓，但是这个故事背后的忧患连锁关系，实在值得吾人深思。

名人的烦恼

俗语说：“人怕出名，猪怕肥。”人在没有名气的时候，觉得出名是人生最荣耀的事，因为一旦出了名，就能受人尊重，在社会上可以得到许多的方便，不但有人请吃饭、请照相，平时开会还会请你出席致辞。可以说，只要出了名，社会各界的邀请纷至沓来，让你觉得“人生当如是也”！但是等你真正出了名以后，烦恼也随之产生，甚至根本就不想当名人，因为：

一、盛名招嫉。俗语说，“树大招风，盛名招嫉”。有了名以后，一半的人羡慕你，一半的人嫉妒你。羡慕你的人，你不知道他们在哪里。嫉妒你的人，或批评，或讽刺，或毁谤，让你感觉四面八方的人都在想办法给你难堪，你反而活得不自在，所以出名有什么好呢?

二、出众难行。一个有名的电影明星，忽然出现在街头上，群众蜂拥包围，有人要签名，有人要索照，有人要一亲芳泽，有人要握个手，让你寸步难行，觉得自己毫无自由，无法随心所欲。出名之后不但出众难行，甚至因为你的名气大，慈善团体要请你募款，公益机构希望你出席活动，可以说每天都要应付别人，“要你这样，要你那样”，真是苦不堪言。

三、没有隐私。每一个人都应该有隐私权，我居家不要受人干扰，我外出不要有人打搅，我自己的一些私事不希望别人知道，我可以自由自在地跟父母散步、跟儿女同行、跟朋友同乐。但是名人没有这样的隐私权利，民众要跟你照相，记者要找你访问，甚至有的人跟自己的姊妹同行，被记者捕风捉影，说成是自己的新欢。不是自己的朋友，只是偶然巧遇，就被跟踪的媒体说成是自己的恋人。名人的事情，常常是媒体说了算，自己的名誉无人理睬，这也是名人的无奈。

四、应酬繁多。每一个名人，社交应酬必然免不了，而且随着名气愈大而增加。婚丧喜庆的红白帖子你要应付，各种开会、宴会要你参加，每天疲于奔命，只为了一点小小的名声，今天这里赶场，明天那里出席，自己的事业反而不能全心照顾。表面上看起来，名人无比风光，其实内心的苦恼，真是不为人知。

五、维护形象。既是名人，就要维护名人的形象。名人不能到百货公司采购，会造成很大的新闻；不能到舞厅跳舞，会引起很多议论。名人随口说一句话，新闻记者可以蓄意扭曲，帮你改头换面地报道出来。总之，你的社会地位愈高，形象愈会遭到破坏。一个人成名以后，就会觉得原来名人有这么多的苦恼，真是始料未及。

六、责任重大。一个名人不是光有空名，后面必定还有一些责任。除了名人是公众人物，言行举止要成为社会的模范以外，一些依靠你的朋友，也要仰仗你的关系生存。甚至一些名人有了社会地位以后，这家公司请你当顾问，那个团体请你当理事，或是请你讲几句话，为他做广告。所以名人的责任重大，名人的烦恼也多，这是自然的道理。

名 气

世间无论什么东西都要比“名气”，有了名气，众所皆知，知名度高，行情看涨，价值就不一样了。所以人要名气，地要名气，物品也要有名气。女士买东西，特别喜欢买名牌，因为有名气。一般年轻人种种的努力，其目标也是希望自己能成为有名气的人。

世间有些什么“名气”呢？

一、人要有名气。中国历史上的名人，如孔子、孟子、唐玄奘、李世民、岳飞、文天祥等，他们的名字都永载史册。世界上有名气的人就更多了，如爱因斯坦、牛顿、达尔文、阿姆斯特朗、马克思、穆罕默德、耶稣等。现在台湾社会，凡是要竞选公职的人，都先要问知名度够不够？对社会有什么贡献？如果没有这些基础，一切事就难为了。

二、地要有名气。世界上的大都市，上海、纽约、伦敦、巴黎以及一些风景名胜，如南美洲的亚马孙河、澳大利亚的大堡礁、北美洲的尼加拉瓜、中国的万里长城和颐和园等，这许多有名的地方，都是全世界人士向往的地方，大家莫不希望此生有机会到此一游。

三、物要有名气。现代人要买一栋房子，先问房子坐落的那条街有没有名气。要买一间工厂，要知道所出产的东西有没有名气。买车子，劳斯莱斯、别克、奔驰，就算是日本的TOYOTA，也要跻身名牌之列，才有人购买。没有名气的手表，一块二三百元，有名气的手表要价上百万，所以有钱人买东西，其实他所要买的是名气。

四、事要有名气。历史上重要的大事，如哥伦布发现新大陆、英国库克船长最先登陆澳大利亚、中国三宝太监郑和七次下西洋，以及美国罗斯福、英国丘吉尔、中国蒋介石在埃及召开的“开罗会议”，乃至第二次世界大战美国在诺曼底登陆、东西德柏林围墙拆除后再统一等，不但世界皆知，甚至被列入各国教科书。其他如越战，阿富汗、伊拉克、巴勒斯坦等连年的战争，虽有名气，却为人所诟病。

五、学校要有名气。过去的大学，被形容为窄门，学生要想考上一所大学并不容易。现在开放私人设校，私立大学如雨后春笋般到处林立，反过来变成大学招生不易。不过只要是名校，还是人人趋之若鹜，所以各大学也都在争取世界排名。现在世界上最好的大学，如哈佛大学、麻省理工学院、京都大学、斯坦福大学、东京大学、伊利诺伊大学、耶鲁大学、威斯康星大学、哥伦比亚大学、剑桥大学等。虽然排行榜没有一定的标准，不过能成为世界名校，都不是一夕可成，所以世界其他大学要想成为世界名校，还得时间及努力。

六、时要有名气。世界上，各国有各国的节日，各宗教有各宗教的节日，民间有民间的节日。只要节日有名气，人民都会随喜过节，作为生活的调剂。世界上最有名的节日，应该就是“元旦”了，全世界每一个国家都有元旦，都要过年。尤其中国的农历春节，中国人不管移民到哪里，都会在当地欢度春节。另外，即使科学再发达，与中秋节有关的“嫦娥奔月”的故事，仍然令人向往。

一个默默无闻的无名小子，想要出名并不容易。但是当一个人有了名气，随着名气带来的影响力，应该给社会一些建言、给旁人一些因缘，才不辜负了自己的名气。

关 系

这个世界，一切都要靠“关系”才能存在。科学与大自然的关系，哲学与人生的关系，经济与社会的关系，战争与人命的关系，环保与未来的关系，政治与人心的关系……总之，世界上什么都有关系，大有大的关系，小有小的关系。佛法讲“因缘”，一切都是因缘所生法，宇宙万物，彼此都是互为关系的存在，怎么能说没有关系呢？

一个人在电视上，随意的一句话，立刻可以传遍全世界。同样的，轻轻地呵一口气、打一个喷嚏，世界能不为之震动吗？前不久闹得人心惶惶的禽流感，不就是因为一只小鸟感冒而造成的吗？当然，世间万法都是相互依存，一切都是“关系”的存在，树木花草能不需要阳光雨露吗？人的生活能不需要衣食住行吗？所以世界上的一切，都要靠关系才能生存。

有人批评说：世间事情，只要你在人事上有关系，即使发生天大的事情也没有关系；如果你在人事上没有关系，芝麻绿豆大的事，都会有关系。

世间，大至宇宙虚空，小至唇齿之间、肠胃之间、手足之间，通通都是同体的关系。“关系”于人生的重要性，略述如下：

一、裙带关系。从古到今，不论东方、西方，很多政治问题的解决，都要靠裙带关系。这个国家的公主，下嫁那个国家的王子，要建立裙带关系。那一个国家的太后，招赘另一个国家的亲王，也是为了建立裙带关系。欧洲的历史上，德国、奥地利、英国、法国都在这种错综复杂的裙带关系下，维护欧洲国家政治的平衡。中国历朝有很多“外戚干政”，不都是裙带关系所引起的政治风暴吗？现代的企业家，不也是纷纷找寻姻亲贵族相互支持？所以不管豪门贵族，乃至企业界，都很重视裙带关系。

二、伦理关系。人类由于有家庭制度，进入了宗法社会，所以伦理就成为社会的新秩序。伦理维护社会的秩序，这是合理的，但是借助伦理关系，相互勾结，狼狈为奸、作奸犯科，因为横竖有伦理的关系相互支持，于是衍生出严重的社会问题。

三、社会关系。人类社会从家族伦理，扩大开来，人际之间还有许多社会伦理，例如上司与部属的伦理，此即所谓的“工作伦理”。古代的梨园弟子，乃至工艺学徒，他们尊师重道，重视师生伦理、师徒伦理，比起家庭亲人之间的伦理，有时更加亲密可敬。正常的伦理应该正当地发展，必能有益于社会发展；不正常的社会伦理，要给予检讨，重定伦理的分际，再树伦理道德。

四、相同关系。同乡、同门、同学、同事、同姓、同行、同志，在相同之下，人们也结成许多有相同关系的同乡会、宗亲会、同门会，都是希望借以团结力量，壮大自己。这样的关系，若能真正实现“世界大同”，让大家一起共生共荣，也是很美好的世界。

关系就是因缘，有善因缘，有恶因缘，也就是有好的因缘，也有坏的因缘。因缘在于人的处理，有能力的人，可以把不好的关系修正成好的关系，但也有人把很好的关系弄僵了，变成坏的关系。好的关系会互相增长，坏的关系则互相腐蚀，所以聪明的人，在复杂的人我关系里，都懂得要建立善因善缘善关系。

方　便

人都贪求方便，但是有方便，就有不方便。例如，发明了飞机，国际旅行很方便，但是经常超额支出，生活费透支的结果就不方便了。出门有汽车可以代步，要到哪里，就到哪里，访友、兜风，其乐融融，但是到了要加油时，就不方便了。

这个世界，都是对待的，没有绝对的方便，方便是要付出代价的，方便有时候造成不方便，就更加苦恼了。试举数例，说明如下：

一、汽车很方便，抛锚时不方便。出门不管坐汽车、骑摩托车，都很方便，只是万一车子抛锚的时候，停在路边，甚至夹在马路的车阵中，前也进不了，后也退不得，其难堪真是不方便到了极点。如果是善于保养车子的人，不至于经常有抛锚、缺水缺油的事发生。如果是粗心大意的人，不方便的时候就很多了。

二、马桶很方便，不通时不方便。过去的人大小便都使用茅坑，甚至使用尿桶，每天清理善后很不方便。现在有了抽水马桶，照说应该很方便，但抽水马桶有时候不通，臭气四溢。那时如果你没有一点处理的技巧，就不方便了。尤其有时候到别人家里做客，使用后发现马桶不通，那就更是尴尬了。

三、刷卡很方便，缴钱时不方便。刷卡购物，这是现代人很普遍的生活习惯，不管买什么东西，刷了卡，东西带了就走，连找零钱都不必，多么方便！但每个月到了缴钱的时候，衡量一下自己有那么多钱应付卡债吗？如果无法应付，那就是名副其实的“不方便”了。

四、电脑很方便，死机时不方便。近几十年来，电脑的发明大大改变了现代人的生活。只要拥有一台电脑，天下事都在自己的掌握之中。要打电话，通过电脑网络可以即时通话。要写信，利用电脑E-mail传送，快速又省钱。要找资料，只要一上网，任何资料都能信手拈来，得心应手。可以说，只要一台电脑在手，不管帮助自己做学问，或是处理日常事务，真是万般的方便。只是有的人依赖电脑后，万一有一天电脑突然死机了，整个人的生活也都停摆了，做什么都不方便，真是急死人也。因此方便的后面，总潜藏着一个很大的不方便。

五、速食很方便，吃坏肚子不方便。现代人凡事讲究快速，三餐吃饭也喜欢进速食店，汉堡、薯条、炸鸡等，一点东西就来，实在很方便。但是速食吃多了，营养不均衡，甚至吃坏了肠胃，影响健康，那么一生都会感到大大的不方便。

六、高速公路很方便，塞车时不方便。现在举世都在兴建高速公路，人们开车行走在高速公路上，畅快无比。但是每天上下班的塞车，节假日风景区一塞几小时，遇到车祸时的塞车，更是没有数小时无法行走，那就很不方便了。

世间事都是对待的，有好人就会有坏人，有方便就有不方便，所以要有“居安思危”的观念。无论在什么时候，方便时就要想到不方便时该怎么办，能有危机意识，才能防患未然。

胆 识

人在世间应世，需要有很多的本领，胆识就是必备的重要条件之一。

所谓“胆识”，世间大胆的人很多，那些勇于冒险犯难，甚至心存侥幸为非作歹的人，虽然胆大，但见识不够。这就好比一个人，尽管你不怕枪炮子弹，但到了前线，枪炮子弹可能打死你；你不畏惧豺狼虎豹，到了山里，豺狼虎豹会吃了你。

所以，有胆量的人，还要有见识，知道何处是万丈深坑，不要跳下去；懂得辽阔的大海游不过去，不要贸然强渡。又如赌博不一定能赢，不可以凭胆识去豪赌；抢劫难逃法网，不能够想要侥幸致富。

胡适先生说：“大胆假设，小心求证。”就是胆识。立大志、发大愿，但要按部就班地往前进行，就是胆识。有胆无识，纵能成功，非常危险；有胆有识，成功之后，必然安全。

怎么样才叫胆识呢?

一、处变不惊，是为胆识。北洋将领吴佩孚，在前线督军，敌人的大炮飞来，炸死了身边一个营长，头上流下的鲜血，直喷到他脸上，但他指挥若定，终能稳定军心，获得胜利。朱元璋在陈友谅手下当兵时，陈的两个儿子一直想要谋害他，朱元璋知道后，千方百计对其示好，并不想逃避。正因为朱元璋能够处变不惊，所以后来能取陈友谅而代之。孙中山先生因为陈炯明叛变，在永丰军舰蒙难，因其处变不惊，终能转败为胜。邓小平先生在共产党里“三起三落”，也是因为他能处变不惊，后来终能领导全国。处变不惊就是胆识，有胆识，所以能化险为夷。

二、不畏艰难，是为胆识。人生的道路，到处都是崎岖障碍，必须不畏艰难，所谓“遇山开路，遇水搭桥”，尤其要有胆识冲破种种的难关，才能有所成就。历代开国的帝王将相，虽然“一将功成万骨枯”，但此中要靠多少的胆识才能成事。梁启超不受袁世凯的威胁利诱所动，毅然发表《异哉，所谓国体论者》一文；蔡松坡躲过袁世凯的耳目，逃到云南组织护国军起义，这都需要无比的胆识，才能有以致之。

三、智勇双全，是为胆识。历史上的人物，有的很有智慧，但不够勇敢；有的称得上勇敢，但智慧不够。例如，在《三国演义》里，只有赵子龙称得上“智勇双全”，其他如吕布有勇无谋，袁绍、袁术有谋无勇，关云长勇冠三军，但谋略不足。在《水浒传》里的一百零八条好汉，因为是落草为寇，即使再怎么样智勇，都不足道也。智勇双全就如佛教提倡的“福慧双修”，所谓“修福不修慧，大象披璎珞；修慧不修福，罗汉应供薄”。所以福慧要双修，智勇也要双全，才是有胆识的人。

四、忍辱负重，是为胆识。在各种有胆识的人当中，莫如忍辱负重的人最有胆识了。周公辅佐成王，虽然受了冤枉委屈，但他忍辱负重，忠心为国，至死不改初衷。司马迁无端遭受“宫刑”，虽然身心备受摧残，但他仍忍辱含垢地完成了伟大的历史巨著《史记》。能够忍受侮辱伤害不以为苦的人，才算是有力量的大智之人。不能接受艰难挑战，不名为有远见谋略之人。古今中外，哪一个成功的人物，不是因为胆识过人，不是经过忍辱负重而有成？所以，要想成为一个有胆识的人，忍辱负重的精神不能少。

恐 怖

近年来，最为世人关心的问题，就是恐怖分子在各地制造恐怖事件，让大家挂念，会不会自己也遭受池鱼之殃？现在媒体对恐怖事件都有及时的报道，我们看到每次恐怖事件发生后，各地的机场都如临大敌，加强旅客过关的检查，无形中更增恐怖的气氛。

如何消除恐怖？这是人类面临的最大问题。不过，探究起来，恐怖的来源也不是只来自于恐怖分子，有时候，恐怖分子也不一定在别处，恐怖分子可能就在我们身边，甚至就是我们自己。

恐怖，地球这么大，人类这么多，谁能知道恐怖分子在哪里呢？防心，心外的恐怖分子固然要防，心内的恐怖分子更要防！兹将世间令人恐怖的事项，列举如下：

一、猛兽蛇蝎。人类最害怕的动物，应该是毒蛇猛兽，但毒蛇猛兽和人类有一个不成文的约定：你不侵犯我，我不侵犯你，各安其所。猛兽当中，狮子老虎，我们视它们如恐怖分子，但狮子老虎看人类，也如同恐怖分子。狮子老虎危害人类的案例很少，人类残杀狮子老虎的，何止千百倍？蛇蝎噬啮人体，难免会受伤害，但人类居住的地方，一般蛇蝎不至于无缘无故入侵危害人类。反而是人类因自己的贪嗔愚痴，自认为人是万物之灵，任意伤杀万物，因此引起蛇蝎猛兽的还击，怎么能反过来怨怪它们呢？

二、魔王鬼怪。魔王在哪里？鬼怪住在何方？这是一般人都感到好奇而又不甚了解的事。平时魔王鬼怪总是令人闻之色变，感到非常恐怖，但是，有时候妻子视丈夫为魔王，丈夫也视妻子如魔王；有时候妻子昵称丈夫为“死鬼”，母亲叫小儿女为“小鬼”。可见魔王鬼怪就在我们的身旁，魔王鬼怪其实也很可爱，也很好相处。

三、天灾人祸。人类真正应该恐怖的是天灾人祸，不管水火风灾，甚至地震、海啸，天灾来时，难以防备。人祸方面，盗匪抢杀、战争兵燹等，可以说不知何时何处，都可能发生。尤其人祸往往比天灾、魔鬼更可怕，因为人可以设计陷害你，可以造谣冤枉你，愈是亲近的人，愈容易成为可怕的魔鬼。有人做过调查：人可怕，还是鬼可怕？答案几乎都是：人比较可怕！

四、美人祸水。恐怖的对象，除了上述所说以外，帅男美女有时也很可怕，一个外表文质彬彬的男士，可能包藏祸心，骗财骗色；一个千娇百媚的美女，也可能与人表里为奸，色诱男人为她家破人亡。历史上，妲己、褒姒、妹喜等人，更以美色蛊惑君王，导致亡国，因此被视为祸国殃民的蛇蝎美人。

五、心机计谋。在我们的朋友当中，有时我们把别人都当成是好人，是正人君子，实际上他却心机用尽，设计陷害我们，让我们吃了暗亏而不自知。因为善使心机计谋的人，让人防不胜防，其恐怖并不亚于恐怖分子。

六、业报现前。人生最恐怖的事，莫过于业报现前了，业报现前的时候，真是无法预防。一场车祸、一场大病、一场凄惨的境遇，到了业报现前的时候，你有钱、有关系，通通都派不上用场，所以业报是可怕的。但是尽管业报很可怕，只要我们行为端正，不造恶缘，不去伤害无辜，不去违背因果，所谓“行得正派，做得正派”。以正克邪，从自己不让人恐怖，到自己的因缘关系都没有恐怖事情发生，那就是人生最好的机运了。

困　难

人在世间做人，常常感觉阻碍重重，每天遇到的大事小事，也总是大难小难，无所不难。有的人很会解决困难，所谓“遇山开路，遇水搭桥”。但是也有的人就是没有办法应付困难，别人的一句闲话、一个动作，就好像一块石头摆在前面，没有力量把它搬开，又像被一阵烟雾笼罩，没有办法消除。没有办法的人，遇到困难，真是呼天天不应，叫地地不灵。人有哪些困难呢?

一、有志难伸。人要立志，人间的功名富贵不会平白从天上掉下来，必须立志才能拥有它。但是有的人就是感到有志难伸，做个小生意，没有本钱；选个乡代表，没有选票；出外发展，没有旅费；想考个名校读书，考不进去。任他再有天大的志愿，也难以成为事实。其实这是缺少“因”的缘故，甚至即使有“因”，但是结“缘”不够，也不能成为“果”，必须因缘具备，才能功果圆成。

二、有愿难成。有的人从小立志当总统，有的人要做企业大亨，有的人想当学者专家，不管做什么，都要发愿。在佛教里，即使成佛也要靠发愿，诸佛菩萨中，因为发了四十八大愿、十二大愿，才能成为弥陀、观音。有愿力作为后盾，才有前进的动能，就像车子上路，要加足油料；船只启动，要备妥资粮。你发了愿，才有精神、毅力，才能不计辛苦地付出，如果条件不具，当然就会有愿难成了。

三、有冤难诉。世间，有的人常感自己受了委屈、被人欺负、被人糟蹋，但是，自己觉得很严重的冤屈，在别人看来觉得没有什么了不起，只是很平常的事。就是诉诸法律，法院也是判个“和解”、“不起诉处分”。人生真是苦恼，好像所有人都在故意为难你，其实天下本无事，你不要把一些不严重的事当一回事，你努力耕耘，做好将来需要的准备，何患无成。

四、有气难消。做人处事常常遇到很多的不如意，某人讲话得罪了我，某人做事妨碍了我，自己心头恨之入骨，但是又不能打他，也不能杀他，心里积了满怀怨气，有气难消。其实，是非朝朝有，不听自然无，你不要听他、不要管他、不要理他，所谓“气”，又能奈何得了你呢?

五、有苦难说。有些人经常感觉做人很辛苦，家务的辛苦、工作的辛苦、求财的辛苦，满腔的苦事无处申诉。转苦为乐既没有本领，化解苦事又没有能力，只能培养善因善缘，以待未来。

六、有病难医。人的身体，有时一个小小的感冒，久治不愈；有时胃痛，数十年缠身；有时眼耳鼻舌身，病痛不断；有时心脏衰弱、血管硬化、血压太高，或者骨肉疼痛，不曾间断。人生真是为苦而生，为苦而活。有人说“与病为友”，谈何容易。

七、有学难用。从小勤学读书，自觉成绩不错，国文史学、诗词歌赋，无不精通。无奈乏人欣赏，求职困难，一事无成，养活自己都难，还谈什么成家立业?

八、有心难为。有的人亟思有一番作为，心中也有很多的想法、计划，可是事实上，理想与现实相距十万八千里，于是人生就在这许多的困难当中，坐困愁城，一天挨过一天。其实，智慧能克服所有的困难，勤劳能克服所有的困难，勇敢能克服所有的困难，计划能克服所有的困难。所谓“解铃还须系铃人”，自己的困难还是要靠自己解决，所以求助于人，不如求诸自己。

衰 颓

人世间，物有成住坏空，人有生老病死。一栋高楼大厦，因为缺乏保养修缮，一段时期后就会倾颓败坏。同样的，人的身体如果不爱惜保养，也会提早衰老，甚至死亡。

世间万法，兴盛衰颓都各有因缘，兹述如下：

一、浪费使经济衰困。经济是国家的命脉之所系，所谓富强的国家，先要厚实经济，民富而后才能强国，所以现在世界上的国家，有富强的小国，也有衰落的大国。造成国家经济衰困的原因很多，“浪费能源”是因素之一。就像一个人，如果财务收支不懂得“量入为出”，浪费无度，用之不当，就算是拥有万贯家财，也有用罄的一天，所以浪费是造成国家经济衰困的重要原因。

二、自私使道德衰败。人性都有自私的一面，所以人要克制自己的私欲，如果不克制自私，公有的道德观念必定会衰败。一个人到了道德衰败的时候，什么忠孝仁爱，什么信义和平，什么礼义廉耻，乃至佛教的五戒十善、四无量心等，都会因为自私而使道德荡然无存。

三、讲利使仁义衰微。在三千年前，孟子就已经说过，一个国家如果上下交征利，则国家危矣！同样的，个人如果都是以利为出发点，斤斤计较于小利，则此人的仁义美德必然不会扩大。人所以伟大者，必然不是一个专讲利害的生命，他的生命里必然蕴藏着很多美好的内涵，例如讲信重义等。假如一个人对家人都以利害为重，对朋友也只计较利害，则此人的仁义之心必然会迅速衰微。

四、言多使气力衰弱。人有各种性格的不同，有极少数的人不爱说话，但有绝大多数的人喜欢放言高论。“言多”不但“必失”，而且言多伤身，说话太多会使气力衰弱。我们看到有一些老教授，在课堂上连续上了两堂课，下来后就跌坐在沙发上，像斗败的公鸡。即使年轻人身强力壮，一席讲演后也会感到身乏无力。所以，做人不要好发议论，不要好与人辩，少言不但少祸，而且可以保身。

五、奢侈使福报衰竭。每个人的福报，就像银行里的存款，如果不懂得节制，生活奢侈，浪费无度，再多的存款也经不起透支。同样的，人生银行里的福报如果浪费过度，最后就如天人“五衰相现”，福报没有了，人生就会苦不堪言。

六、吝啬使人缘衰退。人在社会上立身处世，不管你是从政，还是经商，乃至务农之家，或是一般的上班族，都要靠人缘为重。如果你做人太过吝啬，不结人缘，当然就会没有人缘。再高大的树木花草，也要和风细雨助其成长，再广阔的江湖河海，也要靠涓涓细流的充实，才能成其大。假如一个人吝啬没有人缘，人生也难有好的际遇，那么前途发展也就可想而知了。所以，人生要想有所成就，不能不多多地与人结缘。

气

“佛靠一炉香，人靠一口气”，人的作为，一口气是非常重要的。常听人说：“只要我有一口气在，就不怕没有办法。”世间上各种行业，哪一样不需要靠“有气”才有力量，“有气”才能发展。例如：

一、战争要有士气。世界上经常战争不断，地方有地方的战争，国家有国家的战争，谁胜谁败，就看谁的士气旺盛。有的军队，装备精良，粮草充足，可惜士气不振；有的军队已经陷于穷途末路，战力已经微乎其微，但靠全军的士气，可以转弱为强、转败为胜。所以有士气就能“众志成城”，就能完成任务，达成希望。

二、读书要有志气。古人读书，为了学习尧舜禹汤、孔孟老庄，读书要做人上之人，成就事中之大事。甚至学佛的人，“男儿自有冲天志，不向如来行处行”，他在表彰自己独立的志气。所谓“舜何人也？予何人也？有为者亦若是。”世间没有天生的圣贤，都是苦学出来的。我立志于学，有志者事竟成。立志为官，立志行商，立志于艺，只要有志，何患不能成就。

三、做事要有运气。有人认为世间一切都是命运所安排，所以做事要有运气。其实运气不是操纵在别人手里，运气在自己的手中。“自助者，人恒助之”，你能勤奋，勤奋就是你的运气；你能助人，助人就是你的运气。每一个人的运气，都要靠自己创造。国有国运，那是团体的业力；家有家道，那是全家的业力。人有运气，那是个人的心力、毅力、念力、慧力，你的力量愈大，你的运气就愈好，不必去求签问卜。若要问自己的运气在哪里？自己的运气如何？答案是：运气就在自己的身边，运气就掌握在自己的手中。

四、做人要有骨气。人的身段是柔软的，但人的脊骨是坚硬的，做人不但双肩要能担当责任，而且脊背要竖直挺立。古来多少人“人穷志不穷”、多少人“打落牙齿和血吞”、多少人“不屈不挠，艰苦奋斗”，他们就是为了树立自己的骨气。陶渊明不为五斗米折腰，就是他的骨气；梁启超不为十万银元出卖爱国情操，就是他的骨气；张自忠在抗战初期为国殉难，不但表现军人的志节，而且也表现了他个人的骨气。过去的读书人，都重视做人要有骨气、要有节气，所谓“路遥知马力，日久见人心”。每当国家社会处于风雨飘摇之际，能否安然度过，就看全民如何表现自己的骨气了。

五、待人要有义气。气和力都是自己的，但有时候也要加持给别人，与人共有。就如我们交朋友，同乡、同事之间，我们要有义气。有一部电影，片中有这么一段：哥哥背着残障的弟弟，有人觉得他每天背得很辛苦，但是哥哥说："他不重，他是我弟弟！"这就是兄弟的义气。战争时，有一团兵陷入重围，另一支队伍想前往营救。有人说太危险了，救不了！营长说："不管救不救得了，因为他们是我的同志，我必须去救他们！"这就是战友的义气。见利忘义是小人，做人要有义气，才能昂首于天地之间，才能与天地的浩然之气同在。

六、活着要有勇气。这个世界是勇敢的人所拥有，因为我们自出生以来，就要与恶劣的环境奋斗，不管天气冷冽、酷热，我们都不能逃避，要与冷热奋斗。甚至从小读书辛苦，要与辛苦奋斗；就业艰难，要与艰难奋斗；人情浇薄，要与浇薄奋斗；世事势利，要与势利奋斗。总之，世事一着棋，都要靠我们的勇气奋斗，才能坚持到底，才能获得最后的胜利。懦弱的人，很难在世间立足。

除了以上所说之"气"，其实世间的"气"很多，有秽气，有臭气，有邪气。我们当然不希望被不正之气所毒害，所以要有正气、要有义气、要有好人之气。有气的人生，才有真正的生命力。

理

世间上多数的人都喜欢讲理，所谓"有理走遍天下，无理寸步难行"。讲理本来是好事，但现在一些年轻人，不明理而执理，甚至歪理太多，因此"理"也为人所诟病。

理，是一个法则，佛教讲"理"，认为理要能摆到台面上来讲，才有公评。理，必然是超越时空的，不管在哪里都是一样，不管在什么时间，也是不变。理也不分你我、贫富、贵贱，道理是很平等、公平的，就像"因果"的道理，它是符合必然性、本来性、普遍性、永恒性的法则，而不是你强词夺理，或是你善于狡辩就有理。现在试论各种“理”如下：

一、从地理到天理。天有天理，地有地理。所谓“天理”，四时的风调雨顺、日月星辰的正常运转，总有一定的法则。就算天威难测，时而有一些灾祸，也是从自然而来，所以不能怨怪老天不公，只能慨叹自己命运不好。至于“地理”，地当然也有“地理”，只是地理并不是一般所谓“左青龙、右白虎”，也无关“方位”、“风水”。我们看，同一条街道上的商店，有的生意兴隆而发大财，有的经营不善而倒闭，你能怪地理风水不好吗？

二、从情理到人理。人是最喜欢讲理的动物，不过人理都是站在人的立场，甚至从自我的立场来讲。理，应该是从“人我互换”的立场来讲，彼此要能取得公平，才能算理。现在，人有时候不认识理，总喜欢讲情理、讲私理、护歪理。理不是要求别人，而是要求自己。人间的道理固然包含了人情关系，但是理是理、情是情，理是正当的，情是附加的。只要合理，附加的情应该多少，就不能一概而论了。

三、从物理到事理。天理、地理、人理、情理之外，还有物理和事理。大学教育中，把物理当成一门专门学科来研究。社会上多少科学家发明世间万物，替万物解开多少密码，举凡山河大地、树木花草、土地微尘，哪一物没有理呢？人类因为通达了物理，故能在生活中得到许多方便。不过，人从物理中，进而还要了解事理，每一件事的发生，不能只论其结果，凡事必有其因。这件事做不成功，必定因缘不具，那件事进行十分顺利，必定是因缘和合了。所以，儿童从小读书，一开始就要教他明白事理，不明事理，在世间生活很难如意。

四、从世理到心理。世间有世间的道理，出世间有出世间的道理，而吾人的心，即为世出、世间的中枢。有时候，我们要顾到世间法的道理；有时候，我们的心中还有出世间法的道理。所以《大乘起信论》讲“一心开二门”：心生灭门、心真如门。唯识家讲“三界唯心，万法唯识”。心理，必定是十度空间最高、最究竟的道理。

五、从法理到佛理。法理有法则，甚至一切法都有理则，即使是世间法律，也有公平、公正的理则，所以懂法理的人，很容易通达佛理。所谓“佛理”，人有人理、天有天理、声闻有声闻之理、缘觉有缘觉之理、菩萨有菩萨之理，“五乘佛法”各有理则。佛理说明世间是“一心法界”，因为我们的心有“十法界”，有“百界千如”，世间是事事相通，理理共鸣的。

六、从道理到真理。世间什么最有理？“道”最有理！但道理不是一个人的，是大家的。道理也不是一时的，是永世的。道理不是一方的，是十方法界的。有道理，才能与真理相通，才能与佛理共鸣。所以“佛光普照”，是乃“佛佛道同”、“光光无碍”也。

你要明理吗？明理当明真理！明理当明佛理！

多

社会上一般人对物质生活的要求，总希望多多益善，但也有少部分的修行人，他们不希望多，反而觉得愈少愈好，“多”了也是负担，也是拖累。

当然，一个人拥有的东西多、能力多，自然在各方面都比人有优势。多子多孙，家族很大，亲人很多，员工很多，甚至人脉多，就会想要出来竞选公职。因为选票多，就能以多取胜。“多”对人间还是有很多正面的象征意义，例如：

一、以多为胜。自古以来的战争，都是讲究人多。楚汉之争，汉高祖刘邦与楚霸王项羽协议，谁先入关中者为王，后来刘邦就是以兵多将广而打败项羽的。历史上，以少击众而取得胜利者毕竟是少数，但是以多而失败的也不能说没有。三国时，曹孟德的八十三万人马下江南，遇到孙刘联军，结果一败涂地。前秦苻坚率领百万雄师，在淝水与晋军会战，结果大败而归。所以，有时候，兵贵精而不在多，但以一般常理来讲，还是以多为胜。

二、以多为富。什么叫作富人？财多势大，就是富有。家有良田几千亩，存款数万亿，每天生意往来可以日进斗金。一个人拥有多种事业、多家公司，有多方面的入息，当然因多致富。所谓“荣华富贵”，正是因为财多而有此荣誉。

三、以多为力。多就有力量！一根木材烧火，火力有限，把很多木材堆积在一起，就能烧出熊熊的火光。一个人站上街头呐喊示威，引不起旁人的注意。集合很多人团结在一起，即使没有大喊大叫，光是聚集在一起，就能造成很大的声势。一根手指打人没有力量，五根手指紧握成一个拳头，就有力量，所以多就是力量。

四、以多为大。“泰山不辞土壤，所以成其高；大海不拣细流，所以成其大。”多，才能大。很多的砖头，可以建围墙；很多的钢筋，可以建高楼；很多的花草树木，就能成为众人希望游览的公园。多，才能脱颖而出，才能让人看得起。

五、以多为名。世间“物以稀为贵”，有的东西因为稀少难得而可贵，但有时候则因量多，所以引人注目，因而打出知名度。例如中国“人”多，因此一直保有世界第一人口大国的地位。缅甸、泰国等东南亚国家因为“僧”多，所以成为知名的佛教国度。北欧的芬兰，境内湖泊多达六万多个，故有“千湖之国”的美誉。北欧五国中唯一一个四面临海的岛国，也是世界最北边的独立国家冰岛，因为冰河多、火山多，同时也是世界温泉最多的国家，所以被称为“冰火之国”。此外，菲律宾是个多岛、多火山的国家，其中有一些仍旧活跃的活火山，更成为菲律宾知名的度假胜地。乃至印度以佛迹多，因此每年吸引很多人前往朝圣。

所谓“数大就是美”，数量多虽能蔚为奇观，引人入胜，但重要的是彼此要和谐、团结，才能形成一股盛大的气势，而不至于互相抵消。

众

《汉书》说：“三人为众。”其实“众”就是“多”的意思，所谓众望所归、众擎易举、众星捧月、众流归海。世间任何事业，都要靠“众”成就，众人团结一致，力量奇大无比，所以众志可以成城，甚至地有“众山合抱”，海有“众流汇聚”，市场有“众商云集”，国家有“众人保护”。大众的力量无与伦比，大众与个人的关系十分密切，个人不能与大众脱离，必须做到下列数点：

一、众中学习。人从出生以后，就要不断地学习，不但在家庭里跟父母学习，更要在团体中跟大众学习。一群小朋友看似在游戏玩耍，其实他们是在学习成长。人在团体里，不但学习生活的方法、生存的常识，尤其学到合群、和众。一个人不能孤芳自赏，孤独的一棵树、一朵花，都难以安全存在；树木丛林相互资助，才能抵挡风雨，才能互依互存。人也是要找人多的地方聚集而居，独家村没有人敢居住。

二、众中结缘。有众，才有结缘的对象，假如没有大众，想要结缘都没有机会。世间诸事，缘聚则成，缘散则灭，所以我们要想成事，必须广结善缘。结缘，众愈多，结的缘愈广。别人给我们结缘的机会，我们要感谢他。甚至像篮球比赛，也要感谢对手，因为如果没有他们，球赛就无法进行。所以，商店感谢顾客，老板感谢员工，将领感谢士兵，校长感谢学生，大众相互感谢，才能相互成就，才能造就一个和谐的团体。

三、众中关怀。有的人家中人丁单薄，想要关怀家人，也没有几个对象可以付出，这时大众就很重要了。在大众中，有我们的同学、同事可以关怀，有我们的同乡及社会大众让我们关怀。大家的事业困难否？大家的学业完成否？大家的家人平安否？大家的身体健康否？你能事无巨细地关怀大众，愈周详则人缘愈好。有时你把鱼虾龟鳖放生，它们也会回首感谢你，何况是人群呢？

四、众中砥砺。离开群体的小鸟容易失落，离开大众的个人也容易被洪流淹没，所以在大众中，虽然彼此难免有所碰撞、有所摩擦，但是大众可以相互砥砺、相互激发。练武的人，要找到相当的对手，武艺才能进步；社会百业，要有竞争的对象，事业才能进步。不管你学文学武，总要有对手；不管你学习任何一种技艺，都要有竞争的对象。没有陪榜的举子，怎么能考取状元呢？一个县城都没有人民，如何当县长呢？所以，不要讨厌一些不合意的大众，再怎么不合己意，都是我们的增上缘。

五、众中完成。有砖块，才能起高楼；有沙砾，才能堆土丘；有涓滴，才能成河流；有大众，才能完成自己。我们每个人，一日三餐需要有人煮饭，上下班搭乘公交车，要有人驾驶。因为有士农工商供给我们各项生活所需，我们才能安然生活。所谓“一将功成万骨枯”，每一个人的完成，莫不是靠着众人的协助、供养，所以靠着大众，才能成就个人。

人的十个指头，有长有短，但是合其长短，就有力量。皮肉骨骸，合成臭皮囊，就是一个活泼的人身。众，就是因缘，众，就是真理，佛也要在众中才能成佛。众的重要，不言而喻。

自　觉

教育的类别很多，有家庭教育、学校教育、社会教育等。在许多教育当中，“自觉的教育”最为重要。佛陀之所以成为觉者，就是他能“自觉”，而后“觉他”，最后达到“觉行圆满”。

佛陀自觉了什么呢？必定是自觉自己的能量不够、慈悲不够、耐力不够、智慧不够、心地不明、助人的悲心太少、给人的助缘不足、对众生的苦难无力帮助。由于觉悟到自我的缺陷、自我的不足，所以发心解决现前的问题。有了自觉，就会自动自发、自我要求、自我解决。吾人能自觉、能发心，学习必定更容易进步。

人生要自觉什么呢？略述如下：

一、自觉自己的能力不够。自觉工作的能力、讲学的能力、助人的能力、明理的能力都不够，就如同菩萨常生起惭愧心，“耻有所不知，耻有所不净，耻有所不能”。因为能力不够，所以更要发菩提心，勇猛精进，以发挥人生最大的力量。

二、自觉对人有所不起。做人要经常感到对不起别人，对他人没能帮上忙、对人没能有所利益、对他人的问题未能协助解决等。因为感觉对人不起，所以要发心、回向，付诸行动，才能真正帮助别人。

三、自觉自己的悲心不够。人要经常自问：别人在贫穷困苦中，我能救助他吗？别人在艰难危险中，我能帮助他吗？别人在困惑迷惘中，我能助他心开意解吗？别人在执著无明时，我能让他客观明理吗？如果不能，表示自己的悲心不够，应该发愤图强，完成自我。

四、自觉自己的愿力不坚。人都懂得要思考：学问如何成就？做人如何成功？事业如何表现？能力如何健全？这些要做到却不容易。因为自己没有坚毅的愿力，没有“不达目的誓不休”的勇气，所以每当遇上困难，很容易就从前线败下阵来，颓丧不已。有了这番自觉，所以要更加发心立愿。

五、自觉待人不够真诚。对于朋友，我有真诚地与他相处吗？对于家人，我有真诚地协助他们吗？对于同事，我有真诚地给予助力吗？对于社会，我有真诚地贡献心力吗？即使对人不能有所帮助，也不能欺骗、应付，应当至诚表达。真诚是做人处事的根本，待人不诚，怎可怪人待我不好呢？

六、自觉耐烦不够。做人做事应该要耐烦，我们可以扪心自问：我耐烦吗？别人说话，我不耐烦听；别人做好事，我不耐烦知道；面对公共事务，我不耐烦合作。不耐烦，就会一事无成，所以要改善。

自觉的内容很多，你有自觉应该要助人吗？你有自觉每日行善多少吗？乃至自觉所学有用吗？自觉工作发心吗？自觉身心健全吗？倘若没有自觉，即使给你再好的东西，教你再多的道理都没有用。所以，人要不断自觉，自觉才会进步。

破

“破”，是一个很不好的字眼。碗打破了，衣服撕破了，甚至于破功、破产，破坏人我关系、破坏美好形象等。人都希望完整，不希望破碎，但是有人形容，人生是一个破碎的梦。其实，仔细研究起来，“破”不见得全然不好，破也有破的好处，例如：

一、破土开工。大楼、桥梁、马路，在兴建之前，都需要破土开工，希望求个吉利。因此，先有破土，然后才有更高、更好的建设。

二、破题明旨。写文章的人，下笔先要破题。一篇文章立的是什么题目，一开始就要切题发挥，就好像行车总有它的轨道。文章依题发挥，自然能完成自己作文的旨趣。

三、破冰之旅。海峡两岸，汪辜会谈，就是破冰之旅。所谓“冰冻三尺，非一日之寒”，凡事久不来往，一旦有心修好，尽管还有顾虑，但能不计危险，勇敢前往，都是值得赞叹的破冰之旅。

四、破财消灾。有的人钱财被倒闭、被小偷窃取、被金光党骗了，也不必伤心难过，你可以想这是“破财消灾”。你想到自己还能有钱被人偷、被人骗，还是值得庆幸。对方沦落为小偷、骗子，倒人钱财，这才是可怜的不幸者。

五、破相重整。有的人脸上被人打得鼻青脸肿，甚至破了皮、毁了容，就为“破相”而对人生绝望。其实，衣服破了可以修补，桌椅坏了可以修补，面相破坏了，也可以修整。现在不少年轻女士，本来是很端庄清秀的面孔，她为了要更漂亮而整容。假如你破了相，有机会重整面容，还是不幸中之大幸，不必为此挂碍。

六、破了纪录。现在世界上各种体育运动，都以打破纪录为荣，很多国家的金牌选手，更是努力为自己的国家争取成绩，一旦打破了世界纪录，身挂金牌，可以说风光一时。另外，有些青年在高中时期便发明各种科技产品，打破青年创业的纪录。一些写文章的人，一生写了千万言，也破了人生的纪录；旅行家走了多少国家，也可以打破纪录；探险队探险过多少地方，也可以打破纪录；医生一天看了多少病人，救了多少人命，也打破了纪录。甚至有些人瑞活了一百几十岁，他也破了纪录，所以人生在时空里，有待我们努力去发展。打破纪录，人人有份，即使不能打破世界纪录，能够打破城市、乡村、家族、国家的纪录，也算很了不起了。

七、破除黑暗。黑暗是可怕的，光明是可爱的。乡村的暗路上，装了一盏电灯，照亮了夜归人回家的路。当初我们的远祖燧人氏发明钻木取火，才使人类走出蛮荒，可见破除黑暗的可贵。

八、破除迷信。世间有很多的宗教，利用迷信愚弄信徒，以遂其私心贪欲，但也有的宗教，努力“去邪显正”，破除迷信。当初民智未开，人民逢到什么都拜，石头很大，就奉为“石头公”来拜，树木很久，就当成“大树公”膜拜。人类从迷信自然的信仰，进而迷信神鬼，迷信时辰地理。假如能破除迷信，从迷信里解脱出来，还给人类的尊严、智慧，破，又有什么不好呢?

退

人生的道路在“脚下”，也在“眼前”，假如脚步不能前进，那就是“退步”，就会“落伍”。

军队打仗，失败之后只有撤退；学生在校读书，遭到勒令退学，只得辍学在家；服务公家机关，因为贪污而被勒令退职，人生的记录难堪。“退”是很不好的后果，所以人人怕“退”。例如：

一、作家最怕退稿。一些以写稿为生的职业作家，稿件寄出之后，每天、每时无不记挂着，就怕被对方退稿。如果是业余作家，或是一些初学作者，一篇稿件寄出之后，更是牵肠挂肚，生怕稿件石沉大海。一般报刊，发表的园地有限，不退稿哪有那么多篇幅容纳过多的文章？所以作家要想不被退稿，就必须用心揣摩报刊的性质、立场、需要，只要能符合报刊的属性、满足读者的需求，就不会遭到退稿了。

二、商贾最怕退货。商人以生产、销售物品为业，他们最怕的就是退货。有的顾客购买某一种产品之后，听说别家的价钱更便宜，于是赶忙退货。有些人看到别家贩卖的物品，颜色、样式都比自己昨日所买的更好、更实用，也是急急忙忙把货物退回。商人因为怕退货，有的干脆在店里挂起牌子，告知顾客："货既售出，概不退换！"也有一些商号，为了以广告招徕，也会召示顾客："如假包换"、"如有瑕疵，一周之内可退换"，甚至多数物品都有一定的保质期。说到退货，现在人订了婚都还会退婚，定了亲也还可以退亲，其他还有什么不能退的呢？

三、政客最怕退位。一些政客，尤其身居高位的人，最怕退位。权力确实令人迷恋，所以一般人莫不希望永远高居权力的核心，不想退位。只是有的人年龄到了，不能不退位。有的机构裁员，也必须接受遣散离职。自古以来，我们看到一些告老还乡的高官，在退隐山林的时候，总显得无比落寞，有的人甚至硬是为自己找借口说"退而不休"！其实，人生应该进的时候，要勇往向前，应该退的时候，急流勇退，才是上策。

四、信仰最怕退心。一般人几乎都有宗教信仰，在宗教信仰里，总希望求得感应，如果时间久了都无感应，就会退心。或者在信仰过程中，没有得到鼓励，没有得到嘉许，没有受到很好的礼遇，甚至与教友不和，都会退心。其实信仰就是信自己，我们说信佛，自己不就是佛吗？如果想到自己是佛，已经自悟自证，已经能自觉觉他，怎么会退心呢？

五、修行最怕退道。有的人素食几年，忽然退道不素食了；有的人念佛、参禅无数个寒暑之后，也忽然动起疑念，退道不再念佛、参禅了。修行如"逆水行舟"，上进很难，退道则很容易，但是退道后的损失，又何能伦比呢？

难

俗语说："登天难，求人更难。"也有人说："成佛难，做人更难。"难，阻碍了一个人的成功。有的人想要一餐饭食果腹难，有的人想要一榻之地睡眠难，有的人想要一件御寒之衣难，有的人想要求得一个正当职业难。就算有心，但是"出师未捷身先死，长使英雄泪满襟"，总觉壮志难伸。一次又一次地希望事情圆满成功，但命运不济，煮熟的鸭子又飞了，满怀失望，感到人生很难。

世间之难者，如：学业难成、事业难找、功名难就、有志难伸、有才难求、有苦难言等。其他再如：

一、贫穷布施难。有的人有慈悲布施之心，无奈自己贫无立锥之地，即使有心助人也难。其实，布施不一定要用金钱，口说好话，脸露笑容，给人欢喜，给人帮助，都是布施。心存恭敬，真心祝福别人，同样也是布施。

二、富贵学佛难。富贵的人，有钱有闲，但是他的时间、金钱都是用来吃喝玩乐，没有想到要学佛修行做好事。一个人现世的富贵，其实也是往昔修得的功德，如果把银行里的存款用光了，将来怎么办呢？所以现在不少有钱人及时行施，虽然告诉他“慢慢来”，他说：将来万一我没有钱了，怎么布施？所以学佛行善要趁早，等钱财去了，荣华富贵没有了，要想行善修行也很困难。

三、受辱不怒难。一般人受到赞美就很欢喜，被人批评、侮辱就很生气。假如能做到赞美不必太高兴，侮辱、毁谤也不觉太难堪，好坏都是别人嘴上的两块皮，我们的欢喜、生气都任由别人挑动，实在划不来。因此，即使受了伤害、侮辱，最好不要生气，要有力量忍耐，先忍之于口，后忍之于面，再忍之于心，最后一切烟消云散，自己什么也不少，反而增加了忍的力量。忍的力量奇大无比，面对世间最大的力量，就是忍。

四、得宠谦虚难。做人的部下，因为能干，功劳很多，甚受长官赏识，所以得宠；做一个女人，因为美貌，懂得进退，当然很受男士的爱慕。一般人受到别人的宠信、爱护，往往得意忘形，不懂得谦虚、低调。一个人一旦因为得意而忘记了自己应有的礼貌、风度，对人讲话傲慢，态度骄横，则容易树敌，对自己的人生必然造成很多障碍，所以人在得意受宠时，难以谦虚，实为不智之举。

五、自满进步难。人的进步，要靠自己学习、努力，想到自己智慧不足，就要努力读书；想到自己技术不好，就要努力学习；外语说得不流畅，就要苦下功夫多说、多讲。如果对自己的所学自满，自以为很好、很会、很够用，就很难再有进步的空间了。反之，懂得“人外有人、天外有天”，知道比自己更高、更好的人很多，所以时时怀着惭愧心，觉得自己能力有所不足、学问有所不足，能够自觉不足，就会力求进步。

六、无明成功难。人生有一个根本的烦恼，就是“无明”。无明者，就是不明白道理也。一个人不懂世间人事相处之道，不知朋友需要互敬，处理事情没有理路、逻辑，对历史、时空、各种因缘的关系，都不去了解，甚至不讲这些道理，一切都用无明对待，则事业难成，所以唯有去除无明，才能成事，这是必然的道理。

人生千难万难，但是我们有佛法，所谓“有佛法就有办法”，则人生何难之有呢！

冤

我们经常劝人要忍耐，忍穷、忍难、忍苦、忍饿都还容易忍，忍冤、忍气就比较辛苦了。人受了冤枉、委屈不能申诉，不能还回清白，实在气恼。有的人经常不明不白被人怨怪、批评、辱骂，这也是非常痛苦的事。除非你器量很大、功力很高、不计较冤枉，如此即使有冤枉，对你也无可奈何，否则世间的冤案之多，冤枉的事情可以说人人有之。人生有些什么冤事呢?

一、冤情。自古以来，民间的冤情之多，我们从戏剧里可以看到，有的仆人代主鸣冤，有的妻子代夫申冤，有的儿女代父诉冤，甚至有的人代友喊冤。总之一句，都是为了冤情难申，所以含冤叫屈，这种案例，历史上多不胜数。

二、冤家。一般女子，如果嫁人不当、遇人不淑，大部分都叫男人为“冤家”。冤家者，特地来报冤的，不是为相爱而结合。所以，古代多少女子的歌声里，口口声声“冤家长、冤家短”，就是怨叹男人薄情，对女性没有尊重、不够爱护，让柔弱无依的女子受到冷落，遭到遗弃，甚至受到虐待，因此她不叫男人冤家，叫什么呢?

三、冤狱。牢狱虽然是惩罚罪犯的地方，但也是很多蒙冤的人受苦的地方。一般认为，关在牢狱里的人都犯了罪，是他罪有应得，但其实牢狱外面所有的人都没有犯罪吗？牢狱里的人难道没有被冤枉的吗？所谓“牢狱之灾”，犯罪的人受刑，固然是他应得的灾难，蒙冤的人在牢狱里，也是消灾。其实牢狱也不一定指牢房，古代有“画地为牢”，就是限制自由，所以“牢狱者”，就是为了限制你的自由，才坐牢狱。我们在牢狱之外东奔西跑的人，难道心里都自由吗？都没有住在心中的牢狱里吗？这是值得深思的问题。

四、冤死。法律是公平的，但法律所管辖下的受刑人，所受到的待遇不尽然都是公平的，有时受到冤枉、冤屈，甚至冤死的也很多。有的人觉得，与其受不白之冤，无处申诉，干脆以死明心，一死了之，让社会公评，让舆论公论。也有一些可怜人，因为没有充分的法律常识，不懂得如何申冤，只有想到以死来抗告。所以法院中负责审案的法官，人命关天，不能轻忽，尤其对于死刑犯，或者有冤情的案子，都要特别审慎。

五、冤业。有的人从小受到委屈，他就号啕大哭，受到冤枉，就赌气出走；长大以后，反过来加害别人、冤枉别人，却自以为聪明。其实法院里，不管胜诉或败诉的一方，最后都有另外一个冤业在主宰。冤业是怎么形成的？从这一世来看，好像是不公平的，但是前世、今生、多生以来，冤冤相报。冤业就好像银行里的负债，你欠了多少债，该生多少利息，都是丝毫不差的。

业，有别业、共业，有现报业、生报业、后报业。看起来业报是很复杂的，但又丝毫不差。很多受了冤情的苦主，我们只能想，那是往昔的业报现前，因此即使是冤枉的，也总得要受报！

柒·创意之美

精神上的开悟，其实远比煮饭孵蛋更困难，假如你掌握了其中的妙道，反而会把这种心灵的开悟当作是生活中的乐趣。更何况能够在精神上有所心的开悟，也意味着新生命的开始，而这种印证，若不是从生活中得来的，还能来自哪里呢？

创 意

人类由蛮荒未化的原始时代，进入到今日资讯、科技发达的高度工业时代，这是因为人类有“创意”的头脑。过去印刷术、指南针是中国人的创意发明，有益于世界的交流和文化的传播。由于这样的创意，让中国人在世界上能够扬眉吐气、昂首阔步，很有面子。

近代以来，中国人在物理科技上迭有成就，杨振宁、丁肇中、李远哲等，先后荣获诺贝尔奖。中国人的智慧、创意，得到世界的公认，所以提高了中华民族的地位。

所谓“创意”，到底什么才是创意呢?

一、过去没有的。二〇〇七年儿童节当天，台湾澎湖县西屿乡大池小学，在海边举办学童作文比赛，以沙滩为纸，筷子为笔，让学童在沙滩上写下儿童节的愿望，首创“全校学生海滩作文比赛”之先例，这是过去所没有的，不但深具创意，而且有教育意义。多年前，美国航天员阿姆斯特朗登陆月球，在此之前没有人上过太空，这是美国人最大的创意之举。美国人有多种科学发明，但是美国的一颗原子弹，也让世界人类至今仍感觉到美国鹰派的危险。瑞典诺贝尔先生以卖武器致富，死后还懂得设立诺贝尔奖造福人类，美国也应该向此看齐。

二、感觉新奇的。现在举世各国有名的旅游景点，各种览胜的设施愈来愈新颖，愈来愈齐全。例如，可以搭乘缆车到高山上欣赏原野风景，可以乘坐潜水艇到海里观赏海底世界，甚至过去可以乘坐直升机在美国大峡谷的上空盘旋，现在更有空中步道，让人徒步走在山顶上，亲自体验居高临下、登高望远的快感。现在各国的高速铁路发达，时速最高可达三百多公里，平均每分钟五公里以上，其速度之快，不亚于空中飞行，真是令人惊叹，新奇不已。

三、打破纪录的。奥林匹克运动会，就是训练人类要更快、更高、更远，要不断打破纪录。其实奥林匹克的精神，在社会各阶层都有。早年塑料业发达，物美价廉的塑料产品曾经普及一时，改变了时代的生活。现在电脑网络的发明，让世界无国界。手机的推出，人手一机，真是天涯若比邻，让人类不再感觉到彼此有什么距离。过去电视机、收音机、电饭锅等产品，创造了购物纪录。现在的电脑、手机等，也不断打破销售纪录。这个世界已经成为创意者的天堂，也是购物者的乐园。

四、对人有贡献的。现在的家电用品，使用安全又方便，电冰箱、洗衣机、空调、照明设备等不断创新，让人居家更舒适、更觉得人间的可爱。尤其发明电话，让人能和千里以外的亲友问候、谈话，增进彼此感情，并且因为电话的方便，解决了很多人际上的困扰，促进工商业的繁荣。这许多有创意的发明，对人间之贡献，不可谓不大。

“创意”是人类智慧的呈现，因为人类有创意，所以时代能不断进步、发展。创意不但是过去没有的、感觉新奇的、打破纪录的，尤其重要的是，要能有益于国家社会，能够对人类有所贡献，才能普遍被人认同，这样的创意才有意义。

创　造

俗语说，“时势造英雄，英雄造时势”，时代能创造英雄，英雄也能创造时代。因此，现在有一个最令人振奋的口号，那就是“创造”。我们要创造一些什么呢?

一、创造时代。现在是个自由的时代，我们要创造自由；现在是个民主的时代，我们要创造民主；现在是个和平的时代，我们要创造和平。总之，现在是一个新时代，需要靠新青年来创造一个新的未来。十九世纪末，爱迪生发明了电灯，他创造了时代的光明。二十世纪中，美国创造了一颗原子弹，投到日本广岛，熄灭了第二次世界大战的战火。近代科学家研究出生命的基因，发觉到生命也有密码。现在的电脑网络通信，改变了整个时代，缩短了时空、人我的距离，这些都是在创造时代。

二、创造事业。现在的青年，自己发愤图强，想要创业，国家有“青年创业基金”补助。一些企业家，在各自的领域里尽情发挥，有的炼钢，有的造船，有的制造塑料产品，有的从事农业改良，都是希望能对当代社会创造出不朽的事业。果然，经过大家的努力，现在很多新兴事业，确实都创造得有声有色。

三、创造机会。企业家们不但自己创造事业，也为国家社会、青年创造机会，让很多青年有就业的机会，或是海外学习的机会，也让世界尖端科技、医疗等，有引进台湾的机会。甚至报纸里的征婚、电视里的红娘，都让年轻男女有相识，进而成就好因好缘的机会。这是一个有无限机会的社会，只要自己勤劳，只要本身有专长，就有无限发展的机会。

四、创造纪录。现在各行各业，都在争着创新纪录，尤其体育界的人士，所谓“奥林匹克的精神”，本意就是要创造纪录。杨传广十项全能，虽然只得到世界亚军，凭着这样的纪录，就成为“亚洲铁人”；纪政小姐在田径场上所向无敌，也被誉为“飞跃的羚羊”。现在中国台湾正在寻求一些大学的合并，希望创造世界的纪录。台湾的长庚医院，于二〇〇四年完成二百例活体换肝移植手术，缔造了十一项肝脏医疗世界第一的新纪录，成为台湾人共同的骄傲。

五、创造奇迹。台湾创造奇迹的人太多了，例如李国鼎、孙运璿，他们创造台湾的经济奇迹，让小小二千三百万人口的台湾，在二十世纪八十年代前后，成为世界高科技产业重镇。台湾的农产品改良，不管接枝、水耕、有机农产品等，都迭创佳绩，成果辉煌。另外医疗上的换心、换肝、换肾等，都有奇迹出现，尤其宗教界创造的奇迹，那就更加不胜枚举了。

六、创造命运。世界上再多的创造，都会成为过去，现在人类最重要的，就是要创造自己的命运。我们的命运不是操纵在神明手中，也不是其他任何人所能主宰，命运掌握在自己手中，自己才是自己生命的主人。所以，我们要努力创造自己崭新的人生、创造自己美好的未来、创造属于自己与全人类的善缘好运。

策　划

现在举世之间，无论做什么事，都讲究“策划”。两国战争要策划，两国外交也要策划，两国经贸往来还是要策划。就是一个国家之内，内政需要策划，交通、税收、建筑、教育等，都要策划。甚至还分一年的策划、一月的策划、一日的策划，乃至一件事、一个活动，都要策划。策划已经成为现代人从事任何事的第一要件，“策划”的意义为何？试举如下：

一、以少胜多。策划当中，最讲究的就是谋略。例如两军对阵，胜败未分，讲究策略的一方，有的以多取胜，有的以智取胜，有的以理取胜，但也有以少胜多的例子。综观古今历史上的战争，以少胜多的例子，不胜枚举，有名的淝水之战、赤壁之战，都是“寡众悬殊”，但是少数的一方却能“以少胜多”，因而名垂千古。

二、以攻为守。两军严阵以待，进攻的一方未必胜利，防守的一边未必失败。不应该进攻的时候进攻，浪费军力，所以善于战略者，有时“以攻为守”。表面上佯装进攻，实际上他巩固守备，只是做个样子吓吓敌人，以求相安，这是统帅大军的能将常用的策略。

三、以舍为得。军事家以进攻取得胜利，从事慈善事业的人则是反其道而行，以舍为得是慈善家的人生观。阿富汗、伊拉克的战争，美国未必能取得胜利，因为“以战止战”，终不能止。假如美国以慈济阿富汗、伊拉克为主，就像观世音菩萨“救苦救难”，又像武训先生“行乞兴学”，提倡让穷苦人受教育，乃至像阿育王以“仁政治天下”，本着慈悲之心为民谋福，如此以爱必然能赢得爱，以舍必然能拥有更多。所以，“舍得，舍得”，能舍才能得，这也不失为人生战场上的最高谋略策划。

四、以一收万。我们看，一些乡村的老农、老圃，一棵桃树，一株李树，种子播下去，等到桃李长大，满树的果实累累，数百千粒，何止收成千万倍。所以佛陀曾举例说明，布施的功德如尼拘陀树，一棵高十几米，树叶茂盛达四五里路之远的尼拘陀树，每年所结的果实有数万斛之多，但是它是由当初一粒小小的尼拘陀树种子所结出。所以，布施可以以一收十，以一收万，以一可以收千千万万，正如中国人所说的“一本万利”，由此也可以得到证明。

讲到“策划”，历史上有名的“三十六计”，有的“远交近攻”，有的“欲擒故纵”，有的“围魏救赵”，有的“李代桃僵”，有的“抛砖引玉”，有的“趁火打劫”，有的“以逸待劳”，有的“明修栈道，暗度陈仓”，各种策略，无所不用其极。吾人要想策划自己的前途，甚至有心为国为民谋福，有意义而出自善心、慈心的策划、谋略，也未尝不可。

策　略

现代的社会团体，行事作业都讲究策略。军事要有策略，才能制胜；商场要有策略，才能赚钱。即使一个摆地摊的小贩，也要有策略，才能引起路人的注意。现在的学校招生，更是讲究策略，才能吸引学生报考。

人生行事，需要提出许多策略，但策略的推动，也要注意以下事宜：

一、策略要众议才有共识。策略当然是有智慧的人做出来的计划、方案，但是总要经过大家的会议讨论，达成共识，策略才能顺利推行。也许有的策略具有机密性，但也不能不公开一些策略的大政方针。策略的细节可以由少部分领导者掌握，但策略、方案的执行，不能不在大家的共识下进行。

二、策略要易懂才能执行。策略太专门，大家不懂，碍难实行；策略太过专精，大家不能了解，不容易达成共识。策略固然要细密周全，但也要简单易行。有一个牙膏工厂，在同业竞争下，不容易开发市场，于是公开征求促销的策略，获选者可得十万元奖金。有个员工说：“只要把牙膏出口做大一点就行了。”因为这一个小小意见，使牙膏用量增大，产品的销售量随之增加，所以策略，就是这么简单易行。

三、策略要创新才有效益。既曰策略，不能一直是老套，今天的社会，凡事不断在创新，策略也要创新。巴黎的时装，多少设计师日日苦思，研究创新，所以能风行全世界，受到世界所推崇，成为时尚的指标。

四、策略要迅速才有时效。因应时机发展，一旦定下策略，就要迅速去推行、落实，如果把策略锁在保险箱里、摆在书橱中，别人的产品早已公之于世，人家的方法早已运作实行，等你发现，为时晚矣。所以，策略要争取时效，有时效才能增加策略的价值。

五、策略要清楚才能落实。我们定一个政策方针，要清清楚楚、明明白白，不能模棱两可、含糊不清。所谓“差之毫厘，谬以千里”，既是策略，应该要有方法、要有内容、要有见解、要有独到之处，才能成为策略，才要大家合力推动。既要大家共同推行，所提的策略要能让大家清楚明白，才能落实。

六、策略要益世才有价值。所谓“策略”，要能济世益民，要能有利于人间大众、有益于社会人生，这样的策略，才能引起大家的共鸣。例如，你能提出推动世界和平的策略，能够真正发挥益世利民的价值，那么何愁各国不肯切实奉行?

现在举世之间，许多谈判策略不能为大家所接受，主要原因，就是因为没有让人有所受益，如此再好的策略也没有价值。所以，“策略”者，应该以营造人民的安乐为大前提。

发 觉

发觉，就是发现的意思。发现新大陆，何等重大的事情；发现海底油矿，可以使国家致富。

平日我们的生活里，只要细心、用心，也会有许多的新发现，也能发觉许多应该留心的事。例如，发觉到友人的眼神不对、发觉到同事的心情不好、发觉到上司的态度不一样、发觉到办公室的气氛异于往常等。

发觉，就是在还没有很多人知道情况之前，我已发现到事情的征兆，于是急谋应对之道。例如战争时，发觉敌机前来轰炸，早一些播放警报，可以减少伤亡，发觉的重要性，由此可见。

我们要发觉一些什么呢?

一、发觉有病要快治疗。在医院里，经常可见有些病人因为延误就医，致使疾病蔓延，无法可救。因此，当人体有病的时候，要提早发觉，尽速就医治疗，方可早日痊愈。身体疼痛不舒服，要经过医师诊断，不可以自己判断。现在的医疗检查仪器会说话，在仪器之前，可以找出真正的病因，所以及早发觉病情，至为重要。

二、发觉火星要快扑灭。星星之火可以燎原，因此发觉一个烟蒂，要赶快扑灭。发觉一点火星，要赶快处理，尤其电线走火，更不可以小视。蜡烛、油灯、蚊香、瓦斯、电器，都是小小一点，但也都可能酿成重大灾祸，所以发觉火星要赶快扑灭。

三、发觉漏洞要快补救。家里的自来水管破裂了，要赶快补救，以免浪费水资源；堤防、边坡有了漏水现象，尤其要赶快处理，否则“滴水虽微，足以穿石”。一旦漏洞愈来愈大，最后可能造成山崩地陷的重大灾情，所以发觉漏洞，不能不赶快补救。

四、发觉问题要快解决。有的人性格因循，对于重大问题不觉得要紧，不肯立刻处理，往往造成严重损失。例如，坏人在自家门口徘徊数日，主人已经发觉形迹可疑之人，却不快速处理，后果难以逆料。有的人对于周遭发生的问题不甚关心，认为事不关己，但是“城门失火”，可能“殃及池鱼”。自古以来，许多国破家亡的事例，都是因为发觉问题，却不迅速处理，以致遭受严重损伤，不能不引以为鉴。

五、发觉困难要快设法。公司财务出现困难，要赶快设法，不能只想用借钱来解决，“以债养债”不是办法，就如借酒浇愁，只有愁上加愁。处事遇到困难，要赶快找出困难的原因，及时加以解决。困难的问题不能拖延，人情上有了误会，心情上遇到了困难，也要设法解决，否则误会加深，就会更加难以解决了。

六、发觉疑人要快了解。在公司团体里，一旦发觉聘用的职员当中，有了可疑之人，要赶快了解，否则任用不当的敌营人士，把贼人养在家中，后患无穷。在古代就有“窝藏罪犯，与罪犯同罪”的明文规定，如果藏匿不报，一旦被发现，难免不受牵连。所以，发觉处事困难，还算事小，发觉到疑人不及时处理，则“养痈长疽，自生祸殃”，岂能不慎？

品 味

现代人很讲究生活的“品味”，谈情说爱有谈情说爱的品味，用钱有用钱的品味，穿衣有穿衣的品味，甚至交际应酬都要讲究交际应酬的品味。

品味不是靠外在的金钱、环境去营造，品味要从自己身边的生活细节做起。例如对人有礼貌，对事能负责，各种行事都很细腻，乃至淡泊、识趣、节省、爱人，这都是品味。另外，从家庭生活中也能营造出个人的品味，例如：

一、煮菜要有妈妈的味道。吃，是人生少不了的大事，尤其一个家庭里，主妇勤于下厨，每天三餐都能供应热腾腾的饭菜，让一家人团聚在一起用餐，这个家庭必然幸福洋溢。所以，很多人的一生，始终怀念在家里吃着妈妈亲手烹煮的菜肴，体会着妈妈做饭菜的爱心与辛苦，“妈妈的味道”因此成为人生中最值得回忆的事情。

二、讲话要有爸爸的味道。社会上，一个能干的人可以到处讲演，一个普通的人，也会参与各种会议，随时都有发言讲话的机会。即使经商、从事买卖的人，在接洽、推销时也都需要借助讲话的技巧。讲话除了真诚以外，能有“爸爸的味道”，也就是述说简洁、思路清楚、态度从容、性格豪爽，如此就更具有说服力了。

三、故事要有奶奶的味道。我们平时总喜欢说个故事给人听，或者把今天在电视、报纸上看到的新闻，乃至自己阅读书籍的心得，说出来分享给别人。不管说故事、讲笑话、谈心得，不要忘记加入“奶奶的味道”，因为老奶奶讲故事时的慈祥笑容、亲切语气，尤其老奶奶多少的人生阅历，尽在其中矣，所以听老奶奶讲故事，也成为多数人美好的童年回忆。

四、用钱要有哥哥的味道。台湾有一首歌——《哥哥爸爸真伟大》。哥哥为什么伟大？因为哥哥会用钱。身为大哥的人，要顾念家里的弟妹，甚至身边的朋友，不能自私得只顾自己，因此用钱能有大哥的味道，表示大方、对人重情义、懂得关怀别人，这样的人才有资格当大哥。

五、装饰要有姊姊的味道。一个家庭的里外庭院要装饰，一个人的衣着行为也需要装饰。装饰不是虚伪、做作，也不一定要讲究华丽、奢侈，重要的是简单、大方，尤其能有姐姐的味道，行仪端庄娴淑、风采大方出众，这就是最好的装饰。

六、生活要有全家的味道。生活里，可以看出一个人的品德与做人。心中有父母的人，必定能尊敬一切长者；能敬爱兄姊的人，必能照顾朋友；懂得关怀弟妹的人，定能照顾一切弱小，如此，他的生活就能活出全家的味道。从家庭推广开来，则做人的美德、伦理的观念、处事的分寸拿捏，必能从家庭散发到社会的机关团体之中。由于他的品德能从家庭扩及到社会，日后在社会团体里立身处事，何难之有？

认　识

“认识”是一门很大的学问，人要认识自己都已经很难了，何况要认识世间。人穷其一生之所学、所知，想要对整个宇宙人生通达百分之一二，乃至对自己能真切、真实地了然，实在不是容易的事。

世界之大，日月星辰、山川湖海，全部都观看一下就已经不容易了，何况要能完全认识呢？山海的宝藏、天文的玄妙，再加上大自然的万物万有，真不容易知道。就是人文社会里的政治、经济、科学、宗教，我们也是茫茫然，不容易参透。尤其我们对真理的意蕴，人类几千年来还在研究，心理上的奥妙，就更加一无所知了。

如是世间上的，不管是物理的、生理的、心理的，或者还稍有可知，但能超然物理、生理、心理的前生后世，因缘果报，缘起缘灭，就不容易认识了。所以谈到“认识”，我们要认识一些什么呢？兹举其要如下：

一、我们要认识宇宙间历史的发展。现在的人类历史学家，已经研究到三千年前，乃至四千年前的历史文化，但是世界上自从有生命以来，几十万年甚至几亿万年的事又怎么能了知呢？所以对生命的“生从何来，死往何去”常常茫然。我们希望世界上的历史学家、宗教学家、考古学家，大家能蠲除成见，团结合作，把关于人间生命的源头，让大家认识，这是非常要紧的事。

二、我们要认识宇宙未来的趋势。人之愚痴可怜，对过去固然无所明白，对未来的世界也是一无所知。现在已经有一些学者，注意到未来学的探讨，像台湾佛光大学就有“未来学”的研究所。对于未来的太空、未来的世界、未来的人类、未来的生命，大家何去何从？就例如讲到人类的发展，从神权到君权时代，从君权到民权时代，从民权到生权时代，现在虽然已注意到生权的意义，但生权的时代发展以后，未来的时代又是怎么样呢？从现代电脑E化，再往后一百年、二百年、一千年、一万年以后，又会是一个什么样的世界呢？大家可曾思索过？

三、我们要认识宇宙当代的问题。我们知道，现在这个时代以前，有很长很长的历史演变。我们也知道，在现在这个时代以后，还会有很多未来的年代。但是我们对当代的问题，不管社会的、经济的、政治的、种族的，更需要悟者给我们指导。

四、我们要认识自己的生死责任。人要认识别人的眼睛、鼻子、嘴巴，比较容易，反之，要认识自己比较难。不但自己的外相不容易认识，尤其我们内心的世界，乃至对自己生命缘起缘灭的认识，所谓“生死未明”，怎不糊涂呢？

认识，这个问题实在太大了，我们如能认识世界的重点、认识时空的关系、认识自我生死的责任，这就算是人类的大彻大悟了。

想象力

人类是富有想象力的动物，想象自己有一艘船，可以漂洋过海，人类就真的能征服海洋。人类想象能飞上天空，可以从这个世界飞到那个世界，现在人类不是真的征服太空了吗？过去人类希望相隔几千里外的亲人，能够相互通信，现在有了电话、E-mail，这个愿望不是也已实现了吗？人类希望能建高楼，三十、五十、一百层，现在的百层大楼，举世随处可见，也不再是不可能的任务。现在只把人类想象力中，未来可能预料得见、可能实现的事情，列举如下：

一、汽车会飞。现在举世各国，尽管道路再多，高速公路再平、再快，但是塞车之苦，仍让人吃不消。未来，如果有人发明一种经过特殊马达装置的汽车，只要遇到塞车时，就能启动特殊装置，让汽车腾空而飞二公里、三公里，超越塞车路段，火速到达目的地，这将是人类的一大福音。

二、清水变汽油。世间的汽油再多，总有用完的一天，如果有一天汽油全部用完，届时世界将不知道会变成什么样子。不过人类的聪明，自有应付的办法，所以现在科学家研究，一旦世界上出现能源危机，汽油耗尽、电力也不济时，能利用科技，让海水变成汽油，那么世界的动员力量之大，对人民的生活之改善，对人类的造福之多，与过去将不可同日而语。

三、泥土当饭吃。在古代，遇到饥荒时，人民曾有吃观音土来维持生命的事例。但观音土不是有机食物，吃久了营养不良，人会变得面黄肌瘦。未来如果科学家能把大地之土变成可以当饭吃的食粮，则战争必会减少。因为自古以来，人类的战争大多为了争粮食，如果泥土能当饭吃，哪里还会为了吃的问题而战争呢？

四、树木花草发亮。现在的照明，都要石油、电力，假如今后科学家能发明，让树木花草发亮，成为照明工具，则世界上就没有能源危机的恐慌了。

五、人死能再复活。现在人类最大的悲哀，就是死亡！死后到哪里去？不知道！如果人死后能再复活，即使不能复活，但能知道到哪里去出生，也会减少想知而无知之苦。

六、芯片语言。世界各国的人士，因为语言不同，造成许多隔阂。现在语言学家一直努力，教导人类如何学习中文、英文、日文等，但学习语言对某些人而言，是一件十分艰苦的事。未来如果能发明一种语言芯片，将输入各国语言的芯片植入人类的大脑里，就能随心所欲地听、讲各种语言，省去别人翻译的麻烦，这将是未来促进人类团结、和谐的美好之事。

七、人造肉食。世间最残忍的事，就是杀生！可是人类为了口腹之欲，不顾念其他生命的痛苦，恣意杀生，这是最不道德的行为。今后不管居于慈悲心，或是站在环保的立场，为维护生态平衡，如果有人能研究发明，把木头制造成肉食，就能减少生命的滥杀，这将是人类最伟大的发明。

精神力

世间任何事物，都有它的力道，像大自然就有自然力，举凡台风、地震、山洪、海啸等，都能爆发出无比的摧毁力，对人间造成莫大的威胁。当然，大自然的力量也有好的一面，具有建设性，例如太阳的温暖、和风的吹拂、树木供人乘凉、花草给人欣赏、空气让人生存等。大自然的自然力，好与不好，都和人类息息相关。

人也和大自然一样，也有所谓“人定胜天”的力量。人有头脑，具有无限的智慧力；人有视力，能够“眼观四方”；人有耳力，可以“耳听八方”。人的口才语言，可以说服群众；人的充沛活力，可以有种种作为。尤其人有精神力，可以主持正义，可以克服困难，可以抵御一些外来的压力。

人的力量是无限的，在无限的力量当中，最值得歌颂的是精神力。人要以何为精神力呢?

一、以正气为精神力。古来的圣贤，都倡导道德、人格，因为道德、人格可以发挥正气的力量。所谓“正气”，虽大敌当前，面对百万雄兵，他也毫不畏惧，视死如归。文天祥面临生死抉择的时候，正气凛然地只求一死，以报效国家，所谓“英烈千秋”，令人钦敬。自古以来，读书人都要养气，养什么气呢？也就是养正气也。

二、以刚毅为精神力。守正不阿、刚毅果断，具有这种性格的人，才能担当大任，成就大事。宋朝的包青天，就是一个刚正不阿的人，为了公正执法，在皇亲国戚面前他毫不畏惧。这种人以真理为依归，凡事公正、公平，为人间伸张正气，所以为人所歌颂。汉朝的窦婴，为了维护大汉江山，拼着生命也要维护皇朝的正统，所以能够留名青史。

三、以牺牲为精神力。中国的儒家，“孔曰成仁，孟曰取义”，所以自古以来多少仁人志士，杀身成仁，舍生取义，前仆后继，牺牲自我，成全大局。抗战初期，抗日英雄张自忠，由于敌强我寡，军力悬殊，最后自戕报国。在那一刻，连日本敌军也集体立正，对他行礼表示敬意。可见为国家民族牺牲，为道德人格坚守气节，这种贤臣义士，不管敌我哪方，都该尊敬。

四、以服务为精神力。“人生以服务为目的”，世界的未来，必定是一个服务的世界，唯有服务，才能实现世界和平。过去国际之间，相互攻城略地，以征服为力，今后的世界，不管哪个国家政府，哪个社会团体，甚至哪个个人，谁服务，谁就能胜利。现在的民主政治，竞选公职，不是也都倡导为民服务吗？我们看现在世界上，国与国之间有飞航服务，有开山搭桥的往来。甚至美伊战争时，韩国人、日本人明知到伊拉克去，会有被扣押成为人质的危险，仍冒险犯难地前往服务。现在世界上，只要哪里有了风灾、水灾、震灾、雪灾，即刻举世争相前往救济、服务，就凭这一点服务的精神力，未来就有可能达到世界和平的一天。

美

什么是世间最美的东西？有人说：“日出最美！”也有人说：“夕阳最美！”另外，天上的云霞、地上的花朵、一望无际的草原、高低起伏的山峦，甚至海市蜃楼、沙漠幻影，都有人觉得很美。

在我们的生活周遭，什么才是美呢？

一、自然就是美。一个女性不经过化妆，不需要浓妆艳抹，她会显现出自然的美丽。一处风景名胜，本来有大自然原野赋予的美，但经过人工雕琢，开凿建设，反而呈现一股匠气，失去自然之美。每一个人都有整齐的五官，都有灵活的手脚，假如再有自然的气质、姿态，就更能表现出自然之美了。

二、数大就是美。有时候，一个东西，单独一个，没有比较，呈现出一种稀少的宝贵感，故有“少就是美，小就是美”的价值。但是一般来讲，数目多了就是美。一片森林，无穷无尽，茂密蓊郁，不但美而且幽深难测。一片草原，广大无边，让人感到绿意盎然之美，乃至海洋的辽阔、高山的崇伟，都呈现广大高耸之美。石头之奇，固然稀有难得，但是云南的石林，其数之多，不但奇而且更增其美。甚至桂林的山很秀，因为数目多，更能显出桂林山水之美。中国宫殿建筑要有“群”，因为数多，就能呈现出美感。路树因为直，而且为数多，也会衬托出道路之美。一个手指不美，十个手指伸出来就有美感；一根头发不美，一头乌丝就会很美。数目多所产生的美感，不要破坏它，因为减少了多数，就减少了美感。

三、健康就是美。西施捧心颦眉，虽然有人欣赏，也有人说那是一种病态之美。通论美，应该健康才是美。婴儿活泼健康，不但美而且可爱。乡村的农夫，晒得黝黑的皮肤，那种朴实的健康美，让人心仪。人体之美，健康、自然、大方、仪态出众、气质优雅，都能表现出人体之美。遗憾的是，现代人的审美观感，只注重面孔，不讲究风姿。所幸现在世界选美，一个世界小姐的产生，都重视其身体的健美、风姿的绰约、语言的流畅、反应的机智、心理的均衡等。这已经告诉世人，美是一个总体感的成就，不是残缺的美。

四、投缘就是美。什么是美？有时候也很难有定论。所谓“情人眼里出西施”，投缘就是美。现在的妇女，都一窝蜂地讲究减肥，认为修长、体弱才能表现美。就如古代的妇女，要裹小脚才算美，然而现在中国少数民族的西双版纳，他们的妇女以胖为美，所以美感真是难有定论，端看个人的缘分。

五、善良就是美。有的人注意外在美，有的人重视内在美。所谓“内在美”，女性要温柔善良，男性要有英雄气概。真正的英雄，不但健康，而且要仁慈。真正的美女，一般讲究美容，其实不如美心、美性。心地厚道，本性善良，那才是真正的美。

六、智慧就是美。在很多的美当中，要算智慧最美了。一幅画，画风独特，意境幽远，那就是美；一件雕刻，表现出深刻的功力，那就是美。一盆花、一处庭园、一栋建筑、一座桥梁，之所以让人觉得美，因为个中都有作者的智慧。这是个美丽可爱的世界，自然很美，假如再用智慧来点缀，那就美上加美了。

美的事物人人喜爱，每个人也都有他最美、最独特的一面，就看自己如何去表现！

美感（一）

人的天性都喜欢艺术，因为在艺术的世界里，让人有一种美感的享受。

文学家为了培养诗词的美感，沉思酝酿；哲学家为了一句至理名言，废寝忘食；音乐家创造一首歌曲，就是一生的成就。其他如雕刻、绘画等，都是以美感为人间增添灿烂光华。除此以外，人生还有些什么美感呢？

一、天真童颜有美感。稚龄的儿童，天真烂漫，不但能赢得父母的欢喜，就是一些不熟识的老公公、老婆婆，也常常被儿童的童言童语逗得开怀大笑。儿童赤子纯真，是家人欢笑的源泉，同时也能博得非亲非故的外人欣赏，这是因为天真的童颜有美感也。

二、年轻女性有美感。在男女两性当中，因为受到“男尊女卑”的观念影响，过去女人容易遭受歧视，但是女人天生有比较柔弱纤细的特质，也容易受到较多的呵护。尤其一些年轻女性，飘逸的长发、轻盈的动作、明亮的眼神，在在散发出女人特有的娇柔美感，总能令人油然生爱。

三、青山绿水有美感。大自然里，一望无际的草原，或是苍翠蓊郁的森林，以及流水潺潺的青泉小溪，大自然的青山绿水，总是令人陶醉。甚至荒无人烟的沙漠，乃至白雪皑皑的山巅，都有自然的美感，因此自古人类都喜欢亲近大自然。

四、百花怒放有美感。春天到了，百花怒放，不管是空谷里的幽兰，还是高山上的樱花，甚至庭院里的牡丹，或是花瓶里的玫瑰，都能为天地增添美感。即使再怎么简陋的地方，只要百花盛开，所谓花红柳绿、姹紫嫣红，都是美不胜收。所以大自然的万事万物当中，最美的要算是花朵了。

五、满天星斗有美感。夜幕低垂，当大地一片静寂的时候，天上繁星点点，满天的星斗，犹如一粒粒的珍珠镶在天空里，闪闪发亮。此时夜凉如水，一个人静静地眺望苍穹，感觉世界真是无比奇幻美妙。很多人的童年，就是在满天星斗的陪伴下度过，留下了无比美好的回忆。

六、雨后彩虹有美感。夏天的一阵雷雨过后，天空出现一道彩虹，红橙黄绿蓝靛紫，七彩的光带，像拱桥般高挂在天边，仿佛沟通了人间和仙界，给人无限的遐想。彩虹的颜色柔和而美丽，但它不实在，很快就会随着日光与水汽的变化而消失无踪，让人不由得感受到大自然的变化无常。

七、海边夕照有美感。有的人喜欢到高山上看日出，但也有人喜欢到海边看落日。夕阳西下，景色无限，有时候夕阳像一位青春洋溢的少女，全身散发着热烈的光芒，迅速地沉入地平线。有时候，夕阳变身为冶艳的少妇，满身通红，在海面上流连不舍地做最后的回顾。从夕阳的落日余晖里，让人沉思生命的归属，让人体会生命的美丽。

上述的美感，只是世间美好景物的万分之一而已，更多的美感，有待自己留心观察、体会。

美感（二）

上文说到“美感”，美有人工美、有自然美，两者之美，各有不同。只要是美的事物，都会让人喜爱，例如一幅绘画、一件雕刻，让人看得心神向往。一首悠扬的音乐、一篇隽永的诗文，都让人回味再三，让人陶醉在优美的旋律和意境之中。

以下再就“美感”，列举六点：

一、登山望远有美感。喜欢登山的人都有这样的体验，攀上峰顶，极目望去，万里晴空，起伏的山峦，蜿蜒的溪流，袅袅的炊烟，四周的美景尽入眼帘。尤其登高望远，仿佛世界都在自己的脚下，那种“登泰山而小天下”的遗世独立之感，真是令人流连忘返。

二、锦绣河川有美感。每一个国家，都有它特殊的大自然美景，中国的“锦绣河山”更是举世之冠，滔滔的黄河之水天上来；长江运河的水域像少女的裙带，翩然起舞；太湖、洞庭湖的水面，银波荡漾；九寨沟、黄龙的流水，清澈见底……三山五岳、四大名山，甚至喜马拉雅山的珠穆朗玛峰，更让多少登山队前仆后继，不惜牺牲生命，也要冒险攻顶。山水的迷人，不是一些足不出户的人所能理解，所谓“仁者乐山，智者乐水”，良有以也。

三、万鸟归巢有美感。你看过天上的野雁排成人字形，集体飞过的场面吗？你看过万鸟归巢，成群凌空而过的景象吗？鸟兽和人类一样，都是群居的动物，它们有时候因为气候的关系而迁徙，有时候为了孵育下一代而搬家。它们很少离开团队，大部分的时间都是在团体里同进同出。当万鸟归巢的那一刻，整个天空一下子被遮蔽，天地为之变色。看到万鸟归巢，让人感到生命的宝贵，所以中国自古就有“劝君莫打三春鸟，子在巢中望母归”的训诫。如果人鸟群兽，甚至万物都能同体共生，那是多么美好的世界！

四、群蝶飞舞有美感。我们看到雨后天晴，蜻蜓结伴在空中飞翔；我们看到春暖花开，满山遍谷的蝴蝶在飞舞，姿态多么轻盈曼妙。台湾过去有“蝴蝶王国”之称，除了高雄的黄蝶翠谷、彩蝶翠谷之外，中部的埔里小镇更盛产蝴蝶。遗憾的是，当地居民把蝴蝶做成标本，出售海外，名为争取外汇，希望获得台湾当局的奖励。台湾过去靠着少棒扬名海外，以及女子足球队、篮球队为台湾争光，尤其“飞跃的羚羊”纪政，更是台湾人的荣耀。有人批评台湾只靠女人与小孩来争取光彩，甚至就连小小蝴蝶也不放过，还要靠它们来赚钱，真是无比讽刺。

五、纵马草原有美感。中国向来有“南船北马”的说法，南方交通工具大都靠行船，北方民族因为他们的世界就是草原，所以年轻的少男少女，往往十几岁就能骑马驰骋草原。一望无际的辽阔草原，就是北方儿女的生活天地，他们纵马的雄姿，也为草原大地平添美感。

六、海市蜃楼有美感。航行在大海上，或是行走在沙漠里的旅人，经常会看见“海市蜃楼”的奇异景象。这是光线经过不同密度的空气层，把远处的景物折射或反射在空中或地面上所形成。乍见之下，如天堂，似仙境，又像世外桃源，美而雄伟。可惜因为虚幻不实，所以尽管景致再美，终究无法维持长久。不过，尽管美景不再，美感却能常存心中，永不磨灭。

通

佛教有“六神通”之说，所谓“神通”，就表示无所不知、无所不能的意思。眼睛看得远，叫“天眼通”；耳朵听得远，叫“天耳通”，可见世事都要“通”。人情要交通，心情要畅通，通了就会舒畅。以下兹述“通”的重要。

一、水管水沟通了，环境才会清洁。现代人重视居家品质，不但门窗要采光充足、空气流通，尤其厨房的水管要畅通，甚至水沟也要畅通。水管畅通，饮水无缺，洗涤烧煮，顺手取用，水沟畅通，污水能顺利排出，可保环境的清爽干净，这是“通”带给居家的第一好处。

二、肠胃血管通了，身体才会健康。人体上，血管、筋脉如果畅通，五脏六腑都能得到充分的血液供应，如此新陈代谢好、营养充足，身体自然可保健康。人的身体也像一个世界，有骨肉的山岳，有血管的河流，人体百脉畅通，自然健康，如果血管稍有阻塞，则将百病丛生。现代人的十大重病，心肌梗塞是其中之一，所以心脏血管阻塞一定要治疗，要使其畅通，才能健康。

三、道路桥梁通了，两地才能来往。两地之间，要靠道路桥梁来互通，交通不便，人民深受其苦。过去山东、山西为太行山阻隔，连愚公都想移山，期使山路通畅。现在全世界开山凿洞，如台湾的雪山隧道通车后，顿使北宜人民方便不少。桥梁通了，也是民间大事，尽管黄河、长江隔出两岸，但一座桥能使比邻而居的两岸互相往来。世界各地的发展，只要交通方便，有桥梁、道路可通，地价都会快速飞涨，所以地的价值，也要看是否有路可通、有桥可过，才是重要。

四、交流管道通了，意见才能沟通。人和人之间的来往、交流，一定要有沟通的管道，包括书信的往返、电话的交流，或者两边信使的传达，都是管道。不过沟通时，书信的文字、电话的礼貌，甚至传信使者的语言，都会影响沟通的效果。沟通之难，难在建立善意。不管什么交流管道，都要让双方欢喜接受，才是沟通的上策。

五、文理脉络通了，下笔才能成文。自古以来，文化的传承大都要靠文字，文字成篇必须要靠组合，要使文字通顺、说理明白、思想一贯、组织严谨，才是一篇好文章。司马迁的《史记》、司马光的《资治通鉴》，因为说理畅达，才能流传千古。唐诗、宋词、元曲，乃至明清小说，都因文词优美、文理通达，所以可作为后代子孙的教材。现代的大众传播媒体，报道的内容不但文理通顺，还要有内容可取，一字一句成篇之后的文章，才能获得社会大众的接受、传诵，甚至流传于后世。

六、思想理路通了，做人才会明理。世间上，空气流通、航运畅通、道路通达，都很重要。其实最重要的，是每个人的思想理路要通，思想理路通了，才会明理。做人明理，不是容易的事，世间上万千众生，明理的究竟有多少人呢？佛教说“众生无明”，“无明”就是不明理。一个人一旦“无明”，到了不明理的时候，纷争、是非就会因此产生。人间生活里，一个马桶不通，都会为人生带来很大的困扰，何况理路不通，怎么能立身处世呢？由此可见，做人明理之重要了。

六 通

一般人对“神通”都很好奇，也希望自己能够拥有神通。其实神通并不足为奇，因为世间事，你吃饭就能当饱，这不神奇吗？你喝水就能解渴，这不稀奇吗？有人下水就沉溺，你下水能游过长江，这不神奇吗？有人骑脚踏车，两手紧握手把，还是跌倒，有人骑着脚踏车，双手高举，仍然车行自如，可见神通者，只是“熟能生巧”而已。

没有神通的人，千方百计想要有神通，拥有神通的人，就知道有神通的痛苦。本来你不知道自己死期不远，因此活得自由自在，当你有了神通，知道自己的寿命只剩下三年、五年，你能活得自在吗？所以果真拥有了神通，不一定是好事。关于神通，佛教有“六神通”，试举一说：

一、天眼通。我们的肉眼，隔着一道墙就看不到墙外的事物，或是相距遥远，此处也看不到彼方。有了天眼，自然没有里外、远近、大小的障碍。但是现在的电视机，不是让我们拥有天眼通了吗？只要打开电视，就可以看到世界各地的情况，你还不满足，还要追求天眼通？假如真的有了天眼通，看到情人在受苦、朋友在受难，你能安心生活吗？所以有了天眼通，这是第一不当。

二、天耳通。世界千百个电台每天在不断播报各种消息，让你人在家中坐，能知天下事，这不就是天耳通吗？其实，我们的耳朵每天听讲话、听唱歌、听传道、听新闻，无一不能令人满足，你还要另外追求天耳通？如果你有天耳通，不断听到隔墙有人在骂你，远方有人在批评你，你能安心生活吗？你能不起嗔心吗？这是第二有天耳通之不当。

三、神足通。现代人不管到任何地方，都有汽车、火车代步，即使出国也有飞机可以搭乘。但是你要求得神足通，希望像孙悟空一样，翻个筋斗十万八千里。然而万一你不小心，一步踏进海洋里，水深灭顶，或是一脚踏进别的国家，语言不通，甚至一脚踩进别人的家园，告你擅闯私宅。你本来生活得自由自在，因为神足通而带来生活的苦难，这是第三有神足通之不当。

四、他心通。“人心隔肚皮”，你不知道我心里想什么，我也不知道你心里怎么想，本来大家相安无事，但是有了他心通，你心中对我不满，我知道；你心里看不起我，我明白。因为知道别人看不起你、对你不满，你会舒服吗？不听、不想、不知，自有其中的妙趣，你要自找麻烦，希望拥有他心通，结果生活变得不快乐，这是第四拥有他心通之不当。

五、宿命通。有了宿命通，能够知道过去、现在、未来，或许不是坏事，例如知道自己未来可能上刀山、下油锅，因此心生警惕，懂得要修心养性，多行善事，未尝不好。但是没有宿命通的人，只要“诸恶莫作，众善奉行”，本分修行，该去天堂，会到天堂，该来人间，会到人间，只要耕耘，何怕没有收获呢？一旦你有了宿命通，知道自己的过去是猪马牛羊，恐怕心里也不会好过，这是第五有宿命通之不当。

六、漏尽通。漏，就是烦恼，你能断尽烦恼，当然是好事。只不过这是持戒严谨、禅定甚深的大阿罗汉和大菩萨才有的境界。如果你不循正道，只是妄求神通，反而带来烦恼，不仅不当，更属不智也。

现代神通

佛教讲神通，其实人能知道过去未来，就是“宿命通”，能了解别人心里的想法，就是“他心通”，能听到所有的声音，就是“天耳通”，能看得长远，就是“天眼通”，所以神通不一定是学佛才有，用心的话，世间哪里没有神通?

口渴了，喝茶就能解渴，这不是很神奇吗? 肚子饿了，吃饭肚子就会饱，这不是很奇妙吗? 善泳者能浮在水面而不会下沉，不稀奇吗? 会骑单车的人，不必用手也不会倒；不会骑车的人，即使用双手去扶还是会倒，这不也很神奇吗? 可见神通是一种熟能生巧的功夫，是可以通过学习而练就的。

特技表演者，如空中飞人可以在钢丝上飞行自在，真是“神乎其技”；冰上的舞者，穿上一双溜冰鞋就可以自由回旋，可谓“出神入化”，所以“神而奇之”、“广而通之”，就是神通。

佛教的六种神通，其实不一定要到经典里去求，也不是修炼而得，佛教讲“平常心”，神通是很自然的事。在日常的生活里，到处都是神通，兹举其例:

一、天眼通。现代人为什么要戴眼镜，因为可以看得清楚，戴眼镜不就像是有了神通吗? 现代发明的望远镜可以看得很远，望远镜不就帮我们具备神通了吗? 甚至用照相机、录像机，不但可以看，还可以把影像留下来，这不都是天眼通吗?

二、天耳通。现代科技发达，透过电话可以千里传音频，现代人只要在家里打开电视、电台，透过卫星转播，再远的事情都可以听到、看到。甚至已经过去的声音、画面，如邓丽君的《何日君再来》、梅兰芳的《游园惊梦》，都不会因为伊人已逝而消失。甚至释迦牟尼佛的音声，通过经典记载，现代人因此能知道经义，这不都是天耳通吗?

三、他心通。人都有一种同理心，能够“将心比心”，所以我们都有相似的“他心通”。看到你面露忧愁的表情，知道你心里一定有烦恼；眼看着你一脸疲倦的样子，知道你昨晚一定没有睡好。父母关心儿女，也能揣摩很多事情，例如你要读书、休息、喝茶，他好像都知道，这不就是他心通吗?

四、神足通。现代人骑摩托车、脚踏车，乃至坐火车、汽车，都能帮助我们快速到达目的地，甚至穿溜冰鞋、自排轮，都能增加行进的速度。尤其现代人出国，坐飞机朝发夕至，这不就是神足通吗?

五、宿命通。生活中，知道明天要做什么，事先做好计划，甚至明年、后年，我都知道有一些什么与我有关的事要发生。乃至明白因果，知道缘起法，了解一切事都是行为的结果，例如有贪嗔痴的毛病，就会有杀盗淫妄等不好的行为发生，所以，“欲知前世因，今生受者是；欲知未来果，今生做者是。”这就是宿命通。

六、漏尽通。生活中，少烦少恼，放得下、看得破，能够心无挂碍、意不颠倒，一切“不管他”、“随他去”，这就是漏尽通。

因此，人不必到处追求神通，现代人都有六种神通，神通很平常。在日常生活里处处都可以体验，就看自己有没有用心、有没有智慧罢了。

南　北

东西南北，是代表不同方向的空间，在“南北”的空间之中，有一些有趣的说法，略述如下：

一、南征北讨。过去的帝王，常常用武示威，当他对南方发动战争，叫“南征”，对北方用武，叫“北讨”。看起来“征”与“讨”类似，实际上略有不同。过去在中国，南方的民族比较温驯，国家用兵，只在征服他们，只要他们臣服，也就既往不咎。北方的民族，性格比较凶悍，经常入侵掳掠，国家就用兵“讨伐”。讨伐的意思，所谓“刁民伐罪”，也就是说，不只要征讨，还要处罚他们的罪过。

二、南腔北调。偌大的中国，南方人讲话，有南方的口音；北方民族讲话，有北方的腔调，所以当南方人遇到北方人，相互对谈，就叫“南腔北调”，意思是指“各说各话”，各自表述。不过南腔北调纵有不同，也是无伤大雅。

三、南顿北渐。这是禅门的掌故。话说唐朝时，六祖惠能大师居住在广东，宣扬的禅法以“顿超法门”为主，神秀大师在北方宣扬禅法，以“渐修”为上，于是时人就以“南顿北渐”称之。其实，所谓“顿修”，就如一团杂乱的丝线难以理出头绪，一刀剪下，立刻脱落。所谓“渐修”，千里之路不会一步就到，必须逐渐逐渐地到达。事实上，顿中有渐，渐中有顿，只是两位大师各有所宗，后代的门人弟子于是说出了“南顿北渐”这一段掌故来。

四、南橘北枳。这是记载于《晏子春秋》的一则寓言故事。齐国的晏婴出使楚国，楚王想要羞辱晏婴，便在宴会上故意让人带来一个偷盗的窃犯，说明这是齐国人。楚王问晏婴，是否齐国人生来就喜欢偷盗？晏婴回答说：“橘生淮南则为橘，生于淮北则为枳。”意思是说，齐国人在楚国偷盗，这不是他的本性使然，而是楚国的环境改变了他的本性，因此才会沦为盗贼。这句成语其实也在说明，外在的地理环境因缘，对万物的影响重大。

五、南辕北辙。这是出自《战国策》的一则故事，话说有一位生性固执的男子要到南方去，却驾着马车往北走，路上遇到许多人告诉他方向错误，他仍执意前行。这是说明，我们做任何事，方向目标要正确，否则任凭你再怎么努力，永远达不到目标，因为“南辕北辙”，方向错误，必然徒劳无功。

六、南船北马。这句成语与地理环境有关，因为中国的南方，长江运河水域很多，自然需要行船；北方广大的草原平地，往来必须走马。因此，南方人以驾船技术高明自得，北方人以骑马技术高超自豪。所谓“马上得天下”，更让北方人引以为傲。

其实，南北纵有不同，文化意义相同。中国之大，南来北往，北往南来，基本上人类的迁徙，今日东西，明日南北，但是人类的文化，重在融合，不在分别也。

东　西

前文说过“南北”，本文再谈“东西”。

“东西”两个字，用途最广，不但方向有“东”有“西”，一些物品，我们也称之为“东西”。甚至骂人“你不是东西”、“你算什么东西”！

人，不是“东西”，但却离不开“东西”，日常生活里总会应用到“东西”，例如：

一、声东击西。这是说明一种战略的技巧，也就是战争时，故意对外扬言要攻打东边，实际上当对方把兵力移防到东边时，他却攻打西边，让人措手不及。这种军事上“声东击西”的巧技，常被借来运用，例如现在体育场上，篮球、足球比赛，也都用“声东击西”的战术，以取得胜利。

二、东拉西扯。这是说明一个人讲话，没有条理、没有重点、没有内容，一下说东，一下说西，叫作“东拉西扯”。现代人讲话，都讲究逻辑，一二三四，几点意思，简单明了，让人一听就懂，这是深懂讲话三昧的人。尤其讲演的人、教书的人，或者谈判的人，讲话东拉西扯，最为人诟病。

三、东奔西跑。这是说明人的生活忙碌，为了工作、为了事业，一下东行，一下西走，表示他的生活极不安定，也说明人生在世，为求生存的辛苦与不易。

四、东挪西借。这是形容贫穷、困难的人生窘境。人生为了金钱不足，甚至三餐不继，在经济拮据的情况下，不得不东边挪用一点，西边借用一些，勉强度日，但是这就等于是剜肉补疮，终非长久之计。正常的生活之道，应该自己努力工作，赚取生活所需，才是上策。

五、东食西宿。这是出自《艺文类聚》的一则故事，话说齐国有一名女子，同时有东西两家来说亲。东家的儿子长得丑陋，但是家境富有；西家的儿子长相斯文，但是家境清贫。女子的父母无法做决定，就问女子的意见，结果她说希望能“东家食，西家宿”，所以后人就以“东食西宿”比喻一个贪得的人唯利是图。其实在现实生活里，很多人的生活不能圆满，经常是这边吃饭，要到那边住宿，这是很平常的事，就像现在的公教人员，大都如此。很多人在一个城市里，本来住在南区，但是工作偏在北区，甚至安家在台中，偏偏被调职到台南，所以为了上班工作，每天赶时间奔走，也可见其生活之辛苦。

六、东支西吾。这是表示讲话诸多顾虑，不能坦诚相对，所以不得不含糊敷衍。讲话东支西吾的人，不能针对问题讨论，自然双方不能有交集，也无法达成协议，所以结果往往不了了之，甚至不欢而散。

说到“东西”，不但一个地区有东部西部、南方北方，一句话，有东说西说、南北传诵，甚至一个人的动作，“东张西望”让人生疑，“东倒西歪”表示不威仪、不庄严，“东指西点”更是令人生厌。此外，现在的地球上，分有东西方。既有东西方，就有东方文化与西方文化的不同。东西表示分裂，南北也表示遥远，最好东西南北，大家相互合作，一团和气，共创人间安和乐利的生活，最是圆满。

话说“东西”

平时我们可能听过，有人对另一个人不屑时，脱口而出：“你是什么东西啊！”“东西”这两个字很有学问，也很有趣味。本来“东西”是指方向，这边为“东”，那边为“西”，“东西”就是表示两个不同的方向。但是“东”、“西”也经常被摆在一起，例如一般人常说，东方文化、西方文化，东西方文化要交流，东方民族、西方民族，东西方民族也应该要融合。

“东西”一词的由来，其实是有典故的。本来最早人们到东街购买物品，如果不够，就到西街去补货。到西街买不到自己所需要的物品，可以到东街去采购。如此东街、西街游走往来，时日一久，人们就把到东街、西街采买物品，称为买“东西”，“东西”于是成为世间事事物物的代名词。例如，把桌椅板凳这些“东西”搬走，把锅炉碗筷这些“东西”拿开。甚至说：我不种花草树木这些“东西”，我也不养猪马牛羊这些“东西”。更有甚者，骂人“你真不是东西”，这是很刻薄的话，会让被骂的人很难堪，所以东西就变成有“好东西”、有“坏东西”了。

“东西”兹述其意如下：

一、东西可以交易。东西即物品，物品可以交换，可以“以物易物”，也可以把东边的货物批发到西边去流通，或是把西边的货物运到东边来贩卖，所以东西可以交易。

二、东西可以交流。东方文化、西方文化，可以相互交流；东方宗教，西方宗教，也可以互相交流，所以东西可以交流。

三、东西可以交往。现在国际间交通方便，东方人到西方旅游，西方人到东方观光，来来往往，川流不息。

四、东西可以流动。在东山种的花草树木，可以移植到西山去；在西边河流里的鱼虾，可以带到东边的河川去繁殖，所以东西是可以流动的。

五、东西可以交通。东西相隔，但是“愚公移山”，东西就可以交通。东西高速公路、东西空中飞航、东西船只往来，东西之间，只要有工具、有道路，就可以交通。

六、东西可以交会。“东”虽是东街的，“西”虽是西街的，但我们可以在一个地方，把“东西”汇聚一处，所以东西可以交会。

其实，“东西”彼此要尊重，东是东、西是西，各有所长；东不是西，西不是东，如果彼此印象不好吵架了，就“不是东西”了。不是东西，就不和谐，所以“东西”很重要。

颜　色

这是一个五颜六色、多彩多姿的世界，因为有红黄蓝绿等各种颜色，使得这个世界显得更亮眼、更多彩。就拿电影来说，从过去的黑白电影，到了现在的彩色电影，真是一大突破，从最早的黑白电视，而到现在的彩色电视，家家户户忽然加入了五光十色的世界。印刷品也从单调的黑白双色而到彩色印刷，让各种图片更加美不胜收。

只是，凡事过犹不及，色彩太多，让人感到眼花缭乱。色彩虽然让事物玄妙多变，却因此失去了原味，所以现在高级的印刷，又从彩色走回到黑白。

关于“颜色”对人生的影响，略述如下：

一、能识别各种事物。一般的交通标志，日常生活中接触最密切的就是红绿灯。红灯止步，黄灯危险，绿灯通行，乃至黑白的斑马线，专门提供行人通过。如果没有这些颜色让人识别，行车走路就会失去规范，交通将因此大乱。所以颜色能够让人识别方向、识别远近、识别安危，具有识别事物的作用。

二、能美化人生世间。彩虹之所以美丽，因为它集合了红橙黄绿蓝靛紫等多种颜色，因为有多种色彩，所以美化了天空。地上的草坪，万绿丛中一朵花，或是花园里，百花盛放，万紫千红，让人赏心悦目。客厅的墙壁上，悬挂一幅彩色的油画，能让家庭的气氛更温馨、更祥和。甚至白色的水泥，能把墙壁粉饰得洁白无瑕，让室内的光线更明亮。所以颜色有美化世间的功能，能为世间增添生气。

三、能代表特别含义。各种颜色，都代表了特别的含义。例如，白色代表纯洁，红色代表热情，黑色代表大方，黄色代表庄严，蓝色代表和平，金色代表高贵等。所以，护理人员身穿白色的护士服，头戴白色的护士帽，更能象征白衣天使的高贵圣洁。一般年轻女性喜欢红色，更加散发青春活泼的气息；绅士、贵妇人喜欢黑色，更显气质出众。佛教一般喜欢用黄色来庄严坛场，尤其佛教的五色旗：蓝、黄、红、白、橙，五种颜色象征五乘佛法，同时排成横的、竖的线条，表示五乘佛法可以竖穷三际，横遍十方。

四、能扭曲事实真相。不管任何颜色，不管用在任何地方，只要自然、得体，都非常美丽，但是如果用得不当，就会让人对那个颜色感到突兀、不妥。例如，在丧葬场合里穿着红色衣服，会让人觉得失礼、不当，因为红色代表喜气，这是一般人既定的看法。相同的道理，有的人用有色的眼光看人，因为有先入为主的观念，容易扭曲事实的真相，所以我们看世间的人事，不能戴着有色眼镜，不带有任何色彩，才能客观地看得真切。

五、能造成各种纷争。世界上的各种种族，有各种不同的肤色，例如亚洲大多是黄种人，美洲大多是白种人，非洲大多是黑种人，另外还有棕色、红色的印第安人。各种人种，因为生来就有传统的肤色，造成他们在社会上的地位因为肤色而有贵贱的差别，甚至造成种族歧视，产生诸多纷争。其实，佛法讲“人人皆有佛性”，众生应该是平等的，所以一个先进的国家社会，实在不应该以颜色来划分人种，更不能有种族歧视的意识，如此才有资格做一个现代的文明人。

彩　色

这是一个有声音的时代，也是一个有动作的时代，更是一个彩色缤纷的时代。近数十年来，印刷品彩色化，从报纸的彩色、电视的彩色，再到个人电脑，都是自己的彩色印刷机，乃至个人的照相机，冲洗出来的相片也都是彩色的。

彩色美化了人生，也风靡了世界。彩色有什么魅力呢？

一、因彩色让衣物多变。现代人的服装，红黄蓝白，无色不有。早上看到某人身穿一件蓝白外套，下午又见他换了一件红黄的外衣，每天变换各种不同颜色的衣服，可以说赏心悦目到了极致。人类穿着是彩色的，看到的是彩色的，用的也是彩色的，甚至大街小巷都是彩色的广告，若说现在是彩色的时代，实不为过。

二、因彩色让饮食美味。中国人对饮食一向讲究色香味俱全，对饮食艺术十分重视。一桌菜肴，利用各种菜色的搭配，呈现视觉的美感，让人见其颜色，马上食欲大振，再闻其香味，更是垂涎三尺。所以现代人把彩色的观念，应用在菜肴的搭配上，增加饮食的美味，提升了饮食文化，其实一桌色香味俱全的菜肴，本身就是一件伟大的艺术作品。

三、因彩色让容颜焕发。古人称赞美女为“天生丽质”。其实天生丽质的美女，如果再经后天的化妆，更是美上加美，所以现代的化妆品，胭脂、口红、眼影，真是五颜六色，美不胜收。一个懂得化妆的女人，经过淡扫蛾眉、薄施胭脂，更是妩媚动人。此外，人靠饮食维持生命，如果食欲不振，三餐食不下咽，身体营养不均，不但影响健康，也会形容枯槁，人生因此黯然失色。反之，三餐烹调得宜，美味可口，让人吃得饱、吃得营养，自然容颜焕发，即使不化妆，也是明艳照人。所以不管擦的、吃的，如果利用得宜，彩色都能让人容光焕发，神采奕奕。

四、因彩色让书本活泼。现代的出版品，各类图书都很重视插图，所谓“图文并茂”，因为彩色图片而让书本更加活泼，更能引人入胜。所以现代的教科书，从幼儿园、小学、中学，乃至大学的教材、课本，都采用彩色印刷。甚至现在的报纸，也从黑白而到彩色，版面愈来愈花俏、越来越活泼。因为现在是个彩色的时代，黑白已经落伍了，所以唯有跟得上时代，才有竞争力。

五、因彩色让世界缤纷。世界既然已经进步到彩色的时代，世界当然也需要各种彩色。我们看，蓝天白云，黄昏夕照，云霞齐蔚，彩虹当空，这是大自然为天空涂上的色彩。除此以外，人类又增加了银色的飞机，机身上面漆有各国的标志，不但可以提供辨识，也增添飞行的美感。地面上，花园里有各种色彩绚烂、耀眼夺目的花朵，平添花园的美丽，甚至如茵的绿草，为大地铺上毡毯；山坡上的各色树木，为山岳披上多彩的外衣。这一切，都让世界更加缤纷多彩。

总之，彩色的人生是大家追求的现实，彩色的世界是大家贡献的功能。如果人类再把心灵变成彩色的，让每个人的心更美丽，这个世界不是很可爱吗?

声　音

人在经过白天的喧嚣纷扰、紧张忙碌工作后，到了晚上，万籁俱寂，一个人独自享受片刻的宁静时光，这是人生一大幸福事。但是，如果这个世间完全没有一点声音，大地一片死寂，也是一件可怕的事。

天地之间，虫鸣鸟叫，溪水潺潺，甚至风吹树梢发出的婆娑声，都能为人间平添生机。大自然的各种声音之外，轻柔的音乐声、美妙的歌唱声，乃至情人的叮咛声，都能让人心情愉快，乐于听闻，甚至风声、雨声、读书声，声声都能入耳。声音是无常的，但是声音也有多种的作用，试说如下:

一、可以帮助放松心情。一个人整天忙碌工作，身心疲惫，甚至工作压力大，造成精神紧绷，都需要有适当的调适。现在的大饭店、咖啡厅等，在营业时间里，都会播放一些柔美的音乐，或是轻快的乐曲，帮助客人放松心情，甚至现在的医学，已有利用音乐治病的疗法，这些都是说明，悦耳的声音能够帮助我们放松心情，保持心情的愉悦。

二、可以造成情绪急躁。柔和的音乐可以帮助人放松心情，乃至慈悲的爱语、叮咛，可以鼓励、振奋人心。但是相对的，一些不堪入耳的诅咒、恶骂、怒吼声音，让人情绪低落，甚至热门音乐、打击乐等，尤其一些高分贝的噪音，会干扰脑波，让人急躁不安。所以现在一些先进的国家，都会把住宅区、商业区与工业区划分清楚，以免噪音破坏安宁，影响居住品质。

三、可以代替眼睛阅读。眼睛看书，心领神会，假如眼睛不能看，只有靠声音代替阅读。像现在的电台广播、名家讲演，以及公司里的早餐会报、秘书读报、专业人员的项目简报等，都需要借助声音来传达资讯，让人听了心解意会。甚至一般人看书，看过后很容易忘记，如果听人说书，听过的书中道理，可能一辈子牢牢记得。所以，眼睛固然是灵魂之窗，耳朵也是帮助人们开拓视野的门户。

四、可以辨别物体方位。眼睛看不见的盲人，靠着一根拐杖，在地上轻轻的“嘟、嘟、嘟”，他就能辨别地形的高低、安危。一些听力敏锐的人，在他的附近发出任何声音，他就能辨别声音的方位，甚至感受得出声音背后的好坏善恶。因此，过去有所谓“察言观色”，其实听声音辨位也很重要。

五、可以超越时空距离。前人说过的话，我当时没有听到，有录音机可以事后再播放一次；你在远方上课，透过网络传讯，可以远距教学。别人讲话，我没有亲耳听到，透过别人转述，让我有如亲自耳闻一样。声音可以超越时空，传达彼此的心意，交流各种资讯，联络人类的感情，声音对人的贡献，无远弗届。

所谓“声音”，有悦耳动听的声音，有粗俗难听的声音。有的声音让人听了心生欢喜，甚至荡气回肠；有的声音让人听了怒从中来，可能怀恨一生。我们纵使没有婉转美妙的歌喉，不能唱出动人心弦的歌声，但是我们有喜悦的性格，我们有说好话的习惯。所谓“良言一句三冬暖”，美语良言就如和风吹拂，又如冬阳照耀，可以散播温暖。世间上，不管任何时刻，不管任何地方，“和言爱语”必定是人所爱听的声音。

先后

“谁先谁后？”这是一个很有趣的问题。经常有人问：“先有鸡，还是先有蛋？”如果没有鸡，怎么会有蛋？没有蛋，怎么会有鸡？再问：“先有树木，还是先有种子？”如果先有树木，没有种子，如何长出树木？如果说先有种子，没有树木，种子从哪里来？

也有人问：“先有山，还是先有水？”地球上，有山的地方都有水，有水的地方也有山，甚至海洋里都有岛屿。更有人问：“先有人类，还是先有世界？”先有人类，没有世界，人类住在哪里？先有世界，没有人类，如何创造世界？

所以，“谁先谁后”的问题，自古以来困扰着人生。兹就“先后”，略述如下：

一、世界没有先后。“先后”是对待的，是“比量”，但世界是“缘起”而有，缘起就是靠因缘和合而生。例如，一棵树，要有种子、土壤、水分、阳光、空气等因缘结合，才能长成树木。树木长大后，开花结果，又成为种子，又再继续繁殖。如此生生不息，就如鸡生蛋，蛋孵鸡，彼此相关，没有先后，只有缘起。

二、先后是如一的。先后不是定型的，军队的操练，走在前面的为先，走在后面的为后，但是一声“向后转”，后面的变成在前，前面的反而在后，所以先后位置是可以调换的。佛教讲“轮回”，就如时辰钟，十二个时辰，谁在先？谁在后？说先，每一个都先，说后，每一个都后，所以先后是如一的。

三、先后是连体的。“长江后浪推前浪，一代新人换旧人”，父亲生子，子又生孙，孙再生子，子再生孙，子子孙孙，轮回周转，永无止息。一粒种子，结了果实，果实成为种子，它们相互轮回，谁先谁后，已经不是那么重要了。在世俗上，总有先来后到，先到后随，但是你说后到的人，后面还有人随后又到，你说先来，前面早已有人捷足先登，先后如何论定？因此，即先即后，即后即先，先后是相连一体的。

四、先后是圆形的。人类有先后的观念，这是因为受到知识的限制。实在说，在佛教看来，时间无始无终，空间无内无外。佛教说到人生，即使有前人、后人，但在无始无终的时间里面，生命是环形的。好像季节有春夏秋冬，身体有生老病死，但是冬天去了，不就是春天了吗？人死之后，不是又可以再生吗？一部新的汽车出厂，用了几年，报废之后，经过工厂改造，又是一部新的汽车出厂。新的还有更新，前的还有更前，所以前前后后，新新旧旧，就如《般若心经》说：“色即是空，空即是色。”先后是圆形的，是循环不已的存在。

人生的痛苦，都是因为有对待，有你有我，所谓“我相、人相、众生相”，因为有对待，所以有苦乐。苦乐本身也是对待的，数百年前的社会大众，没有汽车、空调、冰箱、电视，他们都痛苦吗？他们一样活得怡然自得。所以，物质的有无，不是苦乐的必然、秩序的先后，也不是人生的必然。在前在后，是新是旧，只是我们的妄想分别罢了。

大小

世间凡事都有大小之别，有大公司，也有小商店；有大海洋，也有小溪流；有大月亮，也有小星星；有大人物，也有小老百姓。

在大小之间，人总希望要大，不喜欢小，其实小也不一定不好。小的钻石胜过大石头，小小的一支笔胜过千军万马，小小一点火可以燎原千里。但是一般人还是对大小有别，大的占有大机会，小的容易被人忽视，尤其有一些小的东西，确实不能跟大的相比，试举如下：

一、大量与小器。人都有器量，有的人器量很大，有的人器量很小。一个人的成功与失败，往往不是看他的聪明才智，而是看他的器量，小器者只能成就小事，大器者才能成就大事。

二、大慧与小智。人都希望求聪明、有智慧，但是有的人才华智慧很高，有的人只有一点小小的世智辩聪。吾人应该学习广大的智慧，所谓“法门无量誓愿学”，千万不能有了一点小聪明，就自鸣得意，所谓“满瓶不动半瓶摇”，会闹出许多笑话来。

三、大心与小愿。在佛教里经常讲“发心”，发什么心呢？要发“大心”。《金刚经》说“无相布施，无我度众，无住生心”，所谓“无住生心”就是大心。有的人只希望求得自我的平安幸福，或是求儿求女、求富求贵，这种“小愿”自然无法与“大心”同日而语了。

四、大根与小枝。人有没有善根？是大善根还是小善根？人的根机大小，对于做人处事固然重要，对于修行办道更是重要。大根机的人正如大树，在佛经里提到拘毗陀罗树，树身高大，形状秀丽，枝叶繁茂而久住不凋，能避一切风雨之害。相对的，小枝小叶的小树，自立尚不足，何能有益于人？所以人总希望要有大的气派、大的风度，不要小家气派、小家风度，因为小枝小叶不能和大根大树相比。

五、大众与小党。现在是民主时代，我们重视一般的社会大众，也容许小党小派的存在。小党小派，少数人的意见，不无可取之处，社会大众，人多势众，必为大众所想所归。谈到民主，其实佛教最为民主，佛教可说是开民主的先河，例如佛陀成道时的宣言："大地众生皆有佛性。"就说明大众的可贵。佛教讲究"统理大众"、"供养大众"、"大众为先"，在在都表达民意、民主的可贵。所以，任何时代，我们希望"少数服从多数"，能成为国家的优良传统。

大与小

"大小"是物体的比量，但是"大"并不代表其价值一定胜过"小"，最明显的例子，大如石块，小如钻石，你说大小的价值何能相比？再者，大如象马狮虎，小如小猫小狗，受宠的时候，小猫、小狗的价值胜过大象和牛马。前方作战的大将，回国后见到年幼的小王子，也要三跪九叩。针对"大与小"，试为一论：

一、大如虚空，小如微尘。宇宙中，虚空最大，微尘最小，但是"须弥藏芥子，芥子纳须弥"，在事相上，大是大，小是小；在理性上，大不一定大，小不一定小。例如，我们的一颗心，心包太虚，量周沙界，虚空都在我的心里，法界都在我的胸中。因此大的虚空，小的微尘，也是可以相互包容的，因为一粒微尘，一个虚空，都是“一”。

二、大如君王，小如狱吏。在一个国家里，以君王为大、为主，管理犯人的狱卒可谓微不足道。但是有时君王、太子、王后、皇妃被囚的时候，也都归狱卒管理。君王宰辅操生杀大权，王要谁死，谁不得生，王要谁生，谁也不必死，但是一旦打入天牢，狱卒虽小，却可掌握他们的生死。齐国太史伯，因大臣崔杼杀了淫乱无道的齐庄公，所以秉笔直书“崔杼弑其君”，可见皇帝也不是最大，也不是最有权力的。

三、大如海洋，小如溪流。大海里惊涛骇浪、澎湃汹涌，令人不禁叹服海洋的浩瀚；小涧涓涓，虽缓而细，但它也可以大声说，没有我们这些滴水汇集，何能成就海洋之大？所以“大”是“小”之积，小可以成其大。大也不一定比小的有用，大如海洋，一旦受到冲击，形成海啸，万民受害，不若滴水流入沟渠，可以润泽大地，使万物欣欣向荣。所以，大未必有功，小未必无利。

四、大如机械，小如螺丝。波音747的飞机能在天空飞翔，固然靠它庞大而齐全的各项装备，但是其中的一颗小小螺丝钉，也是居功厥伟。如果没有小螺丝钉锁住大机械，就是再先进的机种、再坚硬的钢铁构造，也会四分五裂，造成危险。天地间，一粒小沙子、一颗小石头，看似无用，但与水泥混合成混凝土，就可以建桥梁、造大楼，供人安全使用。可见大不是全能，小也不是无能。

五、大如狮王，小如身上虫。狮子是陆地上的兽中之王，狮子一吼，万物皆惊。一般儿童最崇拜英雄好汉，也崇拜狮子，一谈到狮子，无不赞其威武勇猛。但是殊不知，雄壮无比的狮王，也有弱点。在非洲有一种牙签树，树上长了很多像牙签一样的刺，狮子奔跑时，一不小心误触牙签，身上就会发炎，最后皮肤溃烂而死。另外，狮子身上的小虫，也是狮子的克星，所谓“狮子身上虫，还食狮子身上肉”，所以世上任何事物都是物极必反，大小相克。

大不是大，小不是小。一颗子弹，能摧倒一个王朝，一个小女童，也能征服一个帝王，获取政权。大与小，何者大乎！

捌·用心而已

不管做什么，只要用了心，就能够将之做好，如果不用心，做什么都浮光掠影，那么，即使在一件事上花费的时间再多，也是毫无功绩的。因此，做事的时候不要浮光掠影，只求速度，而是要沉下心来，认真去做。如果你真的用心了，那么，即使是一件小事，或者一件平常的事情，也就通过你的努力，拥有不寻常的意味。

红　灯

世间有五彩灯光，这些彩色灯光你知道它们各代表什么意义吗？一般人所熟悉的莫如：绿灯前进，黄灯危险，红灯止步。除了十字路口的路灯所代表的意义以外，各处的招牌灯、霓虹灯、家用灯、照明灯、警示灯等，各式各样的灯光，真是形形色色。这当中还是以红灯最可怕，红灯不能碰，这已经成为大众的共识了。

在人生的旅途上，也有一些容易亮起红灯的危险状况，以下提供大家参考：

一、走路遇到红灯。走路遇到红灯，必须停止。如果不停止，“闯红灯”的结果不只会被罚款，还可能因为闯红灯而发生车祸，后果不堪设想。所以，吾人行车、走路，遇到红灯时，必须礼让，不可冒险前进。

二、讲话遇到红灯。讲话遇到红灯时，该怎么办呢？对方的话语已经跟你表明了他的立场、界限，已经到了红灯的底线，你要思考能越过红灯吗？做生意的人，生意不成仁义在，也不用去闯语言的红灯；各种谈判，已经表达彼此的立场、意见，你就不要再去闯对方的红灯。即使家中的父母兄弟姊妹谈话，彼此也会亮起红灯；朋友之间，再好的情谊也不能彼此糟蹋，否则也会亮起红灯。总之，你有你的红灯，他有他的红灯，大家都不能触犯。

三、做事遇到红灯。做事也会遇到红灯，例如建一栋房子，政府没有发下执照；开个小店，没有得到公家的营业允许。我们必须了解，这就是红灯的限制。向银行贷款，贷得过多，会有红灯；请人办事，请托太多，也会亮起红灯。做事没有红灯，才能一路顺利，才能一帆风顺，所以做事遇到红灯，不能不注意。

四、思想遇到红灯。一个人的思想，当然可以天马行空地东想西想，古今中外都可以想，但是不能想到违法的事情。思想上有所违法，就是红灯。想侵犯别人，那是一盏红灯，想盗窃别人的财物、想侵犯别人的身体，那都是红灯。所以，思想里更容易遇到红灯，不可不慎。

五、金钱遇到红灯。合理的金钱，应该是靠自己的智慧、劳力所得。所谓“君子爱财，取之有道”，正当合法的钱财，多多益善。反之，不合法的金钱，千万不能随便贪取。例如贪污、贿赂，那就是红灯的金钱。贪赃枉法，非法所得，那也是红灯的金钱。如果你拿多了红灯的金钱，就如韩国的郑梦九，闯了红灯的结果，即使再多的财富也没有办法救你免于牢狱之灾！

六、感情遇到红灯。男有情，女有意，男女情投意合，互相谈情说爱，无可厚非，但是家长的意见、社会的舆论、朋友的看法、是否有三角纷争、是否门当户对等，都不能不注意，尤其不可感情用事，一味闯红灯的后果，可想而知。

综上观之，吾人对于走路、讲话、做事、思想、金钱、感情等，一旦遇到红灯，千万不能冒进，应该止步停、看、听！

手机问题

世间上，除了佛法般若是纯善，没有丝毫的缺陷以外，世间万法，任何学科，都有利弊。例如，科学发明手机，造福现代人，让人际往来真是“天涯若比邻”，尤其遇有紧急事情，手机找人最为方便，各种联络，手机更是迅速。

现在的社会，几乎到了人手一机的地步，甚至一人数机，但是手机也会衍生出一些问题。手机出了什么问题呢？略述如下：

一、助长犯罪。手机像个隐形人，他找你非常容易，你找他，他有种种的方法躲避你的追查，所以近年来有一些不肖分子，利用手机诈骗，手段之高明，令人叹为观止。虽然现在一般民众对诈骗集团的手法，已经普遍具有警觉性，却仍然有不少人上当受骗，真是道高一尺，魔高一丈。尤其常见一些绑票案，掳人勒赎的歹徒更是利用手机没有固定据点的特性，借它来遥控取款。只是这些歹徒尽管能得逞一时，最终还是难逃法网制裁。

二、车祸增多。由于手机联络方便，许多驾驶人经常一边开车，一边使用手机通话，可是开车时接听手机容易分心，也因此交通事故频仍。政府虽然三令五申，规定开车不能拿手机讲电话，但是政令归政令，驾驶人为了方便，忘记了危险。这大概就是人类的通病，也就是不见棺材不掉泪，不遇危险不知利害。可是仔细想想，拿一期的生命，换取一时的方便，值得吗？

三、制造噪音。手机虽然联络方便，但在公共场所，人手一机，这里在大声讲电话，那里也传来高分贝的讲电话声，扰人的噪音无休无止，所以现在公共场所，尤其开会前，都会宣布“关手机”。乃至搭乘飞机，也都有严格的规定，不可开机，以免干扰电讯，造成飞安事件。

四、影响健康。手机拉近了人际关系，但是由于手机使用时会发射一种辐射线，对人体健康有害。根据报道，一些住在基地台附近的民众，容易罹患怪病，甚至经常使用手机，也会耳鸣心悸，产生很多毛病，所以手机究竟对人有益还是有害，就看个人怎么评定了。

五、家庭失和。手机不但可以用来通话，还能传短信，一首诗、一段充满情意的话，很容易让人迷醉。现在男女问题已经很多了，加了手机的推波助澜，致使婚外情愈来愈普遍。一个幸福的人生、美好的家庭，只为了手机从中作怪，造成无法弥补的损失，说来实在不划算。

综上分析，我们不否认手机为现代人带来的方便，但是如果弊多于利的时候，就不得不重新商榷了。一般人往往为了一时的方便，造成终生的懊悔，就如手机，只是看到手机的方便，不顾手机之害，所以奉劝使用手机的人，对于手机之弊端，不能不多加注意，最好能用得方便，也能用得安全。

竹之妙用

古今文人雅士喜好品竹，农夫也喜爱种竹。竹不仅可观赏，还有许多用途，例如：竹能温饱、竹可美化、竹表气节。

一、竹能温饱。嫩竹为笋，可食用。根据《笋谱》记载：有一位孝顺的媳妇，侍奉公婆用心勤快，可婆婆却百般挑剔，媳妇只有尽力满足婆婆的要求。适逢腊月，婆婆要她煮竹笋来吃。孝媳恭顺地答："请您稍候，媳妇这就去准备。"

妯娌问她："这时候到哪里去找笋子？"

媳妇回答："我不想顶撞长辈，先答应了再想办法吧。其实，我也不知道笋子去哪儿找。"婆婆听到媳妇的话，觉得非常惭愧，从此对她疼爱有加。

明代李时珍《本草纲目》记载："竹实出蓝田，江东乃有花而无实，顷来斑斑有实，状如小麦，可为饭食。"有一年，福州干旱，米粮歉收，侯官县的竹子结满竹米，形状有如小麦，州里老少采摘近万斛，百姓以此度过饥荒。

据《韩诗外传》说，竹米就是凤凰所吃的竹实。不但竹笋、竹米可吃、竹叶可以包粽子，此外，竹子功用多多，例如，岭南人吃竹笋、覆竹瓦、着竹鞋、乘竹筏、穿竹衣、戴竹笠、书竹纸、炊竹薪、住竹楼、编竹篓、拿竹杖、雕竹艺，其用途之广，令人叹为观止。

二、竹可美化。竹能美化环境，宋朝的苏东坡诗说："宁可食无肉，不可居无竹；无肉令人瘦，无竹令人俗。"晋朝王羲之的儿子徽之，曾带朋友看房子，并差人在房子四周种竹。朋友听了疑惑问道："这里只是暂时的住所，为何还要大费周章地种竹子呢？"王徽之笑答："怎可一日无此君？"

竹子广受大众喜爱，不但画家喜爱画竹，文人更爱以竹入诗，他们种竹、赏竹、韵竹、写竹，终生以竹为伴。

三、竹表气节。竹子喻君子品格高风亮节、正直挺拔、虚怀若谷，所以谦谦君子都爱竹。唐朝文人刘岩夫的《植竹记》中说：竹的坚毅不拔，不受霜雪，是刚；直挺虚心，没有隐蔽，是忠；每长必丛，相依相持，是义；春阳气盛，不与他争，是谦；终年常绿，荣衰无殊，是常。

唐明皇曾与诸王游赏后花园，看见一丛竹子翠绿茂密，笋子则被包在竹丛里，于是语重心长地说："父子、兄弟应当如同这丛竹一般相亲啊！"因而竹子亦有"义竹"、"兄弟竹"、"慈竹"之称。

竹子以根、枝、叶、茎、笋丰富人之所需，无私地奉献，得到世人普遍的喜爱。夏竹迎风摇曳，有招风驱暑之妙；竹声有如天籁，竹笛奏出美妙的乐音，给人间平添悠扬旋律。竹子的自在、竹子的柔美、竹子的宁静、竹子的节操，所谓"青青翠竹无非般若"，正是诸佛法身之妙用也。

宠　物

有人说现代人喜欢养宠物，其实古代的帝王，三宫六院七十二嫔妃，所谓"宠妃"，不也是宠物吗？还有弄臣，也是专宠于帝，不也是宠物？现代有一些男人，所谓"三妻四妾"，其中专宠某人，不也是他的宠物？

除了这种专宠之人以外，北宋处士林逋所谓"梅妻鹤子"，这不是他的宠物吗？有些人喜欢无情的东西，例如金银玉器、古董古玩等，因为专爱收藏某些物品，所以被批为"玩物丧志"。

其实喜欢宠物，不管有情、无情都好，但有些人根本不够条件养宠物。例如，喜欢养马，但他虐待马匹；喜欢养鸡，只是养来当斗鸡；喜欢养蟋蟀，也是养来互斗，让它们遍体鳞伤，真是何其忍心。

所谓“宠物”，现代人养宠物也出现一些问题，例如弃养、虐待等，这都不合乎人道，对宠物而言也不公平，所以养宠物应该做到如下数点：

一、养它，不要遗弃它。现代人养宠物，如小猫小狗，小时候很可爱好玩，因此百般爱宠，视为宝贝一般。但是一旦宠物老了，如猫、狗老了，就弃养不顾，让它们流浪街头，成为流浪猫、流浪狗。政府为了解决满街的猫狗，不得不加以扑杀，手段残忍，令人痛心。其实生命何等珍贵，即使没有被扑杀的弃养宠物，因为被豢养时日久了，忽然弃之不顾，它已无求生能力，所以宠物不堪遗弃，既然当初养它，就不要遗弃它。

二、爱它，不要玩弄它。西班牙人爱牛、养牛，但是更欢喜斗牛，当斗牛士一刀插进牛的要害，真是何其残忍。香港人赛马，很多赛马师养马，当马匹力不胜任，未能追逐胜利的时候就弃养之，不供水草，也是何其无情。养只猴子，就要它做种种的表演，以供自己娱乐。养只松鼠，也是把它关在笼子里，看着它团团转，以此取乐。一些海洋动物，如海豚、海豹、海狗等，也是受人们的食物控制，要它们听话，做出种种表演，也是良堪痛苦。

三、护它，不要虐待它。“保护动物”不是一句口号，而是人类爱心的培养。现在有些人养宠物，只逞自己一时的快意，对宠物不但保护不够，甚至施以虐待。例如，为狗儿戴上狗套，不让它自由活动；把小鸟关在笼子里，让它失去自由飞翔的权利。有的人养猴子，为了不让它成长太快，故意不给水喝，以控制它的体形，甚至给猴子吃涂上辣椒的香蕉，然后看着它因麻辣而奔跳不已的表情而乐不可支。如此虐待动物，实在于道德有亏。

四、教它，不要宠坏它。一般父母宠爱小儿小女，但真正明理的父母，不是一味溺爱儿女，而会教育儿女懂事有礼貌，这才是真正的爱护。同样的道理，我们养宠物，爱它就要施以适当的教育，例如对小猫小狗要教它不可随地便溺，让它养成注重卫生的习惯。尤其有些动物本性善良，饲主却故意教它凶猛，甚至训练猎犬，要它捕捉小动物。虽然世间生态要平衡，但是人为的伤害，有违自然，都是何其残忍。

狗的可爱

狗是人类的朋友，也是大众的宠物，但是有时候人在辱骂他人的时候，都说，“你人不如狗”，此话好像太贬抑狗的长处了。狗的长处、狗的可爱，试说如下：

一、护主。狗跟随主人出门，如果遭人欺侮或是遇有危险时，狗儿总是奋不顾身、勇往直前保护主人，尤其对一些幼主儿童，狗儿更是尽力担当守护之责，就如父母一样保护儿童。

二、守家。寒冬里，尽管霜雪满天，狗儿还是尽责地守着家门，不会擅离职守，有时遇到外来的侵犯，更是勇猛地拼命抵抗，不容越雷池一步。

三、敏捷。狗的动作非常敏捷，主人外出，它在前后跟随，跑前跑后，所走的路程比主人要多出好几倍。不只跑步，有时跳高、游泳、挖洞，都比一般人来得利落、敏捷。

四、忠诚。狗不会嫌贫爱富，一旦跟随了一个主人，即使主人穷途潦倒、忍饥挨饿，它也不会弃主人而去，反而有时遭狠心的主人遗弃，却仍千方百计地寻路回家。说起狗的忠诚性格，有时真是人不如狗。

五、讲义。人讲义气的，为数很多，狗儿讲义的，为数也不少。有时候看到大狗欺负小狗，它会挺身而出，仗义保护，有时看到不平的事，它也会瞪着两只眼睛，狠狠地看着对方，不是想要较量，只为让对方知道“还有我在”。

六、记人恩惠。狗儿只要你待它好，它也会待你好；只要你给过它一餐饭吃，或是照顾过它一次，它可以多年不忘。我曾有一条小黑狗，送给他人饲养，七八年后偶然见面，尽管时隔多年，它对我的亲热、依恋，仍是让人感动。

七、善体人意。狗儿虽然是畜生，对人的语言、心意难免有距离，但是有的狗儿善体主人的意思，有时肚子再饿，你准备东西给它吃，如果没有下令，它也只有静静地等着，不敢贸然就吃；有时你把饭送到屋外，虽然与它进食的习性有违，它也会照做。要它来、要它去，甚至叫它捡报纸、拿杂物，它也会学得一口好功夫，逗主人欢喜。

八、不受诱惑。世界上无论男女，很容易受外境的诱惑而动心，例如工作上，哪家待遇好就会跳槽他去，或是别人一句好话、一个笑容，也会改变初衷，迎新弃旧。相较之下，忠诚的狗儿不会因为主人凶过它，就弃之而去，也不会因为主人的斥责而轻易换主。

有人感叹“人不如狗”，虽然有点言过其实，因为人的智慧、人的慈悲、人的力量、人的礼仪，都是狗儿所难以望其项背的，但是在某些地方，狗的性格，确实又比人好一些，这也是不容反驳的事实。

膝　盖

记得六十年前的社会，年轻人写信给父母师长，都用“父母大人膝下”、“校长、老师膝下”。“膝下”的意思，就是：我依恋、跪拜在您的膝前、膝下，接受您的教诲。所以，膝盖在人的一生当中，发展出很多的层次、很多的意义，略说如下：

一、婴儿用膝盖爬行。未到一岁的婴儿不会走路，当他离开父母的怀抱或摇篮时，只有用膝盖爬行。一些大人，每见幼儿爬行时的可爱模样，不禁童心大发，以逗弄为乐。

二、儿女用膝盖尽孝。及至长大，入学的时候，要用膝盖下跪，拜别父母，投师受教。逢年过节，也要向父母拜年、祝贺，以示孝心，甚至逢到父母寿辰，儿孙、晚辈也会一起向父母、长辈拜寿，表示孝敬。儿女向父母行礼跪拜，表示孝敬，一般都认为是天经地义的事，不跪拜，难以表示儿女的恭敬之心。

三、青年用膝盖求婚。直到弱冠成年，在社会上结交异性，所谓“窈窕淑女，君子好逑”，青年男士对心仪的女郎求婚，常常单膝一跪，求女方应允婚嫁。他的下跪，表示对爱情的忠诚，如能打动女方，就能成为终身伴侣。

四、大臣用膝盖示忠。过去君主时代，一般朝中大臣每天上朝启奏，都用膝盖向皇上跪拜，以示忠诚。大臣对皇上，不但三跪九叩，甚至要高呼“万岁，万岁，万万岁”，所以大臣的膝盖，就用来向皇上表示尽忠、拥戴。

五、日本人用膝盖迎宾。自古以来，日本是个很重视礼仪的国家，日本人礼貌周全，平日对人都是打躬作揖，九十度鞠躬问好。尤其居家时，主人见到客人来访，大都在玄关之处长跪、叩头，以礼拜迎宾，表示恭敬欢迎。不过现在社会改变了，臣民没有皇帝可以叩拜，主人也不向客人跪迎，用膝盖跪拜的礼节愈来愈稀有了。

六、信徒用膝盖礼佛。天主教的信徒，用膝盖跪拜，向上帝祈祷；佛教徒用膝盖向佛陀礼拜、忏悔，或者跪在佛前诵念经文。以膝盖跪拜的礼节，最早来自印度，所谓“胡跪”，后来孔门弟子入学，也要以膝盖向老师行跪拜之礼，当官的则用膝盖向皇帝、长官叩拜。在佛教里，跪拜有多种意义，主要是借跪拜之礼，与佛菩萨接心，希望借助礼拜，能和佛菩萨印心相契。

其实，不只是人用膝盖行跪拜之礼，动物中，羔羊也用膝盖跪着喝奶，“羔羊跪乳”一直被拿来当成“知恩反哺”的最好教材，这在孝亲思想逐渐式微的今日社会，确实值得赞扬。

门

世界上，哪里的门最多？答案应该是佛教的“法门”。所谓“八万四千法门”，法门岂止八万四千，法门乃无量无数。“四弘誓愿”其中之一就是“法门无量誓愿学”，你要进入哪一个法门参学呢？其实寺院不舍弃任何一个法门，意味着能将三藏十二部经、一切佛法都能通达，则运用无难。

寺庙里有“山门”，又称为“三门”，意即一个大门不够出入，需要三个大门供大众方便进出往来，所以又名“三门”。至于“山门”者，因为寺院大都建筑在山野丛林之间，故曰“山寺”，“山门”也即寺门之谓也。

过去寺院的大门，有头道山门、二道山门、三道山门。甚至当初扬州天宁寺，门前有一副对联：“一寺九门天下少，二廊十殿世间稀”，可见其寺院之大，规模之宏伟。

然而世事无常，由“门前”的景象，也能看出人事兴衰。有的人家，门前车水马龙，表示鸿运当道，正在走红，也有的人家，门庭衰落车马稀，表示势力不再，已经不显赫了。所以，门者，表示身份，表示地位。

王侯之门，皆有警卫。寺院大门的警卫，是迦蓝、韦驮，金刚护法所守护也。不管什么“门”，重要的是要有如下意义：

一、能开能关。门和窗户不同，窗户能开能关，但不能进出；门者，能开能关，也能出入。古代的大户人家或显赫家族，门禁森严，平常都是大门紧闭，进出不便，有事上门，都得事先预约，投递名片，还要看主人是否愿意接见。

当然，有的人家主人好客，平时门户洞开，欢迎十方来客，遇有贵宾来访，更是张灯结彩，大开中门，盛情接待。但是，也有的人家，现实势利，眼睛只看高不看低，一般穷苦亲戚上门，往往借故不见，让你尝个闭门羹。

过去的农业社会，同一个村庄的人们，彼此对门而居，门户都是开放的，彼此不但可以串门子，还可以借个酱油、味素等，互通有无。现在文明国家，住饭店如果不关门，表示你不懂礼貌，违反饭店的规矩。所以“门”者，能开能关，能进能出，随机应变，才能发挥门的功能。

二、能有能无。所谓“门”者，可开可关，可以规范进出。然而，在一些文明国家，有时也不一定真要设个门户，只要在墙上贴个“禁止进入”，或是拉起一条绳索，即使门是开着的，一般人大都能遵守规矩，不敢擅入，所以不一定要靠门户来管制，自然能有能无。

不过，所谓“无门”，禅门的“无门关”才是真正的“能有能无”。禅门不要竖木牌，也不要拉绳子，禅门能够自由进入，就是“无门”也。不能探得禅之奥秘，即使“无门”，也是门禁森严。慧开禅师的“无门关”，实在值得吾人参究也。

门的意义

自古以来，所有的房子都有门，但是有一些公共设施，虽然没有房子，却设置有门，如寺庙有山门，公园有园门，城墙有城门，因为门有时用来表示庄严、表示气派、表示结界。

湖南省的张家界，在二千米的山顶上，有一个天然的门，人们称之为“天门”。有些特技飞行员特地由此门穿过，以显示其驾驶技术之高超。“天门”真是名副其实，可以飞上青天之门。

兹就门的意义，略述如下：

一、表示安全。家家户户都有门，门不但代表内外有别，最主要是防备宵小、防范不速之客，同时保障人的隐私权。人在家中，只要把门一关，就可以和外界隔绝，里外分开。人在家门之内，只要不违反国法，都可以自由起居生活，或吃或睡，不犯威仪，不妨碍风化。即使是法律，也不能管理屋内的私人之事，所以门能给人带来安全，此其功能之一也。

二、表示方便。门有前门、后门，还有左右的旁门、偏门。前门有了灾难，可由后门方便出入。尤其现代人办事，遇有管道阻塞行不通的时候，总希望有权力的人伸以援手，这时就必须先给予馈赠，加以贿赂，所以就要走“后门”，以免事情公开曝光。

三、表示势力。政治上的公门，代表一种势力、一种权威，如过去有“午门斩首”、“辕门候旨”等。一般公府衙门，警卫森严，因为有势力，一般平民百姓不敢随便进入，甚至也不愿从衙门经过，往往宁可绕道而行。自古以来，从事公职者，作威作福，与民相隔，甚至“一字入公门，九牛拔不出”，所以和公门往来，民所顾忌也。

四、表示广大。一些名胜风景区，为了树立特色，刻意建造一座门墙，作为标志。乃至一些公共设施，如博物馆、公园、体育场、文化中心等，入口处设有大门，一到关闭时间，车辆就不得进出，以使开放有时。另外，像中国的天安门、法国的凯旋门、英国唐人街十号的英国首相官邸的大门等，雄伟壮观，不但表示其广大，也代表一个国家的文化与气势。

五、表示矮小。战国时，齐国的晏婴代表国家出使楚国，楚人欺其身材矮小，故意开右边的小门让他进入。晏子不入，并且大义凛然地说："出使狗国，才需要走狗门，今天我出使楚国，楚乃大国，应从大门入，不走狗门也！"楚国自知理亏，只得开大门迎宾。所以，门户不宜太大，但也不能太小，太小给人讥为狗门，不雅也。

六、表示信心。信心之门，就是"佛门"。"佛门"者，广大之谓也。一般说"佛门广大"、"佛法无边"，确实如此，佛门里，三宝所居，内有诸佛菩萨、三藏经典、高僧罗汉，其含义广大无边，诚乃自然也。

以上这许多门，你平时最常走的是什么门呢?

门 槛

古老的建筑，门框下方贴近地面的部位，都会设一条横木，称为"门槛"，高约五寸，但也有的高达一尺以上，我们就说这一户人家门槛很高。

门槛高的宅第，代表富贵，代表家世显赫，只是现代化的建筑，都讲究"无障碍"空间，所以门槛已经不适用于今日。不过现代社会，人间诸事，也有很多的门槛，于此一谈。

一、留学的门槛是才智。莘莘学子想要跨出留学的门槛，到世界各大名校留学读书，首先要有学业的基础，甚至要能通晓外文，经过国家考试认可，取得留学资格，同时获得报考学校的录取，如此即可出国留学，展开专业学术的研究。留学生涯，有的一待就是十年、八年，好不容易才能取得一个学位。通过留学的门槛，就是才智出众，因此青年学生莫不竞相留学，以便能跃登龙门，成为国家的学人。

二、就业的门槛是能力。完成学业的青年，接着就是忙着就业，就业又是人生的另一个门槛。跨过就业的门槛，找到工作，这不但要学业好，还要能力强。一般留学生在国外的名校毕业，学有专精，回到祖国后，就此展现能力。有的服务于工商企业，有的投身教育学术，有的从事政经文化，乃至在外交、内政上各凭所学，各领风骚。就算跨过了就业的门槛，能力重要，人缘更重要，这个时候就要广结善缘，要学习与人相处，要讲究服务品质，要能获得领导的信赖，以及同事的推崇，工作成绩迭有表现，如此能力才算是真正派上了用场。

三、爱情的门槛是财富。青年创业有成，这时到了适婚年龄，就想到婚姻。结婚之后，才算是真正的成家立业。婚姻的前奏曲，必须要有情人，情人在哪里？在金钱财富的后面。有人说，没有面包，哪有爱情？现代社会，不管男婚女嫁，彼此都要有经济的条件。要成家，能没有房子吗？一栋房子需要多少钱？要结婚，就必须养家糊口。尤其结婚的门槛，不但金钱富有，还要父母同意，甚至家族亲人都要掺一脚，表示意见，他们也因此成为门槛的附件。

四、升官的门槛是关系。学业、工作、婚姻的门槛都跨过以后，再来就想到要升官。服务于国家的政务官、各级民代，当然想要升官，即使是私人的团体企业，也希望升级，这时就要讲究社会的关系了。有语云：“朝中无人莫做官！”你想要谋个一官半职，不管是仗着父母的关系，裙带的关系，朋友的关系，同乡、同学等关系，都需要有关系。有关系，你就能跨过这一道一道门槛，如此前途才能顺利。

其实，以上所提，只是青年阶段想要登堂入室，必须跨越的门槛，事实上，人生还有更多社会的门槛，等着你跨越。有人迫害你，你如何跨过迫害的门槛？有人嫉妒你，你如何跨过嫉妒的门槛？功名有功名的门槛，人缘有人缘的门槛，感情有感情的门槛，一切人事财物，都有门槛，你都能一一通过，才能奔向前程。

窗 子

一栋美轮美奂的房屋，窗子的价值、功用至关重要。窗子不但能采光，还可以眺望窗外的景色，而且能让空气流通，所以一个好的居家，因为有了窗子，能够让人住得更舒适、更愉悦。

人体的眼耳鼻舌，其实就像身体的窗子。眼睛能欣赏风景，耳朵能聆听声音，鼻子能维持呼吸，舌头能饱尝美味。其中尤以鼻子能让气息进出，人体才能健康，人命才能维持，所以“窗子”也是人类生存不可或缺的重要设备。窗子的重要，略述如下：

一、房屋的窗子。一栋房屋，因为有了窗子，可以提升生活品质，不过窗子有时也会造成居家的危险。例如，平时蚊虫可以自由出入，甚至小偷也可以借助窗户，成为方便的下手处。尤其现代的高楼大厦，窗户成为寻短自杀者跳楼的窗口，所以窗户虽然功用很大，但也不能不有所防范。现代的公寓大楼，窗户都加装铁条、栏杆，使得现代人过着如囚犯般的“铁窗”生活。可悲的是，牢狱里的囚犯，有时还能借用窗户越狱逃亡。一般住家的铁窗，则往往在发生火灾的危急时刻，让里面的人逃生无门，所以住家的窗子，利弊难论。不过尽管如此，窗户仍是住屋不可少的设备。

二、人情的窗子。人与人之间，谈交情，论事业，相互之间都要找到一个可以保持畅通的窗口。一般说，秘书人员或是各种专员，都是最好的人选，他们成为老板对外的商业窗口、谈判窗口，甚至是人情的窗口。有时候，人情的窗口难以打通，就得借助别的管道，利用另外的窗口，达到交流的目的。三国时，诸葛亮访问东吴，能够舌战群儒，就是靠鲁肃为窗口。汉高祖传位于刘盈，“商山四皓”是发挥助力的最大窗口。古来两军对阵，向有“不斩来使”

的成规，就是懂得重视窗口的重要。人与人之间，多建立一些人情的窗口，尽量保持人情窗子的通达，对自己的事业必有很大的助益。

三、历史的窗子。历史是时间的记录，历史里有很多的层次，关系复杂。打开历史的窗户，我们才能看到历史的真相。古今许多皓首经史的学者专家，埋首在古籍书堆里，就是为了找寻历史的窗子，希望能研究出历史的真相。就拿近代史来说，明朝建文帝逃出失火的地宫，出家为僧，这是真实的吗？康熙是不是传位于四子雍正？乾隆帝究竟是汉人还是旗人？这都要打开历史的窗子，才能找出事实的真相。

四、心灵的窗子。知名作家林清玄先生，曾经出版一套有声书，书名叫《打开心内的门窗》。我们每个人都有不为人知的内心世界，因为平常我们把心灵的门窗紧闭，所以别人难以知晓。所谓“知人知面不知心”，假如我们能打开心灵的窗子，相互交流，彼此才能成为知心之交。

窗子有时候需要紧闭，以免风寒侵袭、隐私曝光，但是有时候也不能把窗子关得太紧，尤其心灵的窗子密不通风，没有人知道你内心的想法，如此不但交不到知心朋友，也会产生自我封闭的毛病。因此，窗子当紧闭时要紧闭，当开启时要开启，窗子能活用，才能于人有益。

窗　户

现代的建筑物都很重视“窗户”的价值，有窗户可以让空气流通，可以从室内看到外面的天空及各种景象，知道天气及外界的状况，所以有窗户的房子，价值自然比较高。

除了建筑上的窗户，现在社会上这个机关和那个机关往来办事，这个团体和那个团体接洽事情，都会先问：你们联络的“窗口”是谁？也就是谁可以当联系人。有了“窗口”才有对象联络，有了“窗口”才能找到对方，有了“窗口”才好办事，可见窗口的重要。

其实，所谓“窗口”，就是我们通过某一事物，可以观察到一些情况，这个事物本身就是一个窗口。例如，有些刊物专门报道世界新知，我们就可以说，这个刊物是了解世界的窗口。正如我们通过窗户，可以看到外面的世界一样。

兹将“窗户”之意，引申叙述如下：

一、眼睛是身体的窗户。人的身体，除了耳朵能听音辨位以外，眼睛可以观察四方，知道各种景象，所以眼睛是灵魂之窗。平日生活里，举凡起居坐卧，各项行事，都要靠眼睛看才能活动自如，所以眼睛是身体的窗户。

二、媒体是社会的窗户。社会每天发生的大小新闻，经过媒体主观、客观描述和报道，提供给社会大众，所以媒体是社会的窗户。

三、海关是国家的窗户。旅行世界各国，必须经过海关办理入境手续，了解你从哪里来、到此目的为何、携带哪些物品、预计停留多久等问题后，才能同意放行，所以海关的设立，就是国家的窗户。

四、银行是呆账的窗户。银行每天进出多少金钱，进账出账要平衡，如果存款太多，银行放贷不出去，本身要负担利息。即使转投资也有风险，贷款给民众，又怕收不回来，成为呆账，所以一般民众向银行贷款，必须有保证人，一切资格、条件符合，才能贷款，因为银行怕成为呆账的窗户。

五、教养是人格的窗户。做人要讲究教养，有教养才有人格。平时学习各种知识、礼仪，表现各种风度、气质，都是表现自己的教养，让自己的人格受到别人的肯定，所以教养是人格的窗户。

六、烦恼是痛苦的窗户。人的眼耳鼻舌身心，每日攀缘外境，就会产生喜怒爱憎等烦恼。因为有烦恼，内心就会感到痛苦，所以烦恼是痛苦的窗户。

七、疑问是知识的窗户。人生要有“学问”，学而要问，所以禅门教人要“提起疑情”。很多问题要经过疑问才能了解，打开疑问的窗户，让知识蜂拥而入，那就是有智慧的人了。

八、念佛是净土的窗户。信仰佛教的人，念阿弥陀佛希望往生西方极乐世界，念药师佛希望往生东方琉璃净土，念弥勒佛希望往生兜率净土。这就如同学生希望将来往什么方向发展，他就进入选定的学校就读相关的科系。所以，窗口就是通道、就是路径，找对了窗口，才容易达到目标。窗口的重要，于焉可知。

枷　锁

监狱里的囚犯，尤其一些重刑犯，整天披枷带锁，让人看了心有不忍。其实，监狱外的社会大众，每个人无不是戴着无形的枷锁，无不是忍受着很大的生活压力。例如：

一、婚姻的枷锁。婚姻是人伦的纲常，结婚以后，男女双方都要负起持家的责任，都要生儿育女，都要守成创业。有时候夫妻性格不同，文化背景、生活习惯各异，大家必须压低自己的身段，迁就对方，才能家和平安。夫妻之间，尤其要互相尊重，给予对方生活的空间，否则婚姻就如枷锁上身一样，真是所谓“家”庭者，“枷”锁也。

二、子女的枷锁。人类为了传宗接代，都要生儿育女。抚养儿女的辛苦，如《父母恩重难报经》说：三年的婴儿期，父母推干就湿；十年的幼儿成长期，儿女无知，父母都得凭着天性忍耐包容，完全以忘我的精神，肩负着枷锁、压力，陪着儿女一步一步成长。所以，子女是开心果、是希望，但也是枷锁。

三、宠物的枷锁。现代人喜欢养宠物，虽然有快乐，但也无异是自找麻烦。动物因你爱护它、饲养它，当然它会喜欢亲近你，让你觉得贴心、可爱，因此就会更加喜爱它，把它当成儿女一般宠爱。如此一来，你出门办事要带着宠物，远行出差，心中挂念着家中的宠物。有的年轻人养了宠物以后，为了喂食问题，十年、二十年不敢到外面旅行、住宿，所以宠物不但制造麻烦，也成了枷锁。

四、名利的枷锁。所谓“名枷利锁”，名利更是枷锁。世间上，许多人做了名利的奴隶，被名利紧紧束缚，所以到最后，究竟是人利用了名和利，还是名和利利用了人？由于人都有好名慕利的心理，名利对个人的生活、对家人亲族的重要性，致使每个人不得不甘心情愿地被名和利所困住。

五、时空的枷锁。人为了赶时间，要戴手表，甚至晚上睡觉，要设定闹钟，隔天才能准时叫醒自己起床，免得误了时间。上班族，为了上班要准时，开会要出席，朋友约会要应酬，每天都在忙着赶场。就是一般的家庭主妇，也要忙着三餐，忙着家务。儿童从小赶着上学，赶着时间游玩。即使到了老年，还要赶着到医院排队挂号，忙着看诊、吃药。所以人的一生，就为了赶时间，时时在与时间赛跑。可是时间是无限的，人生是有限的，在有限的人生岁月里，到最后都如弃权的运动员，不容易到达自己的目的地，良可慨叹。除了时间的枷锁限制以外，空间也是负担，每天这里、那里，此地、他方，都在计较行程多少。火车站、飞机场、高速公路上、会议场所里，甚至菜市场、百货公司，空间的来去，就需要时间的帮助，时间就这样慢慢被空间消磨了，所以人生受到时间、空间的枷锁所限制，实在也是不得自由。

六、身心的枷锁。身心在有限的时间里，慢慢地也被枷锁控制而失去自由。眼睛要戴眼镜才能看清前方，耳朵要戴助听器才能听到对方讲话。牙齿是自己的，但因动摇了，只得拔除，然后装上满口的假牙。身体里，被很多的肠胃药熏得满身药味，尤其心里的贪欲、嫉妒、怨恨，更是像枷锁一样，紧紧地扣住身心，让你不得自由，让你无法解脱。因此，人生这样一数，那样一算，所背负的枷锁之多，实在可怜复可叹，故而能够去除枷锁，获得佛教所谓的“解脱自在”，就显得十分重要了。

钥匙

人世间就像一栋大房子，层层叠叠的，有很多门锁，需要各种钥匙来打开。人生有些什么锁，需要什么样的钥匙来打开呢？

一、知足是幸福之钥。世间上，每个人都在追求幸福，什么才是幸福呢？金钱、爱情、名位、事业、儿孙，这一切其实都只是个名词而已，要有内容，才有实质的意义。例如，儿孙要能孝顺、事业要能安稳、财富要能净善、爱情要能和谐等。总说开启幸福人生之门的重要钥匙，要能知足，知足才是开启幸福之门的钥匙。你能知足，温饱就是幸福，儿孙明理就是福报，自己所拥有的一切，不必跟人家比较、计较，自我满足就是人生至乐也。

二、发明是文明之钥。科学家发明器具，哲学家发明哲理，文学家发明意境，宗教家发明心地。有发明就有文化，有文化就能光大国家、光大民族、光大传承。每个人都可以发明，家庭主妇在厨房里发明菜肴的煮法，增加食物的色香味，儿童发明游戏的玩法，艺人发明新的表演节目，商人发明新的产品，发明实在是开启文明光辉的钥匙。

三、谦虚是诚意之钥。我们和人相处，最重要的是让对方接受我们的诚意。为了表达自己的诚意，就要懂得谦虚，贡高我慢，即使真有所长，也会让人敬而远之。一个人能谦虚待人处事，即使是平庸之辈，也会让人乐于亲近。谦虚的人，就像稻穗，愈成熟，愈是垂首低头。我们可以在语言上表现谦虚，在态度上展现亲切，让人感受到你的诚意而接受你、感谢你，如此谦虚自能打开人我的门限。

四、服务是人缘之钥。每个人都希望自己是一个有人缘的人，如何才能有人缘呢？要能让人接受！让人接受，最重要的是你能为人服务。一个勤劳为人服务的人，没有人不接受，大家接受了你，就是你的人缘很好。现在的社会，最能充实社会价值的，就是那些义工，一些弱势团体是他们服务的对象，一些信仰的道场更是他们乐于贡献、服务的地方。这许多义工，因为乐于服务，所以能广结善缘，自然会有人缘。

五、责任是承担之钥。一家公司或是一间工厂，都有负责的主管；身为主管，就要负起比别人更多的责任。据说海军的军舰，或是一般商船，遇有船难时，船长总是最后逃生，以示负责。过去有为的帝王，遇到民生凋敝，也会“下诏罪己”，以表抱愧。现代人，多数都愿意随喜帮忙，随喜助力，但不希望负责。其实，负责的人才能承担责任，负责才能全始全终，负责才能公忠体国。我们的社会，需要许多勤劳工作的人，但我们更希望产生一些负责的领导者，因为一切事业要有人负责，才能承先启后。

六、努力是成功之钥。每个人都希望成功，成功不会从天上掉下来，也没有人能送给我们，成功要经过努力之钥，才能开启成功之门。我们到各个大学去调查，那些教授如果不努力，如何能成为教授？我们到集团去访问，那些企业家没有当初的努力，如何能成功创业？所以人生要想得到什么果，就要播种什么因；要想开启什么样的门，就要准备什么样的钥匙。有因才有果，这是不变的定律。

篮　球

你爱好打篮球吗？篮球是一项训练自我成长、完成自我人格的运动。篮球选手，在球场上奔跑跳跃，看起来是你争我夺，毫不客气，事实上，篮球的运动规则，最能培养球员感恩、勇敢、敏捷、认错、服从、宽容、合作等美德。兹述如下：

一、感恩。打篮球，先要感谢比赛的对手，如果没有他们，就无法赛球。所以比赛前，大家都要相互敬礼、握手，彼此先礼后兵，表现出运动员应有的风度与礼貌。

二、勇敢。打篮球要靠勇敢争先，不能怯懦、犹豫，否则机会稍纵即逝。但是勇敢并非莽撞、斗狠，打篮球最忌讳碰人、撞人、打人，都视为犯规。一场球赛，每位球员最多只有五次犯规的机会，如果一直犯错，超出这个数字，这场比赛就无法上场赛球了。

三、敏捷。篮球场上，要争取好成绩，就得看谁的动作快，能尽量争取到投篮的机会，才能得分。所以，每一位球员在运球、传球时，要快、要准，不容有丝毫差错，让对方有机可乘。为了达到动作迅速敏捷的目的，练球时，球员无不苦苦地把跑步练得像长跑健将一样，尤其在球场上来回驰骋，要能步履稳健，履险如夷，才能减少失误。

四、认错。在球场上，表现英雄气概，在万人观赛之下，和对方交手，你来我往，如入无人之境，难免会有技术上的犯规。例如带球走、两次运球，甚至用脚钩人、用手肘拐人，或是非法挡人、非法拦截、非法超球等，都是球场大忌。一旦犯了上述错误，裁判明察秋毫，哨音一吹，只得乖乖地认错，主动向对方道歉，甚至鞠躬行礼。

五、服从。篮球场上，服从教练是美德，服从裁判更为重要，所以，举凡教练的一个手势、裁判的一个哨音，都让球员心惊胆战。但也要表态服从，不但要向对方道歉，甚至要向裁判认错，因此篮球场上，最能培养服从的美德。

六、风度。一个优秀的球员，不但球艺要高超，而且球品更重要。打球的时候，虽然要勇猛向前冲，但是更要注意对人的尊重。例如，不可以有小动作，不可以气急败坏，不可以显出不耐烦，或是不服从的态度，否则都有失高手的风度。所以，一个球场战将，要能静如处子，动如脱兔，尤其无论胜败，都要表现大将之风，不如此，就不能成为万人追捧的篮球健将。

七、合作。篮球是一种团队运动，不重个人单打独斗，必须群策群力，所以个人不能贪功，必须懂得适时为球友制造机会，因此平时培养团队的默契也很重要。一个球队的组织中，虽然名义上有中锋、后卫等，但也不是一成不变的，如何灵巧地互补，应用之妙，存乎一心。尤其投篮时，不光是靠技巧就能奏功，要靠彼此合作，互相护航。甚至投篮时，也不是光用眼看，要用心眼投篮，只要功夫纯熟，则球一出手，应声入网，就非难事了。

篮球教育

体育运动可以锻炼身体，增强体魄，不但可以健身，还可以强国。在各种体育项目中，篮球竞赛不但是一种运动，个中还蕴含了人生的教育意义，略述如下：

一、尊重对手的存在。篮球是集体的运动，不但自己组织球队，还要有各方的球队，彼此竞赛，才能增加乐趣。所以，本来不相识的人士，因为篮球运动，把大家集合在篮球场上，相互切磋，互比高下。即使对方与我方是敌对的立场，但是仍然要尊重他们，甚至要心存感谢，因为有他们才能赛球。因此，在篮球场上，开赛之前，双方要互相握手、敬礼；比赛结束后，胜负已分，仍要握手为礼，互道珍重。双方是对手，也是朋友，有竞技，也可以惺惺相惜。尊重对方的存在，这是篮球竞赛最宝贵的教育。

二、培养认错的精神。在篮球场上，球员最能表现风度的，就是不侵犯对方，不要小动作。假如防守、进攻时，有不当的动作，例如打人、推人、不当阻挡等，以致侵犯了别人，称为“犯规”。犯规之后，不能死不认错，只要裁判哨子一吹，立刻要举手认错，并向对方鞠躬致歉。即使无意的犯规，当“五犯”离场时，也要向全场观众鞠躬，下台退场。所以，篮球运动养成认错的精神，应该是最好的人格教育。

三、养成积极的性格。篮球运动，有所谓“篮球时间”，不容你一刻懈怠、一刻犹豫，在零点几秒的时间里，你没有接稳球，没有上篮，输赢立见。所以篮球的人生，要不断争取时间上的掌握，以及空间上的控制，因此能养成自己积极进取的能量。打篮球是极耗体力的运动，每一分钟都要在全场来去奔跑多次，一场球赛下来，可能跑了数十公里，虽然汗流浃背，要不觉辛苦，愈是战况热烈，愈能激发自己的勇气，毫不畏缩地和对手一拼。到了比赛结束后，胜者固然欢欣，败者也不必气馁，因为还有下次再见。

四、重视团队的荣誉。篮球比赛固然讲究个人表现，更重要的是追求团队的胜利。一个好单打独斗的球员，即使是好手，教练也不敢重用。篮球运动讲究集体创作，讲究前锋、后卫相互配合，讲究中锋运球，供输适当。比赛中，每一个时刻都可以定输赢，每一个队员也能影响胜败，所以篮球讲究互相配合，用集体的力量创造团队的荣誉。虽然一队数人，但是大家只是一心不二，要求全队胜出，这是球队的共同目标。

总之，篮球比赛要靠团队精神，一个个性不合作、不团结的青年，在打球中为了要跟大家配合，自然会与队友合作、团结。另外，不肯认错、犹豫不决，这是青年的通病。在篮球场上，犯规就必须举手认错，对一个做事不肯认错的青年，在打球时自然会顺服。再者，在篮球场上，分秒必争，容易养成球员勇往直前、冒险犯难的精神，所以篮球运动，值得大力提倡。

变化球

在体育运动中，棒球、乒乓球最流行的有一种叫“变化球”。所谓“变化球”，就是球路变化莫测，让打击手捉摸不定，难以把球打中，结果就会败下阵来。例如乒乓球可以打飘球或下沉球，也可以打煞板球、倒抽球等。如果是棒球，投手可以投上飘球、下坠球、直球等。

人生也有许多的变化球，不管对方投来什么球，都要有本事挥棒击中，甚至要能把球打出去，才有机会胜出。人生有些什么变化球呢？面对变化球时又要如何接招呢？

一、工作上的变化球要能适应。社会上各行各业，除了士农工商各有不同以外，同一个行业里，工作性质也有多种，有的属于基层劳动，有的属于行政策划，有的负责对外公关，有的负责产品销售。他们当中有的管人、有的管钱、有的管事、有的管物，不管工作属性为何，主管经常都会抛出变化球：一下子临时要加班，一会儿要修正企划案，忽而要召开会议，突然又说原定计划要延后。不论主管抛出什么变化球，都要能接受、适应，才能称职。

二、处事上的变化球要能沉着。吾人在社会上处事，也经常接到各种变化球。有的人问题来如疾风，不容思考，马上就要给他响应；有的人问题迂回曲折，需要再三斟酌才能周全。有的人行事风格讲究实际，快速利落；有的人需要对他客套礼貌，一板一眼。甚至有的人方正，有的人圆滑，有的人奸巧，有的人虚假，不管对方来了什么变化球，你总要沉稳接招，千万不能随便挥棒，不能经常被三振出局，否则就不是优秀的人生选手了。

三、人情上的变化球要能圆融。在人情往来当中，也有许多变化球。有的人搬出权贵当靠山，请托办事；有的人使用利害关系向你的顶头上司施压，要他影响你，像立法委员的介绍信，像治安机关的请托函等。总之，社会人情的变化，一个变化球快速进垒，往往让打击手神志恍惚，错判打击方位。所以做人的智慧，明快、方便、圆融都要拿捏得恰到好处，才能把变化球打击出去，而不至于伤了感情，造成不良的后果，这是人生最高明的打击手。

四、生活上的变化球要能机智应对。日常生活中也有很多的变化球。气候冷热无常、晴雨不定，要加减衣服，要穿雨鞋、带雨具等，都要能接受突如其来的变化。家里来了客人，饭菜来不及准备，是请客人到外面餐馆用餐，或者快速煮个面食将就一下，都有不同的应变。正要上班，忽然接到朋友紧急求助的电话；赶着赴约，车子突然在半路上抛锚等，面对生活中的各种变化球，都要能机智地处理。

五、感情上的变化球要能升华。家庭里夫妻失和，或恋人之间的感情发生变化，面对这种感情的变化球，可能很难应付。有时夫妻一方，怀疑对方移情别恋；男女情人，感觉对方已有变心的迹象。面对这种感情的变化球，切忌感情用事，应该沉着面对，以真诚让对方感动，或者大方地明白表示，会尊重对方的选择，千万不要疑神疑鬼。能让感情升华，反而容易解决问题。

游乐园

你曾经到过美国、日本和中国香港地区的迪士尼乐园一游吗？世界各地都有大大小小的游乐园，当你在游乐园乘坐各种游乐设施时，如果用心感受，必能体会到游乐园对人生的诸多启示。略述如下：

一、眼界要如观景平台看得远。我们到了游乐园，在观景平台的制高点往下一看，周边的风景一览无遗，甚至园内大大小小的游乐设施尽入眼底。我们做人的眼界，要如站在观景平台上，能够看得多、看得远，才不辜负到游乐园一游。

二、心胸要如摩天转轮达十方。游乐园里的摩天轮，可以三百六十度地不断转动，就好像我们胸怀万有，胸中的思虑也在不断地汹涌澎湃。有人说“立足当下，胸怀法界”，你能胸怀法界吗？摩天转轮时而升高，时而下降，就如生命在六道里轮回，你能感受到自己的心念也在时而天堂、时而地狱地不断轮回吗？

三、生活要如咖啡茶杯有情调。人的生活，就如在游乐园里的咖啡厅，一杯咖啡，一杯热茶，三五知己，一面游乐，一面谈心，多么诗情画意，多么浪漫有情调。我们能把游乐园里轻松愉快的气氛，一直融入在生活之中吗？

四、情感要如自由落体能提放。人的感情时而热烈、时而冷淡，如果从很热烈的高温，忽然降到零下摄氏度的低温，就像游乐园里的自由落体，从高而降，你能受得了吗？人的情感，常常一下热到高点，也会降到冰点，这当中有时让人来不及转变。对于这种升降的落差之大，必须要经得起。据说现在大学里，为了防止年轻人因失恋而自杀，希望大家对感情能“提得起，放得下”，都鼓励年轻人要经历感情的冷热升降。能够经得起感情的煎熬，增加抗压性，如自由落体忽然从高空落下而不会受伤，这是今日青年男女必修的功课。

五、思想要如云霄飞车通天地。人都有思想，你的思想是被囚禁在框框、牢笼里呢，还是能上天下地的自由自在呢？如果我们的思想能像游乐园里的云霄飞车，时而冲向高空，时而俯冲而下，思想能上天下地，就能灵活而不受世俗之拘泥，能够了无挂碍，才能增加智慧。

六、人我要如旋转木马知周旋。一般的游乐园里，不可能只供一人独自游玩，总有很多来自四面八方的人群，聚集一处，大家摩肩接踵，一同欢乐。人生世间，也如游乐园一样，不能离群独居，总要与社会大众往来、接触，所以在人生的游乐园里，人我的关系要如坐在旋转木马里，木马绕着轨道，旋转自如，忽前忽后，忽东忽西，忽上忽下，都要具备各种应变的能力和态度。在人间，人与人相处、往来，关系能够融洽、和谐，人生才能真正像在游乐园一样，充满欢乐和笑声。

代言人

现代社会，人际往来频繁，有时候开会不能亲自出席，找一个人代表出席。和政府的文书往来，如刑事诉讼、土地契约等，找一个律师、代书当代言人。代言人有的代表国家发言，有的代表团体发言，有的代表事业发言，有的代表自己说他该说的话。

代言人多数都是兼代的，但也有专业的代言人，像现在的机关团体都有发言人，代表机关团体对外发表意见。代言人必定具有代表性，必然有他的重要地位。现代社会有些什么代言人呢?

一、替产品广告的代言人。现在是个广告的时代，一种产品问世以后，要能营销，要让消费者接受，必须通过广告周知大众，所以广告成为产业界和消费者之间的桥梁。广告要能打动人心，要能取信于人，才能吸引消费者购买，所以产业界做广告，都会找很多名人来代言，尤其是大众所熟悉的公众人物。由他们来为产品广告代言，往往能收到很大的效果。不过，广告切忌夸大不实，只要能把产品的特质、功效如实传达给消费者，而产品本身真的能做到质量保证、货真价实，才是最好的广告。

二、替父母诉求的代言人。一个家庭里，大都以父母为一家之主，他们在亲族、朋友之间，或有一些难以表明的话，这时候子女就要站出来，委婉地为父母代言。我们常听到一些青年男女说：家父、家母希望怎样……儿女不但替父母向亲族、朋友代言，有时甚至代向信仰的宗教教主祈福，希望父母健康长寿、希望父母福慧增长、希望父母自在平安、希望父母少烦少恼。儿女能为父母做这些代言、诉求，必然是一个孝顺的乖巧儿女。

三、替众生请命的代言人。在二十世纪有一位漫画家丰子恺先生，出版了一套《护生画集》，内容都在劝人不要任意杀生，共同保护动物。如他漫画中所说白居易的诗句："劝君莫打三春鸟，子在巢中望母归。"又说，"欲知世上刀兵劫，但听屠门夜半声"等等，这些都是在替众生请命，为它们代言泣诉。再如现在一些弱势团体，乃至不少手脚残疾、五官不全的残障人士，他们的生活充满辛酸悲苦，亟待世人关怀、赞助。甚至现在有很多低收入户，乃至低阶的劳工，如薪水微薄的清道夫等，我们都希望社会能看到他们，为他们代言几句，让社会大众共同付出慈悲关怀，这是功德无量的善事。

四、替公益发声的代言人。当今社会从事公益的人士日渐增多，如各种基金会、各种慈善团体、各种养老育幼的机构等。很多从事公益、服务社会的善心人士，他们并不一定很富有，并非人人都是开银行或开公司的大老板。他们也只是抱着不忍世道衰、不忍众生受苦，所以慈悲勇敢地站出来，为苦难的众生发声，让大家感受到世界的慈悲、和谐。因此，我们希望社会大众，人人都能主动地为公益、慈善、宗教团体发声，间接的也是为苦难的众生代言、倾诉。

探　索

人经常对自身产生许多疑问，需要探索，对学问也有许多不了解，需要探索，尤其对宇宙人生有诸多迷惑，更需要探索。有探索追求的人生，才有深远的目标，才会发掘人生的兴趣。不知道探索，浑浑噩噩，被世间、他人牵着鼻子走，甚为可怜。

说到探索，我们要探索一些什么呢？

一、探索自然界。现在的科学，即使发展到了今日，还是有许多自然界之谜，需要许多人去探索。探索太空、探索海洋、探索高山，通过探索，解开自然界之谜，把探索所得贡献给未来的人类。例如，探索台风形成的原因，能防范风灾于未然，不是可以减少很多灾害吗？探索地震，了解震中、震源，不是可以减少很多灾害吗？火山为什么会爆发？地球为什么会暖化？大海里还有些什么宝藏？尤其外太空的星球，被沸沸扬扬议论的外星人，到今天还不知所以然。外太空的星球究竟有没有生命？两千多年前释迦牟尼佛说出“三千大千世界”，说出“佛国净土”的种种情况，现在就有待科学家来给予证明了。

二、探索学术界。现在世间的学问，研究成果辉煌，自然科学、人文科学，甚至五千万年前人类的生命从哪里来？生命究竟是怎么起源的？佛陀对生命的起源、生命的还灭，理论上都有一些说明，事实上还需要科学家来给予一一探索，加以追究。六千五百万年前恐龙为什么会绝迹？现在的电脑继续发展下去，未来会取代人脑吗？人类怎样才能登陆星球？甚至人类和其他星际要如何交往？人类对历史的考证、对古今演变的研究，在在都需要探索。

三、探索阴阳界。白天、夜晚，昼夜称为“阴阳”，但实际上是生死。一般所谓“阴阳两隔”，生从哪里来，死到何处去？“何处”是指哪里——阴阳界。阳界我们可以体会得到，阴界究竟在哪里呢？“阴阳”的世界佛法能明白，但是因为人有五阴覆盖，所以有“隔阴之迷”。不过，人类对阴阳的认识，难道只让“十殿阎君”来表示阴间的情况吗？这在科学上或宗教界必定还有另外的探讨。人类对阳界的探讨很多，阴界的探讨几乎没有成果，所以能把阴阳都探索清楚，也是一大贡献，就如同明白生死大事一样重要。

四、探索心灵界。我们的心灵世界深不可测、广不可知，佛教描述心灵世界的经典，为数很多。唯识学所讲的唯心问题，自成一宗，现在学者据此发展成为佛教心理学。但我们希望有人能将佛教唯心理论，和当今的唯物论、唯人论，加以综合研究，给以分析归纳，让一般大众都能容易了解。

我们知道，自古以来人类对于心、生命、世界、业力、神力，都做过不少研究，但现在需要的，是能给全民浅显易懂的知识。就如同飞机可以上天，潜艇可以下海，冷气能把空气变冷，暖气能让室内温暖，就这么简单自然。探索的目标，需要如此去完成。

意　外

在日常生活里，难免会出现一些“意外”，好的意外是惊喜，不好的意外是恐慌。好的意外、不好的意外都会发生，如果人有定力，好的意外不必过分惊奇，不好的意外也能安然地加以处置。

人生经常会遇到哪些“意外”呢?

一、意外的惊喜。买彩券中奖了，是意外的惊喜，青年男女一见钟情，更是意外的惊喜。烽火连三月，忽然一封家书传来，就有意外的惊喜。他乡遇故知，也是意外的惊喜。其实，意外的惊喜应该把它扩大开来，读到一本好书，有意外的惊喜；听了一场好的讲演，是意外的惊喜；今天的餐桌上多了一道菜肴，意外的惊喜；朋友来了一通电话，意外的惊喜。但是，意外的惊喜也要看你能维持多久，有的人一句好话、一杯好茶，久久记在心中，欢喜不去，所以欢喜能耐久。有的人即使再多的欢喜，也好像云雾一样，很快就散去，纵有欢喜，也是电光石火，甚为可惜。

二、意外的际遇。人生的旅途上，一路走来受到父母的疼爱、老师的栽培、朋友的真心以待，觉得人生际遇很好。甚至工作上，领导提拔我、善缘帮助我，感觉工作有很好的际遇，真是无比幸福。但是也有的人一生挫折不断，考试落榜、爱情失意、事业不顺。不过坎坷的遭遇并没有让他对人生失望，他依然奋发努力，热心公益，加入义工行列。有一天在公益活动中，遇到一个志同道合的人，两人一见投缘，携手创业，从此走上人生的坦途，这就是意外的际遇。人有好因好缘要珍惜，珍惜因缘的人常常会有好的际遇，不珍惜因缘，即使好的际遇也会轻轻过去。

三、意外的所得。意外的所得本来应该是欢喜的，但是也有麻烦，因为是意外得来的，别人看到都会想要沾一点光。例如，你中奖了，他要你请客；你发了一点小财，他觉得应该“见者有份”。所以有所得必有所失，得失好像是难兄难弟，如影随形，容易聚在一起。人生对于意外的所得，要能够不在意，甚至得失都能看淡一点，有所得不必太计较，有所失也不必去介意，如此人生才能自在安乐。

四、意外的相逢。自古以来，中国多战乱，许多骨肉亲人离散数十年后，生死两不知，忽然接到对方信息，终于能够再相逢，真是恍如隔世。根据二〇〇八年一月二十三日报载，有一名越南女子到中国台湾帮佣，目的是希望寻找从小未曾谋面的亲生父亲。但是来台七个多月后，因所照顾的老太太往生而前往金门。到了金门后，她发现自己一个重要的小包包遗失，于是打电话请前雇主蔡老先生在房间找寻。果然找到越女所称之物，老先生好奇打开一看，里面竟是一张自己年轻时的照片。后来经过了解才发现，原来这名越佣，竟是四十多年前自己在中国香港与一名越南女子相恋后生下的女儿，父女意外相逢，不禁喜极而泣。

人生难免有很多意外，好的、坏的意外都要善于处理。不善于处理，煮熟的鸭子都会飞了，善于处理，不好的意外也能得到化解。

速　度

世间，什么东西速度最快？过去说“飞毛腿”最快，后来说脚踏车、摩托车、汽车最快，甚至捷运、新干线的火车，乃至飞机，一种比一种还要更快。但现在这些都不算最快了，因为它们都比不上雷电、光速。其实，电、光也不算最快，以佛教的了解，佛法讲人的“心念”最快。心念一动，即刻就可以到巴黎、伦敦、纽约；心念一动，可能回到几十年前，甚至几百年前，心念是超越时空的。

现在是个求速的时代，但是“欲速则不达”，所谓“十次车祸九次快”，粗心大意，只为图快，因为求快而造成的错误或遗憾，都是事后难以弥补的。

针对现在是个追求速度的时代，兹以数事略论快速的利弊：

一、速食。速食食品的风行，已有数十年历史了，不但有方便面、速食快餐等，甚至用电磁炉、微波炉煮东西，虽然快速煮熟，但也很快就会冷掉，就如快速成长的禾苗，也容易萎谢一样。所以，现在科技迎合人类的需求，发明了很多快速的东西，究竟是有利有弊？这就见仁见智了。

二、速讲。过去看电视，主播台上的记者，播报新闻字正腔圆；一些评论性的节目，主持人也是从容不迫，侃侃而谈，让人觉得像听名嘴讲话，真是一大享受。但现在的主播，平均每分钟要讲二百个字以上，让人的听力赶不上他说话的速度。尤其一些产品广告，以秒计费，为了节省成本，更是快速得让人不知所云。快速就很好吗？实在叫人怀疑。

三、速读。古人以“一目十行”来形容阅读的速度之快，但是写文章的人，则是每字、每句都要“字斟句酌”。其实真正“一目十行”的人，当他看过一篇文章以后，你问他书中讲些什么，大部分的人都记不清楚，所谓“囫囵吞枣”，不如细细地读，细细地看，比较能记得久远。

四、速记。数十年前，一般的打字员一分钟速记七八十个字，就算是高手了。现在的电脑打字，一分钟不能打个二百字以上，还不容易找到职业呢！尤其一些专业的记者，一分钟要速记二十个名字以上。虽然美其名曰争取时间，实际上人一直不断要超越极限，生活过得这么紧张，完全失去了悠闲人生的意义。所以，在追求快速的同时，无形中失去的，往往更多。

五、速成。现在凡事讲究速成，一栋大楼，数月就建成了；不少工厂都实施两班制、三班制，好像每个人就是为了快速而活着。在快速的生活里，完全找不到生活的意义，实在是得不偿失。

其实，人生争取时间，求快是应该的，但是如果变成追求灭亡的速度，那就有待商榷了。过去我一直想在高速公路的天桥上，挂个标语：“不急，不急，安全第一！”或是在车站等公共场所，挂个“不急，不急，礼让第一！”我对很多的交通标语，最欣赏那句“妻儿倚门望，安全驾驶归”。所以我希望世人在追求快速的人生里，偶尔也要懂得刹车，让快速的人生中，虽有速度的快感，也有悠闲的享受，能够把人生的速度调整好，不快不慢，是为中道。

目中有什么

社会上，有的人傲慢，不把别人放在眼里，因此被人批评为“目中无人”。不尊重别人，想要获得别人的尊重，这是很困难的事。

世界上，贤愚不肖，千百万种的人，我们应该怎样对待他们？这是一门学问，但是不管什么样的人，我们都应该懂得相互尊重，所以要“目中有人”。我们的目中要有一些什么人呢？

一、目中有有缘人。世界上的人，如佛经讲，都是“如父如母，如兄如姊”，应该都是有缘人。你看，自古就有“异姓兄弟”，现在更有“异国鸳鸯”，大家都希望彼此结个善缘。假如能把这种善缘扩大，则世界就如古人所说“四海之内皆兄弟”，那么世界将是何等美好呢？

二、目中有善知识。一切人不但都是我们的有缘人，甚至要把一切人都当成善知识，亲近他、尊敬他、向他学习。即使没有东西为我所学，我也能包容他，如孔子说“三人行，必有我师焉”，又说“吾不如老农，吾不如老圃”，可见哪一个人不能当我们的善知识呢？所谓“善财童子五十三参”，能把别人都当成善知识，自己必然日有长进。

三、目中有新移民。现在交通发达，真是“天涯若比邻”，尤其随着各国相互移民，慢慢促进种族融合，未来的世界将不再有国家、地区之别，大家都是地球人。所以，我们平时待人，不要心存成见，不要有排斥的心理，大家能共同在地球上生活共存共荣，何其美好！目前，美国、澳大利亚，都是靠新移民的贡献，才会更强、更大。因此，未来世界的趋势，对新移民要欢迎、尊重，国家才能成其大，才能展现国家文化的包容性。

四、目中有原住民。我们目中有新移民，但并不排斥原住民。原住民是我们的前辈，他们对本土的开发，已经有了贡献。台湾人，多数也是由福建、广东等大陆各省到台湾，他们到台湾后，对原住民也是一样给予厚待。

五、目中有残障者。吾人眼中，不要只看到英雄、美女等风云人物，或是有钱有势的达官贵人，我们应该看看街头巷尾一些残障人士。他们天生身体残缺，享受不到健全人生的美好，我们应该怀抱“人饥己饥，人溺己溺”的心理。眼中能有他们，必能生起慈悲心，给予关怀、照顾，这样我们的社会就会更和谐、更美好。

六、目中有小人物。不容否认，社会上有很多杰出人才，他们对国家社会的贡献，我们要心生感恩。但是，社会上还有很多不被人重视的小人物，他们有的靠自己的劳力为生，有的靠别人的救济苟延残喘，有的在别人的轻视中生存，没有尊严，没有荣耀，甚至没有生活的喜悦。假如社会人士目中都有这些小人物，给予他们教育、帮助、提携、尊重，让他们也能提升自己，和社会上的一般人一样，同样享有尊严的生活，他们也会成为社会安定、繁荣的力量。

我们的目中有什么，代表着我们的心胸、智慧、眼界。我们的目中不是只看到一些百万富翁、政治新贵。如果人人能用体己的心，目中所见都是有缘人、善知识、新移民、原住民、残障者、小人物，则所谓“百花齐放”、“万家共有”的社会，不是更美好吗?

玖 · 大自然的生命

用感恩心看待生活，你将减少抱怨；
用智慧心升华生活，你将收获欢喜；
用清净心安排生活，你将拥抱安宁；
用慈悲心面对生活，你将享受禅悦。

大自然的生命

大自然里，凡是存在的东西，应该都是有生命的。如果没有生命，怎么能与天地同在呢？以下试说生命在大自然里散布的情况：

一、细菌住于潮湿。凡是潮湿有水的地方，就会有细菌繁殖，所以自古农业加工技术不发达，但是农民都懂得用日晒、烘焙法来保存蔬菜等农产品，因为干燥的地方，细菌不容易生存。

二、鬼神住于阴暗。世间有一种生命属于“化生”，如鬼神之类，他们不在阳光下活跃，只在阴暗的地方生活。

三、昆虫住于土壤。昆虫的种类很多，有的寄生于树木、花草之间，有的蛰居在土壤下面，这也是它们维护生命的安全之地。

四、鱼虾住于大海。有人说，海洋里的生命最多，确实不错。世界上，海洋占了大地的四分之三，里面有各种生命，除了常见的鱼虾以外，卵生、胎生、湿生，两足、多足、无足，有骨、无骨等形形色色的生命，真是百千万亿也难以概括。

五、鸟兽住于山林。相对于辽阔的海洋，在森林茂密的崇山峻岭里，一样有无数的飞禽走兽生活其中，高山林木就是鸟兽们生存的庇荫所。

六、人类住于平地。世界上的人口总数六十亿，比起海洋、高山、土壤，乃至阴暗、潮湿之地的众生，为数极少。但是居住在平地上的人类，凭借双手万能，尤其有能思考的头脑，因此成为“万物之灵”。

七、日月住于虚空。人类的社会，生命的发展，其实“人外有人，天外有天”。在宇宙之间，人有居处之外，日月星辰在虚空中运转，风霜雨雪调节万类有情的生机，所以同样让人感觉到大地山河、日月星辰也有生命的运转。

八、佛陀住于涅槃。宇宙间的大觉者，修炼到生命圆满时，所谓“不生不死”、“不生不灭”，那就是一个“涅槃”的境界。诸佛菩萨，他们现在多住于涅槃之中，超越大化之外，不受时空、生死对待的限制，比天地更永久，比日月更恒长。

综上所说，天人住在天上，地狱众生住在地狱里，甚至法界有情各有居处，各有住所。唯有佛陀及修道有成的人，认真说起来，他们不住于生死，也不住于涅槃，他们已经超越时空、生死，所以佛教讲到虚空之大，都用无量无边、无穷无尽来形容。讲到时间之长，都用无量阿僧祇劫来表示；讲到众生之多，真如数恒河沙。在无限的时空、无量的生命里，我们人类数十年有限的生命，实在是大海之一沤、大地之一沙，渺乎其渺，微乎其微，所以要穷究生命之奥，还有待我们向佛法里探讨。

以水为师

世界上什么最可爱？有人说：大自然最可爱。大自然里，高山流水，平畴绿野，乃至蓝天白云、晨晖夕照、鸟叫虫鸣、花草树木等，都让人赏心悦目，也让人师法学习。

大自然里有什么值得吾人学习的呢，兹以水为例，略述如下：

一、向滴水学习。滴水虽微，可以穿石；滴水虽小，可以汇聚成洋。不可以小看一滴水，“杨枝一滴真甘露，洒得山河大地春”，一滴水可以滋养树木成长，可以让花朵开放。日本有位禅师以“滴水”为名，因为他在无意间把一盆水随手倒掉，师父生气地责备他：“一滴水可以供人解渴，一滴水可以滋润大地、万物，你怎么可以随便把一盆水倒弃呢？”弟子不敢申辩，想到一滴水有无限的生命，因此改名为“滴水”，表示向滴水学习。

二、向溪水学习。山涧的溪水一般不受人重视，但是溪水最干净，溪水最清凉。潺潺的溪水，它没有汹涌澎湃的气势，它只在山间林野静静地流淌着，那么怡然自得，从不与人争。我们不要看一溪清浅的流水，在它流经之处，遇山，山不转，没关系，水转；遇石，石不转，没关系，水转。小小的溪水，它不和人对立，此处不让路，我自有他处去，所以溪水不休不息，一路流向海洋，终能成就汪洋之浩瀚。

三、向河水学习。在江河湖海等各种水域当中，河水不大不小，它不和海洋争大，也不捐弃涓涓细流。河水供人使用，你挑水回家，洗菜淘米，我都愿意帮忙；你用来生饮熟喝，我都乐于奉献；你就近到河边洗衣沐浴，或是抽取河水灌溉农田，我都随缘服务。无论你用河水做任何用途，我都毫无怨言，只是我有一个呼吁，就是不要把垃圾、废弃物倒进河川里，因为保持河流的清澈，才能带给现代人美好的生活环境。

四、向湖水学习。世界上的湖泊很多，湖泊有蓄水、防洪、调节气候，乃至旅游观光等功能。有名的尼亚加拉瀑布，就是由五大湖水汇聚而成，所以能够终年奔泻不停。中国的名湖也很多，西湖、太湖、鄱阳湖、洞庭湖等，甚至在青海、西藏高原等地方，也有很多湖泊，例如纳木错湖、玛旁雍错湖、羊卓雍措湖，并称为“西藏三大圣湖”。此中尤以纳木错湖被评为“中国最美五大湖”之一。美丽的湖光山色，为人间平添无限的生机。

五、向海水学习。江海之大，人们形容为“江无边，海无角”，可见江海之深、之广。江海之水终年流泻，澎湃不停，它提供各种客商往来，以及物资运输之方便。由于水上的交通比陆路更为方便，所以自古以来，凡是靠江或靠海的城市都比较繁荣、富裕。江海不但为人类找寻出路，带来财富，也让人类的文明相互交流，迅速发展。但是江海本身从来不会去攀龙附凤，尤其江海的广阔、包容，任你怎么使用，它都不会推拒，所以水的美德，真是值得吾人学习。

水的性格

人生有三件宝：日光、空气、水。假如虚空中没有日光、空气、水，世间就没有生命的存在。兹以三篇短文，试述水的性格、水的启示、水的功用。首先讲到水的性格：

一、自己活动，推动别人。“水往低处流”，只要有渠道，或是高低落差之处，水就会自己顺势流动，同时还可以推动其他物品顺水而流。例如，船舫可以在河海中漂流，一根木材、一片菜叶，也可以在水上流动，乃至人可以在水中游泳。水可以把一切漂浮其上的东西，运载到目的地，所以水能自己活动，也可以推动别人。

二、婉转自如，委曲求全。水的性格柔软，遇到强硬的东西会“以柔克刚”，例如滴水可以穿石。尤其遇到阻力时，所谓“遇山山不转，水转；遇石石不转，水转”。水能委曲求全，自己转弯，要前要后，婉转自如，碰到阻碍，总是迂回曲折，另找出路。

三、寻找方向，不断延伸。长江、黄河的发源地，最初都只是一隅之地，但是因为水能不断延伸，流向各地，于是形成了汾河、渭河、无定河、嘉陵江、岷江、湘江等支流。

四、洗涤污垢，清净自在。水能洗涤污垢，再肮脏的衣服，用水清洗，就能恢复干净；再污秽的容器，经水一洗，就会洁净如前。尤其水洗污物，自己虽然变脏、变浊，但是不管净垢，水始终怡然自在。

五、容汇百川，宽宏广大。地球上，陆地与海洋的百分比大约是三比七，也就是说，地球上有四分之三是被海洋所覆盖。而在所谓“四大海”、“五大洋”里，它们能容纳各地的江、河、溪、湖等百川之水。因为不拣细流，所以能成其宽宏广大。

六、滋润万物，生气蓬勃。水是维持生命不可缺乏的要素，只要有水的滋润，花草树木就能成长，甚至像马牛羊、狮子老虎，也是逐水草而齐聚。所以有水的地方，就有生机；有水的地方，就有生命。

春夏秋冬，一年四季都与水的调节有关，因此乡村居民莫不希望风调雨顺，才能四季平安。一切万有，也都有待天降甘霖才能生存，但是有的时候天不从人愿，大旱之望云霓，也让多少生命望天兴叹。有时候霪雨过多，到处泛滥成灾，也造成民不聊生。所以世间的东西，要能适量适分，太多太少，都不合适。

总之，世界上每一种物品，都有正负面的作用，所谓“水能载舟，也能覆舟”。身为万物之灵的人类，应该要学习和大自然的万物友爱相处，希望在世人的“善知水性”下，让水只能载舟，而不要覆舟也。

水的启示

上文说到“水的性格”，水性屈伸自如，婉转自在，很值得吾人学习。本文再说“水的启示”，略述八点如下：

一、可弯可直。一般正常的情况下，所有流水都是直流，一旦遇到阻碍，则会自动转弯。所以人生应该学习流水当直则直，当弯则弯。如果只能直行，遇到阻碍还不懂得转弯，必然到处碰壁，前途多舛。

二、可深可浅。流水都是顺势而行，不管流到江、湖、河、海，都是遇深则深，遇浅则浅。正如一些文人学者探讨义理，当浅则以通俗讲座演说，当深也可以用长篇大论诠释奥义，所以佛法里有“三兽渡河”，说明迹有深浅，水无深浅也。

三、可刚可柔。水在一般清浅的池塘、溪流里，总是温柔平和地任人嬉戏游玩，但是一旦流到地势落差很大的悬崖峭壁，形成湍急的瀑布，则浩浩乎如万马奔腾，一泻千里，无可阻挡。这也好似自古英雄有刚柔并济的性格，才能成为大英雄也。

四、可出可入。所谓“流水”，可以流动自如，你想把它引入到水库里蓄存，只要有渠道，它会依照指引前进；你想将它引出灌溉，只要打开闸门，它也毫不滞留，所以水随人愿，可见一斑。

五、可载可沉。“水能载舟”，不只大如军舰，小如一叶扁舟，都可以在水上航行，一个泳技高超的人，也可以在水中悠游自在，随水漂流。但是，如果不谙水性，则可能在水中遭到灭顶之祸，所以人之相交，贵在知心，人水相处，也需知性。

六、可洗可喝。一般旅人行走在外，又热又渴时，忽然见到面前有条小河，总会快步向前，先用双手掬水而饮，接着捧水洗脸，顿时疲累全消。做人要像水一样，能够济人之需，成为别人生命中的贵人。

七、可净可秽。水的本身，只要不受外物污染，它能常保洁净，供人饮用。假如不懂得爱惜它，让它受到污染，它也是逆来顺受。只是净水一滴，能够增长生机；污水一滴，可能传染疾病。所以，做人要像净水善利万物，千万不要如污水一样，成为传染源。

八、可敬可畏。水可以滋润万物，可以解除众生的乏渴，可以洗涤大地的污秽。有了水，大地才有生机，生命才能维持。对于水的恩惠，总是令人感念，但是如果不幸屋漏偏逢连夜雨，大雨成灾，海水倒灌，人畜受损，农地废耕，也会令人感到畏惧。所以做人要受人尊敬，但不要令人畏惧。

佛教讲“无情说法有情听”，水的启示也是一种无言的说法，希望人人都能如苏东坡一样，都能领略“溪声尽是广长舌，山色无非清净身”的智慧。

水的功用

继“水的性格”、“水的启示”之后，水是生命之源，有水的地方，就有生命；有水的地方，就有文化。水可以养活万物，可以带给世间无限的生机。鱼虾有水，才有天地，蚌壳离水，就养不出珍珠。其他不管天上飞的，地上走的，甚至万物之灵的人类，都不能缺少水而活命。列举四点如下：

一、水能成长生命。良田所以成为良田，一定要有水源可以供给灌溉，即使是种在山坡上的水果，也要不时引水灌溉。有的人居住在低洼地区，每逢大水泛滥，虽然可能危及生命财产，但是人需要水才能生活，所以仍然冒险靠水而居。

二、水能产生文化。有人将水比作财富，有水的地方就有财富。有水的地方，也才有文化，世界上最早的古文明，如巴比伦文明发源于底格里斯河和幼发拉底河、埃及文明发源于尼罗河、印度文明发源于印度河与恒河流域，乃至中华文明发源于黄河及长江流域等。自古沿海地区不但文化比较进步，甚至现代的英国、荷兰，它们所以能在世界上称霸多年，也是因为对航海的重视。

三、水能带动观光。“仁者乐山，智者乐水”，有山水的地方，都会引来大批的观光客，如尼亚加拉瀑布、伊瓜苏瀑布、华严瀑布、乌来瀑布等，每年吸引无数的各国人士前往观光旅游。尤其泛舟观景，更是多少人梦寐以求的心愿。尽管有名的泰坦尼克号因为撞上冰山，造成伤亡无数，成为举世皆知的船难，但是人类乘船观光依旧前仆后继，可见观光和水的关系密切。

四、水能比喻万法。有人把水喻如生命，所以有“生命之水”、“生命的洪流”之说。佛教里，更把水比喻为佛法真理，如“甘露法水”、“法水长流”等，甚至世间万物都是“地水火风”四大假合而成。“四大”成就了世界，但“四大”也会毁灭世界，如佛经讲“火烧初禅，风吹二禅，水淹三禅”，即使无色界也逃避不了“国土危脆”。所以世间“诸行无常”，正如“水能载舟，也能覆舟”。

综上所述，世界的文化都是沿着各个水域而发展，尤其当初陆上交通不发达，更是靠着航海沟通文化，拉近人与人之间的距离。现在世界各地，只要有水的地方，总会增加很多的观光资源，如中国的九寨沟、千岛湖、长江三峡，乃至世界著名的尼罗河、印度恒河、莱茵河、多瑙河、威尼斯大运河、巴拿马运河等，都让人类引以为傲。

过去度量衡还不发达的时候，物品的重量也可以用水来测量。例如寓言故事中，为了测量大象有多重，聪明的人把大象放入船中，在船的吃水位画上记号，再把同样水位的石头，一一分别称重，就能得知大象的重量。

现在工商业社会，少不得电的使用，各个国家有的用水力发电，有的用火力发电，有的用风力，甚至用核能发电。但在各种发电的方式当中，水力发电最无争议，可见水的性格平和。正因为水的性格平和无争，所以能发挥多重功能，利济万物。

光的功用

“光明”与“黑暗”一向被用来形容两个对比的世界，例如过去专制的政权、不讲法治的社会，我们称之为“黑暗”时代。反之，经济发达、政治民主、信仰自由，就是“光明”的时代。

光明代表幸福快乐的人生，黑暗表示痛苦悲愁的生命。自古以来，作家们莫不诅咒黑暗，讴歌光明。世间的人也都期望光明，唾弃黑暗。但是世界永远都是“一半一半”，光明一半，黑暗也是一半。白天只有十二小时，夜晚也有十二小时，光明黑暗合起来才有一天二十四小时。

光明与黑暗也常用来比喻人格，例如正人君子行事坦荡，因此用“光明磊落”来形容他们，甚至所做都是正当的事情，就说是可以摊在阳光下接受检视。如系邪恶的小人，专做一些见不得人的恶事，我们就说是笼罩在黑暗底下，是不能曝光的“黑手”。

一个人能在光天化日之下，坦荡磊落地做事、讲话，就表示他有天理良心。假如只能在黑暗中鬼鬼祟祟地活动，就被讥为龌龊小人。光明究竟有什么功用呢？试举其义如下：

一、光明能照破黑暗。“千年暗室，一灯即明”，一线光明，在漆黑无光的暗室里，确实非常重要，因为有光明，才能看清室内所有；有光明，才能看清前进方向。光明能照破黑暗，给人带来安全感；光明能烛照四方，让人充满新希望。每当晨曦冲破黑暗，黎明透出光辉的时候，大地众生都活跃起来，不但人要起床作务，鸟兽虫蚁也都出来觅食，所以在光明照耀之下，一切生命都各自展开生活，发挥生命的能量。

二、光明能温暖大地。冰雪寒冬过去，夏日艳阳高照，大地经过阳光的照耀，重新恢复生机。即使没有阳光，通过炉火，甚至燃烧木柴的熊熊烈火，都能温暖大地。在美国，诸如洛杉矶等地区，如果房子不装空调，不算非法，但是未装暖气，就不准建筑。可见炎热可以忍受，寒冷难以抵御。

三、光明能去除恐惧。夜晚走路，一般人习惯拿着手电筒，或者提个灯笼，有时不一定要照路，主要是用光来壮胆。甚至有人夜晚睡觉，也要点个小灯才能安然入睡，为的也是去除对黑暗的恐惧。其实恐惧黑暗，是因为自己内心没有光明，如果自己内心光明磊落，对外境的黑暗就不会心生恐怖了。

四、光明能成熟万物。春风夏雨固然能使万物成长，但是经过冬阳的照射，才能让万物成熟。不仅树上的水果要经风吹日晒才能由涩变熟、由酸变甜，即使农夫收成稻谷之后，也要经过阳光晒干，才能储藏。

普世之大，有阳光照射的地方就有万物，在阴暗的角落，万物不容易成长，可见光明的重要。我们每个人都有自性之光，如能开启心光，让人沾光，甚至效法佛陀放万世之光，岂不也是真善美的光明人生？

地的功用

佛教里有一位“地藏王菩萨”，有人奇怪，菩萨为什么要用“地”为名呢？地藏王菩萨不是为了要到地狱度众生，才叫“地藏王”，“地藏”二字，主要是与菩萨的发心有关。所谓“地”，喻如大地有“普载世间”、“能生万物”、“能藏万有”的意思。“藏”，是指秘藏，说明地藏王如库藏中秘密收存的金银珠宝，可以用来救济贫困，所以有“秘密”、“包容”、“涵育”的意义。

地藏王菩萨固然不可以少了“大地”之用；每一个众生，也不可以少了“地藏”之德。兹将大地的功用说明如下：

一、大地能普载万有。地球上，高山要在大地上耸立，海洋要在大地上流动，万物要在大地上活动，大地普载万有的功能，不得不让人钦佩。大地对吾人有这样多的贡献，我们有感谢大地、有好好爱护大地吗？长久以来，人类对大地总是尽情地又刮又挖，不是用来种植五谷，就是兴建大楼。例如我们到香港、上海、台北等地一看，许多的高楼大厦鳞次栉比，真叫人吃惊，甚至担心大地是否能承载得起？在佛教里，有一位睒子菩萨，走路时不敢脚力太重，怕踩痛了大地；说话时不敢大声，怕惊醒了众生；任何时刻不敢乱丢东西，怕污染了山河！这就是对大地的爱惜，也是对环保的重视。

二、大地能供给种植。吾人的生存，不但要靠大地普载，吾人的生活日用，也要靠大地种植供给。人类无论种植什么瓜果、米谷、杂粮，乃至花草树木等，大地都尽其所能地提供养分，供给所有植物成长，人类乃至一切万物才能生生不息。

三、大地能蕴藏能源。人类所需的能源，除了内心的般若智慧、慈悲欢喜以外，就是大地的能源最宝贵了。平日我们所用的金银铜铁，哪一样不是大地之宝呢？甚至现在科学家制造原子弹所需的铀-235，乃至核子武器所需的钴、铬、镍等，不都是取自大地？尤其大地所蕴藏的石油，更是今日社会不可或缺的能源。只是石油的储藏毕竟有限，人类无限度地开发使用，当有一天大地病了，石油矿产不再有时，人类该如何与大地共存呢？

四、大地能建设一切。大地能建设高山、建设河流、建设道路、建设公园、建设房屋，甚至大地蕴藏的地下水，也像血液一样，补给人类生存的养分。所以，人类依靠大地而生活，我们要珍惜大地，更要歌颂大地、赞叹大地，南无地藏王菩萨！

地理风水

趋吉避凶，是每个人所希望的事。然而一般人的心态，对不了解、不知道、看不见的事物，常常臆测，牵强附会，因此容易流于迷信，被神权所控制。尤其中国人自古就相信，地理风水会影响一个人一生的祸福。

其实，世间任何一件事物都有各自的“理”，天有天理，地有地理，人有人理，物有物理，情有情理，心有心理，地理风水当然也有它的“原理”。地理是依据地形和天体方位而产生对人的影响力，这是一种自然的常识。

地理风水固然有它的原理，却不是究竟的真理。以佛教的业力论与因果论来说，人的吉凶祸福，都是过去的善恶业因，造成今生的果报，并不是受到风水地理左右的结果。若从佛教的时空观来看，虚空并没有绝对的方位，例如两人对坐，甲的右边是乙的左边，乙的前方是甲的后方。在无边的时空中，我们真实的生命无所不在，何有时空方位之分？如果一个人能够体证到自己的本来面目，自心本性就遍满虚空、充塞法界，与无限的时空融为一体。因此，方位不在他处，而是在我们的心中。

佛陀时代，善生子以为每天早晨洗浴，敬礼六方，就可以增长命财。佛陀借此教导他，风水、地理应该建立在伦理、世理、法理、心理上，只要有诚意，自觉心安，则“日日是好日，处处是好地”，走遍天下，都是地利人和、良辰吉日，因为一切福田都没有离开心地。

所以，地理师所谓最佳的地理“前朱雀、后玄武，左龙蟠、右虎踞”，其实就是“前有景观，后有高山，左有河流，右有通道”，以现代最佳的生活环境来说，可归纳为下列四点：

一、要有通风，前后左右，顺畅无阻。

二、要有阳光，采光自然，温暖卫生。

三、要有视野，一望无际，心境超然。

四、要有通道，出入方便，自他两利。

能够方便生活，心中愉悦舒服，就是最好的地理。

除了外在要有良好的地理环境以外，更重要的是内心也要有好地理。佛教讲“人人有佛性”，就是要我们认识自我、肯定自我、相信自我，进而做自己的主人。因此，学佛最大的好处，就是让我们从神权迷信里跳脱出来，不受地理风水的支配，还给自己一个自由自主的人生。

因此，真正的地理风水是：良好的通风是思路通达，良好的阳光是热心开朗，良好的视野是展望未来，良好的通路是菩提正道，这也是内心最好的龙穴。

以何为力

这是一个展现“力的竞赛”，是“以力取胜”的世界。一场战争，胜者为王，表示有力。体育场上，谁最高、谁最远、谁最快，谁就最有力，所以金牌选手都是“力”的象征，都是表现有力的人。

世间还有其他一些人，各有其表现力量的方法，例如：

一、儿童以啼哭为力。儿童在没有办法争取自己所欲时，他“哇”的一声，就展现了他的力量。他要喝奶，就能得到奶水；他要糖果，就能获得糖果，儿童就是以眼泪为取胜的力量。

二、女人以美丽为力。一位女性，在一般场合里，只要美丽，就能展现她的实力。当然，如果在美丽的后面，又有唱歌、舞蹈等才华，加上出身背景好，又具温柔特质，她的力量不但能征服男人、风靡男人的社会，而且也能折服女性，甚至征服世界。

三、国王以权势为力。一个国家的领导者，国王也好，总统也好，总理也好，只要身为领袖，就有很大的权力，他的权力能决定你的祸福穷通、你的生死未来。即使权威的学者、商场的大亨、公众的舆论，在一个有权势的政治人物，尤其操生死大权的一国领导者之前，何人不畏惧。

四、富豪以金钱为力。“有钱能使鬼推磨”，世间很多困难的事，用金钱都能摆平。只要你有钱，金钱可以买官；只要你有钱，可以结交上流社会；只要你有钱，可以买很多土地房产；只要你有钱，可以打通很多关节。甚至作奸犯科的人，花钱都能消灾，所以世间上各阶层的人，都在努力积聚财富，希望富可敌国、富可惊动公卿。只是财富的力量，有正有反，多少人为了发财、为了扩充财富，“人为财死”，也可见财富诱人的力量之大。

五、圣贤以忍耐为力。世间有一种人，他没有权势，也没有财富，但他的忍耐，可以使盗贼畏惧、军警敬重、当政者退让。慧远大师居住在庐山，毁佛灭法的官僚桓玄下令说：“庐山道德所居，不在搜检之内。”道安大师手无寸铁，无一兵一马，姚秦苻坚认为他的力量胜过十万大军。忍不是弱者，忍是智慧、忍是力量、忍是勇敢，刀剑枪炮对一个修道的圣贤、君子，也不能取胜。

六、菩萨以慈悲为力。世间最大的力量，应该不是刀枪剑戟，不是拳术武功，世间上最强大的力量，应该是慈悲。慈悲所到之处，让心高气傲者折服，让逞强好胜者心生畏惧，让贪赃枉法者知所反省。所谓“家家观世音”，观世音菩萨以慈悲的力量，进驻到每个家庭的中堂，此即慈悲能征服一切的证明也。

上述的力量都可以赞美，但有的会被时间淘汰，唯有慈悲、真理、佛法，就好比阳光、空气、水分，是永恒的，不会为时代和强权所淘汰、打倒，所以因果有三世、业力经百千万劫而不坏，这才是真正的威力。

写

世间万物，求其表现，“写”是方法之一，就如文人写文章，用诗词歌赋来表达自己的思想、理念。人的表现方式，除了“写”以外，还可以用讲的、用画的、用唱的、用做的。人因为有这许多表现，所以能活出生命的意义。其实万物又何尝不要表现呢？试举其例：

一、太阳用光明来写它的热情。太阳每天一早从不误时地升空，照耀大地，用它的热情展现生命，带给大地众生光明与温暖。虽然会有乌云蔽日、阴雨霏霏的时候，但是太阳绝不会因此而灰心，也不会减弱它的热情。所谓“雨过天晴”、“拨云见日”，当雨停了、云散了，太阳自然又会重新露脸，再现光和热。

光，除了带给大地万物热情、生机以外，尤其光明普照大地，最为重要。世间如果没有阳光的照耀，漫漫长夜，活着有什么意义呢？所以人心也要像阳光一样，所谓“千年暗室，一灯即明”，我们不但要歌颂太阳，更要学习太阳，要做一个放光的人生，佛陀不就是因为“佛光普照”而受人尊崇的吗？

二、大海用流水来写它的势力。地球上，有四分之三的面积被海洋覆盖，平时我们乘坐船只在大海上，一走数月，不知陆地在哪里。飞机在空中飞行，一飞几个小时，下面都是汪洋大海。海洋如太阳一样，孕育了无限的生命，蕴藏了无限的宝藏。多数时候，海洋都保持平静，养护生命。但是一旦发怒，引发海啸、洪水，其势凶猛，就非人力所能抵挡了。海洋表现它慈悲的一面，也展示它的威势力量，所以吾人要能节约能源、重视生态保护，就如海洋以慈悲护生的力量，让生命得到滋养。

三、高山用土石来写它的雄厚。“浩浩乎海洋，巍巍乎高山”，高山林野是虎豹狮狼的家，地球上的高山虽然比不上海洋辽阔，但是高山用土石展现威武的雄姿，也令人向往。例如喜马拉雅山的珠穆朗玛峰，一直是举世登山客登顶的首选目标，欧洲的阿尔卑斯山也是各国游客必到之处，日本的富士山象征日本立国的精神，乃至中国的三山五岳，尤其黄山的雄伟、桂林的秀丽山水，西藏的广大高原、张家界的奇峻山峦等。中国不仅地大物博，就是高山也在向全世界展现它的雄姿。

四、人类用牺牲来写它的历史。世间上，能与太阳、海洋、高山媲美的，就是人类了。人只有七尺之躯，在广大的天地之间，算起来是很渺小的动物，但人类凭其聪明、智慧，能主宰大地、征服海洋、了解万事万物。尤其人类重视教育，讲究传承，这些都凌驾在万物之上，所以被称为“万物之灵”。更重要的是，人有奉献的精神与牺牲小我的情操，写下人间伟大的诗篇，而不让太阳、海洋、高山专美于前。

不过，在宇宙之间，太阳照耀大地，占有虚空，海洋广大无边，难穷其奥；高山崇峻雄伟，不易征服，人类屈居平原，最是脆弱。所以人类在世间上，要想崭露头角，还得再扩大、再升华。

光

光，是可贵的，光，是人人喜爱的。举凡日光、月光、灯光等，凡是能发光的东西，都给人欢喜，但是，也有的光让人害怕、排斥。例如，有的人隐居山林，他不喜欢“曝光”。商山四皓、伯夷叔齐，就是此中代表。

另外，世间怕“见光”的事还有很多，例如：

一、隐私最怕曝光。现在的社会，流行八卦，让人几乎完全失去隐私权。英国的黛安娜王妃，不就是怕恋情曝光，而被狗仔队逼得车毁人亡的吗？

二、违法最怕见光。社会上，一些违规犯法的人，总是躲躲藏藏，流浪在世界各地。“有钱老爹”王又曾先生，他拥有的财富，即使活个两百年，也吃喝不完，但他为了贪欲，竟至名誉扫地，不敢见光。

三、钱财最怕花光。拥有钱财，不在乎多少，而在于会用不会用！会用钱的人，储蓄不多，也能一家温饱。钱财再多的人，大起大落，今日贵族，不要多时，流落街头，也是时有所见。所以，金钱最怕花光，再有钱的人，如果不懂节俭用度，钱财花光之后，日子难过。

四、福气最怕用光。福气就如银行里的存款，银行的存款有一定的数字供我们支出，一旦透支，那就不是福气，而是秽气了。人在世间行事，每天要想：结缘培福就如银行里的存款，如果一再支领，万贯家财也禁不起无底的日用。所以，吾人的福气来之不易，不要把它用光。

五、视力最怕散光。眼睛是人的灵魂之窗，无论看什么东西，都要靠“视力”。看人，对方好坏，要看你的视力。看地，是不是吉地，也要看你的眼光、视力。平时看书、看报、看公文、看信件，无论看什么，都要视力。视力不好，近视眼有眼镜可以补助，老花眼也有老花的眼镜。如果眼睛病变，视网膜剥离，眼内出血，散光不能聚焦，这是很不幸的事。

六、零食最怕吃光。零食吃光，对一个不好吃零嘴的人来说，不是大事，但是对一个好吃之徒而言，没有零食，日子不好过。其实，不但零食不能吃光，就是日用储粮，也不能任意糟蹋，把它吃光、用光。所谓“有日当思无日时”，什么都吃光，什么都用光，什么都散光，等于一个人，全身脱光，怎么见人？被人称为“穷光蛋”，又怎么能在社会上立足呢？

光，是可爱的，但也是可怕的，如上所述诸事，就是怕一个“光”字。但是，人有自信，奋发自强，就能让自己“发光”；能运用智慧、思想，自我也能“开光”；自己努力向上，做出一番成就，不但自己成功，也能让他人“沾光”。所以，做人最好能像太阳，自己能发光，而不是像电池，把光用尽就不容易放光了。

风

宇宙万物之所以能存在，皆因“地水火风”四大元素结合而成，此中尤以“风”虽然无形无状，却是宇宙万有重要的动力。

风，就是空气，宇宙中没有一样事物不需要靠风而存在。即使一年四季的风向不同，也各有功能。例如，春风让万物生长，夏风让万物清凉，秋风让万物萧条，冬风让万物凋萎。风可以给万物生机，也可以毁灭万物，但也正因此，大自然才能汰旧换新。

人之行为也如风，语云：“君子之德风，小人之德草，草上之风，必偃。”可见风的影响力。人与风又有什么关系呢？

一、人首开风气之先。风气是人创造和开发的，上古时代人类都是茹毛饮血，后来懂得用火煮物，因为燧人氏发明了钻木取火，开了风气之先，火一直是人类文明的象征。此外，神农氏教人耕种，开农产种植之风气，嫘祖养蚕，教人民纺织，都改变了人们的生活。人类从居住洞穴，而到树干架屋，因此为居住开了风气。唐尧、虞舜、文武、周公、孔子提倡教育，开创文明社会之风气。历代因为有这许多先贤开风气之先，后人就能享受文明的赐予。

二、人迷信风水之事。人一面享受开文明风气的果实，一面对风水无知而产生许多迷信的行为，例如看时辰、地理等。其实，世间上天有天理、人有人理、物有物理、事有事理、情有情理、心有心理，地怎么会没有地理呢？只是地理并不是罗盘所能测量，甚至现在的科学，近几百年来的研究，对地理也还在探索之中。真正说来，地理其实就在吾人的心理，我们看同一条街的商店，有人赚钱，有人蚀本，地理怎么不公平呢？结婚看时辰，同一天结婚的人，有人婚姻美满，也有人成为怨偶，时辰怎么会有如此分别呢？所以万事皆通于心理，只要心好、心安，处处是好地，日日是好日，哪里会不好，哪里会不安呢?

三、人利用风力发电。风是有动力的，台风能摧毁树木山河，势不可当，但是风也给人利用，给人生存的力量。现在举世都通过科学，利用风力来发电，因为地球上所储藏的能源总是有限，数十年或上百年后，大地的能源用完时，人类就要靠风力、水力、太阳能来发电。所以当前首要之务，要有人研究大气的风力，让风能更进一步对人类发挥作用。

四、人创造风光观赏。有山有水的地方，大都风光秀丽，景色宜人，因为山水之地，必定空气新鲜、景色美丽，令人赏心悦目。所以现代人都喜欢到风光明媚的地方度假，甚至建屋居住，亲近大自然，提升自己的生活品质。

五、人表现风度为先。风也不一定是大自然所独有，人的行为就成为风度。有的人风度翩翩，有的人行为粗鲁，别人就会对他们有两极化的评价。所以一般读书人，都很注重教养，都要保持自己的风度。所谓“风度”，目不斜视是风度，口不说秽言是风度，手足不随便挥舞乱动是风度。甚至“行如风、立如松、坐如钟、卧如弓”，行住坐卧都能合乎威仪，就是风度。一个人能够保持威仪风度，怎么不会获得别人的尊敬呢?

乱 流

大自然里，万事万物的运行都有一定的规则。违反常规，例如水流遇到旋涡，就会出现乱流；气流受到冲击，也会出现乱流，甚至战争时，民众匆忙逃难，那也是人的乱流。现在出外旅行搭飞机的人，最怕遇到乱流。此外，人间还有些什么乱流呢?

一、气候的乱流。大自然里，所谓“天有不测风云，人有旦夕祸福”。大自然的气候，忽冷忽热，甚至有的地方冻死人，有的地方热死人。在气候寒热交替，或是高气压、低气压相互冲击之下，发展成为台风，或是造成气候的乱流。气象局对气候的预报，大部分都能准确掌握，但对“乱流”就无法预报，可能只有凭经验、常识，知道哪里的地形、气候比较容易产生乱流，你尽量不要靠近乱流地带，才能确保安全。

二、人事的乱流。历史上，所谓“一朝天子一朝臣”，改朝换代时，都会遇到人事的乱流。一个国家社会，要想维持安定，先要在人事上力求公平、公正，否则出现了人事的乱流，则政治斗争、社会动乱，其结果都很难预料。

三、经济的乱流。经济是一个国家的民生命脉之所系，有时候股市被有权力的人操纵，股票忽涨或跌，这也是经济的乱流，尤其当社会不安定时，哄抬物价，囤积居奇，造成社会经济的乱流。经济乱流一旦发生，诈欺、盗骗、侵吞、谋夺等不好的乱象一一浮现，弄得民不聊生，可怜的人民被卷到这种乱流里，有的倾家荡产，有的走上绝路，真是非常不幸。

四、流水的乱流。水是有生命的，流动的水都是洁净而可爱的，但是一旦遇到山洪暴发，洪水泛滥时，水流湍急，水量急速增长，一时宣泄不及，或是遇到阻碍，水的乱流就会发生。在湍急的乱流里，即使再善泳的人，都有遭到灭顶的危险，甚至船只遇到乱流，也难以安全。尤其水的乱流产生海啸，其力量足以冲毁整间房屋，乃至淹没整个城市，甚至相邻的国家都会因为海啸波及而灾情惨重。

五、思想的乱流。所谓“思想的乱流”，例如政治上出现不同的思想，宗教里出现异端邪见，乃至不同的学说、主义等。很多国家的领导人想要控制人民，都先控制他们的思想。很多宗教，如古代的天主教，也限制人民思想的自由。所以这个世界上，政治上的政争，宗教上的战争，短则几十年，长则几百年，都是因为思想的乱流所造成。不过，思想的乱流不是用压制的方法所能控制，应该如大禹治水，要用疏通的方法，才能化解思想的乱流。

六、人心的乱流。人心如虚空，虚空里有星球的互撞、有雷电的打击、有风霜雨雪的泛滥、有各种温差的变化，这些就如人心里有贪嗔、愚痴、嫉妒等烦恼，一样让人生活得不安稳。有人说：人心如海洋，海洋里布满暗礁，海洋里暗潮汹涌，海洋里弱肉强食，海洋里的风险也如人心一样，不知道何时会发生乱流，危及生命。所以自古以来，圣人都主张要正人心。在哲学的世界里，要引导人的正思；在科学的世界里，要降伏自然的灾害，这一切无非都是为了不让乱流继续发展而已。

总说乱流，自然界有乱流，社会上也有很多的乱流。一个公司团体里，一个不当的人、一句不当的言论，都可能造成许多乱流。乱流最可怕的，其实还是自己身体官能所造成的乱流：呼吸不正常，就是乱流；血液不流畅，就是乱流；心肺功能衰退，也都是乱流。人生乱看、乱听、乱说、乱做、乱想，都是人生的乱流。吾人对于乱流，怎能不小心注意，加以拨乱反正呢?

变 天

佛教讲“世间无常”，因为无常，一切都不是定型的，所以随时都可能改变。“变”是世间唯一“不变”的定律。有的人原本很开心地和人谈天说笑，但是一句话不入耳，突然间勃然大怒，翻脸骂人，我们就说他“变脸”了。

人会“变脸”，甚至会“变心”、“变节”，乃至天气也有“变天”的时候，甚至不只天气的“变天”，政治、人情、情绪、心理，都会“变天”。变天是好，是不好? 难有定论！总之，变天就是根本上发生变化，与平常不同，与往昔不一样，我们就称之为“变天”。

人生有哪些“变天”呢?

一、气候上的变天。气候的变化，阴晴不定，有时候风和日丽、艳阳高照，但是突然之间，乌云密布，狂风大作，山雨欲来，我们就说气候变天了。所谓“人有旦夕祸福，天有不测风云”，气候的变天其实也是很正常的事。再说，风调雨顺固然很好，但是偶尔刮个强风、下个大雨，反而能把大地做一番整顿、清理，也是大自然的一种调节。

二、政治上的变天。政治上改朝换代，就叫作“变天”。政治上的变天，多数是因为政府施政不合民意，例如苛捐杂税、政繁赋重、严刑酷罚、穷兵黩武，乃至贪官扰民，压榨民脂民膏，让民不聊生，引起人民反弹，当然就希望要变天了。自古以来，所谓“苛政猛于虎”，政府倒行逆施，造成人心思变，变天的可能性就增大，但其实一般的人民，只求安居乐业，只要能好好生活，老百姓并不想变天。反之，官逼民反，主政者就只有下台以息民怨，这便是政治上的变天了。

三、人情上的变天。人与人之间靠情感维持关系，夫妻之间更要靠相互体谅的爱情来维系。如果彼此感觉情感受到伤害，道义不复存在的时候，感情就要变天了。父母与儿女闹僵，宣布脱离关系；夫妻协议离婚，彼此对簿公堂；朋友之间反目成仇，不复惺惺相惜。甚至师生为了思想见解不同，或明或暗都有动作出现，这不都是人情的变天吗?

四、情绪上的变天。人有喜怒哀乐等情绪，这是正常的现象，只要不是起伏太大，适当的宣泄并不为过，但是有的人任性、多疑，经常喜怒不定，情绪失控，这就是情绪上的变天了。另外，有的人原本懦弱怕事，忽然勇敢地站出来伸张公理，这也叫“变天”。或者温和敦厚的君子，一怒而为正义打抱不平，这也是情绪上的变天，所以情绪上的变天，也有好坏的不同。

五、心理上的变天。“若人欲了知，三世一切佛，应观法界性，一切唯心造。”人的心“一念三千”，每天从天堂到地狱，从地狱到天堂，不知要往来多少次。人心不但往来天堂、地狱之间，甚至缔造天堂、地狱也不是难事，所以人的心理，每天经常在搞变天的活动。今天心理是天堂，满面春风，身心安乐。明日心理不高兴，贪嗔邪见、无明烦恼跟着生起，所以心理上的变天，无时无之。吾人要紧的是，要控制好自己的情绪，要把心理安住在正见上，不能让它如猿猴一般心猿意马，或如野马一样犯人禾稼。只要心理不变天，一切都好办。

向　阳

宇宙世间都受着“阴阳”的影响，“阴”表示黑暗、阴冷、潮湿、凄凉，“阳”代表光明、生长、温暖、希望。

世间的人类万物，虽然要靠阴阳轮转调和，如白天是阳，夜晚是阴，晴天出太阳，雨天便阴凉，但是人类万物大都喜欢“向阳”，而不爱“阴暗”。向阳有什么好呢?

一、向阳的花树茂盛。花草树木，不但要有水分、空气、土壤，尤其如果把花草树木种植在阳光照射得到的地方，它会成长得更加茂盛。例如向日葵就是要面对太阳才肯开花，再如紫罗兰也是必须在强烈的太阳照拂下，花才会开得更加艳丽。当然，过分强烈的炎日，也会把花树晒焦了。但一般说来，花草树木还是比较喜欢有阳光的照耀，因为阳光如慈爱的父母，给予万物生长的温暖，所以让阳光普照，就是万物生生不息的动力。

二、向阳的地方温暖。人要找一个地方安居落户，甚至为死后寻找墓地，多数都会看方向。面向海边的地方是人们最喜欢的第一选择，如果是山坡地，则以向阳的山前为佳，因为山后少有阳光照拂，所以人们都往向阳的地方聚集。就像寒冬季节，人们也会找一处阳光照得到的地方晒晒太阳，这也是人生一大享受。但是到了炎热的夏天，尽管艳阳高照，人们仍喜欢阳光，因为阳光不但能让万物成长，还能成熟万物。甚至烈日当空时，在大树下乘凉，因为有阳光照耀，有微风吹拂，更是人生最大的享受。

三、向阳的房屋明亮。人们居住的房屋，一般叫阳宅；亡者的坟墓则叫阴宅。阳宅就是要有阳光，有阳光才温暖，有阳光才明亮，有阳光的房子住起来才舒适。一般人选房子，有人喜欢南北向，有人偏爱东西向。不管什么方向的房子，都要有门窗，有门窗不但空气流通，而且采光好，住在通风明亮的房子里，居住品质就会大为提升。有句话说，“向阳门第春常在，向阳庭院花开早”，向阳的屋宇明亮，所以为人所喜爱。

四、向阳的心情开朗。住屋要向阳，人的心情也要向阳，向阳的心情才会开朗。早晨起床，发现今天天气真好，阳光普照，心情就会无比开朗。假如是一个阴沉的早晨，心情必然大受影响。天气会影响人的心情，人的心情也会感染给别人，所以我们每天都要保持阳光一般的心情。尽管天气阴晴难定，但是只要我们有乐观的性格，有冬阳一般的语言，则不但自己心情开朗，别人和我们相处，也会感染到如阳光般喜悦的心情，因此乐于和我们亲近。

我们希望世间人人都能用阳光的心情生活，用阳光的心情面对人生，用阳光的心情创造一个有阳光的社会，让阳光普照人间，因为阳光表示温暖、表示光明、表示开朗、表示希望。

腐　蚀

宇宙星球的运转，当月球运行到地球和太阳中间，太阳光被月球所挡，无法射到地球上来，就会发生“日食”的现象，又称“日蚀”。

蚀，就是亏耗、毁坏。做生意的人最怕“蚀本”，铜铁金属最怕“腐蚀”。一件完美的东西，因为腐蚀而逐渐损坏，腐蚀的可怕，不能不预防。人生尤其要预防各种腐蚀，例如：

一、岁月腐蚀青春。每一个人都有青春年华，但是一朝青春不再，因为被岁月腐蚀了。人生的青春，有活力，有热情，有意志，有希望在向他召唤，有美景等着他观赏。但是当岁月一天一天腐蚀了青春的时候，青春就像逝水年华，一去不复回。人到了年华逝去、青春不再的时候，很多理想、抱负，也都不容易建立了。

二、安逸腐蚀壮志。人，一方面有凌云壮志，一方面又贪图安逸享受，过分地讲求安逸，腐蚀了自己的雄心壮志。现在一些富有人家，都像天堂一样，前院有花园，室内有空调，要吃的，冰箱里应有尽有，要睡有舒适的名床。如此安逸的享受，学生怎么肯到学校里去坐破板凳读书呢？青年为什么要到外面去奔波赚取金钱呢？太过安逸的生活，让凌云壮志不能展开。

三、毒品腐蚀健康。现在社会毒品泛滥，已经严重到了无以复加的地步。一些青少年因与毒品为伍，为了找钱购买毒品，于是偷盗、诈骗等恶习就因毒品而衍生。毒品不但腐蚀健康、腐蚀理智，更为严重者，一些泯灭天良的大人，用毒品控制青少年的身心，控制风尘女郎的善良本性。吸毒本身虽然不是严重的犯罪行为，但是毒品腐蚀人性、腐蚀社会，甚至动摇国本，岂不严重？

四、虚荣腐蚀纯真。人有一种虚荣心，尤其青春豆蔻年华的少男少女，更因虚荣心作祟，崇尚名牌，追逐玩乐。家中日食三餐艰难，他在外面花天酒地交游。父母为明日生活而挂念借贷，虚荣的儿女还在外面胡天胡地地游荡。本来单纯的少男，原为清纯的少女，应该可以为前途好好打拼，但因爱慕虚荣，人生的价值、美好的前途，统统被腐蚀而不值得一谈了。

五、贪污腐蚀名声。成年人也有爱慕虚荣的一面。西装革履，一副绅士的样子，实际上不读书，不讲究实力，只靠要些小聪明、小手腕虚应故事。尤其在政府为官、在机关服务，只要接触到金钱，常常经不起诱惑，就会贪污。在公家机关服务，有时贪污的人反而容易生存，不贪污的人容易被人排挤。但是贪污腐蚀名声，一些身居高位的大官要员，常常因为贪污，最后落得身败名裂，名声扫地。人生走到这样的地步，还有什么价值可言呢？

回　应

人在世间，无论做什么事，都要有精神。精神的感受，就是要靠回应。我爱你，你不爱我，表示没有回应。男生追求女士，女士没有回应，表示对他无意，他爱的精神、心意就无法提起。我向你微笑，举手为礼，你看都不看我一眼，你没有回应，我就没有办法和你接近了。我肚子饿了要吃饭，吃了会饱，饱就是回应。我口渴要喝水，水喝了会解渴，就是回应。有回应的事情，可以一做再做，没有回应，就要慢慢画上休止符了。

回应也有一定的条件与原理，例如：

一、山谷回应同样的声音。有个小孩在山里走路，不小心被石头绊了一跤，他站起来把刚才绊倒他的石头掼在地上，生气地大声叫着："我恨你！"对面的山谷即时传回一声："我恨你！"儿童更加生气，又再大叫："我恨你！"那边的山谷也再次传来更大的一声："我恨你！"儿童听了不知如何是好。这时，爸爸上前跟儿子说："不要讲'我恨你'，你重新讲'我爱你'。"儿童听了爸爸的话，大叫："我爱你！"山谷也传来一声："我爱你！"爸爸说再叫一声，山谷又传来一声"我爱你"。这时，爸爸对儿子说道："孩子！你恨人，人恨你，你爱人，人就爱你，这是自然的回应！"

二、对话回应对等的道理。写文章，最怕的就是文不对题；相互对话，讲究的就是对等的道理。我曾有一次在日本参访，日本电视台正播出谈话性节目，两位老教授在谈生死。前后两个小时，两位老教授对生死问题，侃侃而谈，从各种角度表示看法，我认为那就是对等的谈话。现在台湾的电视台，也有谈话性节目，尽管大家见解不同，因为有主题，各有发挥，那也算是对等的谈话。对等的谈话，不管谈论时间多么长久，都会让人感觉意犹未尽。但是有时候某些人的谈话，让人觉得"话不投机半句多"，那就是没有回应对等的道理，自然给人谈不下去的感觉。

三、阅读回应内心的感动。人要养成每天读书的习惯。读书也要有回应，读书的回应就是感动、就是感想、就是心得。读书最重要的，要读出兴趣来。青少年读书，读到《三国演义》《水浒传》，可以废寝忘食。有些老年学者，皓首穷经，一生读书，书在他的心海里有很多的回应。读书而有心得、有感受、有启发、有思想，书中的道理在内心里有了回应，这是多么美好的事。

四、受惠回应加倍的报答。父母养育我们，这是父母对我们的恩惠；师长教导我们，这是师长对我们的恩惠；社会供养我们生存，这是社会对我们的恩惠。别人有恩惠于我们，我们又如何来知恩报德呢？光是受人的恩惠，表示贫穷。假如给人一些报恩回应，就表示自己也是富有的人。所谓“滴水之恩，涌泉以报”，受人恩惠，万分感恩；如能做到加倍的报答，才算是受惠之后应有的回应！

反常

在我们的生活周遭，偶尔会听到有人说：某人最近行为很反常。所谓“反常”，就是异于平常，与往日不同。好比一个人的性格，本来很温和，忽然暴躁起来，我们就说他反常。本来讲话轻声慢语，现在经常大声怒吼，这就是反常。

一个人反常的言行举止多了，身边亲近的人难免会慢慢疏远。一个社会反常的事例多了，就会让人忧心，觉得现在什么都不对劲了。其实，现在社会反常的事情的确很多，例如：

一、天气反常：春夏秋冬，随着时序更迭，春暖花开，冬来天寒，都有一定的循环规律，但现在的季节变化，冷暖寒热并不一定按照节气来，这就是反常。尤其二〇〇七年中国的雪灾，一些原本不下雪的地方，竟然大雪纷飞，积雪成灾，而且绵延几个省份。台湾南部过去秋冬不下雨，现在也经常天雨不断。现在地球暖化的情况愈来愈严重，使得气候为之转变，差不多中年以上的人都会感受到，现在的天气明显出现反常的现象。

二、时代反常：历史上，凡是产生极大变革或有长足进步的时代，我们都歌颂其为波澜壮阔、绚丽多彩的大时代。现在这个时代，由于科技日新月异，文明不断进展，总让人觉得这是大时代的进步。只可惜现在这个时代，价值观念变形扭曲，是非轻重失去了标准，一般人只重利害，不计得失。这不是时代应有的正常发展，因此不免令人为时代的退步、反常，感到忧心忡忡。

三、社会反常：今日社会，道德沦丧，人心不古，固然是反常。善恶不分，是非没有标准，好坏不懂辨别，大家以是为非，以非为是，甚至以骂人为能干，以修养为懦弱，更是反常。现在整个社会“笑贫不笑娼”，大家只知追求感官刺激，视诚信道德为无物。尤其经过媒体推波助澜，更加使得社会往下沉沦。此外，现在的大学联考，只要考个十几分就有学校可读，但是另一方面，半途休学的中辍生到处都有。这些都是未来社会发展的反常现象，令人忧心。

四、生活反常。过去社会，男人在外工作，每天忙于应酬，很少回家与家人团聚，所以有一段时期提倡“爸爸回家吃晚餐”。但是现在很多家庭，不仅爸爸不能回家吃晚餐，甚至连妈妈也不回家吃晚饭了。现代人几乎把家庭当成旅馆，只有晚上才会回家睡觉，平日整天在外工作，即使节假日也喜欢到外面旅游，不肯待在家里。即使平时居家，也是晨昏颠倒，生活完全失去规律。尤其钥匙儿童、独居老人的问题严重，很多人感受不到家庭温暖，因此不觉得家重要。一个没有家庭观念的社会，人们怎么会有动力呢？

五、人情反常。过去的邻居，彼此都会守望相助，所谓“远亲不如近邻”，但现在几乎是“老死不相往来”，住在楼上楼下，甚至隔壁邻居，几年也难得见上几次面，见了面彼此也不会打招呼。人情的疏离、冷漠，就像大楼的水泥墙壁一样，造成人与人之间的隔阂，“守望相助”已经成为古老的用语了。

六、心理反常。各种反常现象当中，最严重的是人的心理反常。过去人心重义、重信，现在则是重利、重名，一张选票，五百元台币就卖了，如此人的尊严还有价值吗？尤其人心重利轻义，以价代信，心里所想的都是声色货利，完全没有重视精神内涵的心灵生活。一个没有心的人，就好像没有根的树木花草。人没有心，树木没有根，生命力在哪里呢？所以从反常的气候、反常的时代、反常的社会、反常的生活、反常的人情，到反常的心理，都很可怕。

魔　术

魔术人人会变，各有巧妙不同。所谓“魔术”，又称“戏法”，例如可以把人分尸，或是将手帕变成鸽子等。变魔术的人，以极其纯熟、神速的动作，所谓“出神入化”，让观众对变化的真相不明所以，觉得奇幻莫测，那就是魔术。

魔术也不是从事此项职业的魔术师会变，如果你仔细观察，其实世间之上，魔术真是层出不穷。例如：

一、风云变幻是天空的魔术。天有不测风云，这就是天空的魔术。本来万里晴空，忽然乌云密布，大雨欲来，这是天空的魔术。天上的繁星闪烁、天边的彩虹若隐若现，天空的云朵飞来飞去，你不觉得这些风云变幻，简直就像是在变魔术吗?

二、树木花草是大地的魔术。庭院中、公园里，种满了各色花草树木，春来百花盛开，形成一片美不胜收的花海，这不就是大地的魔术吗?即使你不刻意种植，路边的各色野花，一样逢春开放、迎风摇曳，无比自在。甚至深山里，悬崖峭壁的石缝间，一棵小小的松树孤寂而坚毅地生长着，让人忍不住为生命的韧性歌颂、赞叹，这不也是大地的魔术吗?

三、高山冰河是自然的魔术。“高山仰止，景行行止！”地球上为什么会有那么耸立突出的高山?南北极的冰河为什么会长年结冰?这不就是大自然的魔术吗?大自然里，高山深海里蕴藏着各种能源、矿产，甚至大地之上，各种风光景致之奇、之秀，如广西桂林的山水、云南昆明的石林、湖南的张家界等奇妙风光，这不都是大自然的魔术吗?

四、贫富贵贱是人生的魔术。每个人出生到世间来，一样的身体，一样有五官、四肢，但是各自的命运、遭遇不同。富有的人，可以富甲天下，贫穷的人，日食三餐艰难。当然，也有的富人如汉文帝的男宠邓通，本来拥有一座铜山，并可私人铸钱，但是富可敌国的他，最后竟是饿死以终。反之，有的贫家少女，一夕之间成为皇后，贵为一国之母，荣华富贵享受不完。可见贫富并没有定型，一切都是个人的造化，都是人生的魔术。

五、喜怒哀乐是心理的魔术。人都有一个身体，身体一经接触外界，就会有“喜怒哀乐”等情绪变化。本来欢天喜地地和人谈天说笑，忽然对方一句话让自己不高兴，立刻怒从中来。本来为了一个人伤心欲绝，忽然一件喜事传来，立刻破涕为笑，这不就是情绪的魔术吗？有人说，人的喜怒哀乐没有定准，就像魔术变化各有不同。魔术的变化靠手眼明快，喜怒哀乐的情绪变化，境由心生。心是魔术的主人，心变，当然就有种种变化了。

六、聚散无常是因缘的魔术。人生即使亲如父母子女，有时也会离散；天南地北，不同国度的两个人，也有可能成为异国鸳鸯。人生的聚散离合，难以捉摸，看起来就像变魔术一样。不过，魔术也有它的变法、也有它的原理，就如甲乙两个人，从东西不同的方向走来，在途中相聚，之后必定又会离散。这一切都是因缘，虽然看起来像是变魔术，其实也是世间无常变化的真理。

温　度

自从伽利略发明了温度计，有了温度计，气候冷热，温度计一量，马上知道气温高低。病人发冷发热，温度计一量，就能知道病情轻重。体温的高低、气候的冷热，都有度数，一个人的胸量大小，也有器度。世间上任何事情，不但有其功用，也都有它的程度，现在兹以“温度”略说有关问题如下：

一、气候有温度。地球上有南半球、北半球之分，气候有温带、热带、寒带之别。气候对一个国家的发展，乃至对人民的生活习性，都有一定的影响。

例如，一些热带地区，由于气候炎热，人民生性比较懒散，活动力比较弱，甚至有时气温高达四五十摄氏度，热浪袭来，还会热死人呢！相对的，一些寒带地区，常年为冰雪所封，在零下十几二十摄氏度的低温里，人民闭门不出，发展不易。因此，世界上，凡是经济繁荣、文化发达的地方，也都是气候最适宜人居住的地方。

二、阳光有热度。阳光有照明的功能，也能成熟万物。动植物的生长，尤其人类的生存，都需要阳光的热度给予温暖，万物才能生生不息。有了阳光的照耀，才能春夏播种，秋冬收藏，尤其现代人类广为应用太阳能，可以节省其他能源的使用，既经济又实惠。

三、火力有熔度。阳光、水力、风力都有发电的功能，此外火力也能发电。现在尽管有核能发电，也必须靠火力的协助。火力最大的功用，除了发电，还能把破铜烂铁熔化，重新铸造，成为有用的器物。尤其世间有一些不好的病菌、污秽、肮脏，经过火的燃烧，就能加以消毒、变化，完成人类的希望。

四、风向有冷度。空气流动成为“风”，风有调节气温的功能，尤其在炎热的夏天，清风徐来，吹得人心旷神怡，陶醉其中。不过，没有风的时候，空气不流通，感觉很闷。有时风发起威来，成为台风、飓风、龙卷风，它的威力狂扫大地，摧毁一切，就成为灾害。所以风有冷度，对人类有益，但是也要适度，否则反受其害。

五、电灯有亮度。世界的各种发明当中，对人类文明贡献最大的，“电”是其中之一。自从富兰克林发现雷电以来，改变了世界，不但工厂靠电力生产，机器靠电力转动，现在的家电用品，电冰箱、空调、洗衣机等，都离不开电。尤其爱迪生发明了电灯以后，更是照亮人间。一盏路灯，为夜归人照亮回家的路；一座灯塔，指引在大海里航行的船只进入港湾。甚至莘莘学子到了考试的时候，一盏台灯，所谓“孤灯苦读”，勤学奋发，一旦学业有成，功成名就，实在不能不感谢电灯的照亮之功。

六、人情有暖度。物质都有高低温度，人情当然也有暖度。一出《温暖人间》的电视剧，在电视上播出好几年，受到好评，说明人间需要温情。但是人间固然有暖度，有时不免也有不近人情的冰度。人情的温暖，可以让一个濒临死亡的人重新活过来，人情的冷酷，也可以让一个活人受不了人情的欺凌，宁愿结束生命。所以，世间万物，最好都能保持适当的温度、热度、熔度、冷度、亮度、暖度，那就是再好不过的事了。

能　量

一个人的能量有多少？对某些人来说，二十斤的担子是一种负担，但是对有些人来说，即使是一百斤的重担，也不觉沉重。有的人心量小，只容得下一沙一石，有的人心量大，山河大地都在他的心中。世间上，要认定一件物品的价值，首先要了解它的功能，要洞悉一个人的人格，也要先了解他的涵养。人打从出生以后，能量的多少，就决定了他未来人生的发展，因此人要不断增强自我的能量。人的能量来自何处，四点说明如下：

一、四大和谐，创造未来。人的身体是由“地水火风”四大种因缘和合而成。人的骨骼、牙齿、毛发、指甲就是地大，唾液、血液就是水大，身体的温度就是火大，呼吸气息就是风大。四大不调，身体欠安，什么事情都难以进行，四大和合，健康无恙，则无事不办，所以，四大和谐就能产生能量，就能创造未来。

二、六根并用，能分能合。“六根”指的是人的眼耳鼻舌身意，眼睛可以看，耳朵可以听，鼻子可以嗅，舌头可以尝，身体可以触，意念能分别。六根可以各自展现活力，也能相互帮助，有时候眼睛在看，耳朵助其细听；有时候鼻子嗅到某种特殊味道，嘴巴会帮忙叙述转告；身体的感触好或不好，心立刻就能替它分别出来。所以，只要六根健全，相互分工合作，何愁事情不成？

三、双手万能，共同努力。人的双手可以做很多事情，它可以开辟道路、建筑高楼，可以制造食品、展现才艺，可以织布缝衣、炒菜做饭。这双手给予吾人一生很大的助力，我们要好好善用它来多做一些好事，千万不要做一些杀盗淫妄的坏事，才能发挥双手最大的功用。

四、头脑一个，灵巧发挥。人的身体，除了四大和合、六根并用、双手万能可以产生能量，其实，最具有能量的可以说是头脑了。世间科学的发明、医疗的进步、农业的改良、工厂机械的操作，哪一样不需要靠头脑研究思考呢？所以，头脑要灵活思考才有智慧，智慧就是能量。

生而为人，除了身体的能量，还要拥有心理的能量，才能在富贵时不受诱惑，受挫时不至于消极。人的能量有多少，会运用则无止无尽，不会用则如同槁木死灰，没有生气。所以，能量的多寡，就看大家各显神通，各自表现了。

浅说“能量”

每个人的智愚、发心不同，所发挥的能力和作用也不一样，所以生命的“能量”便有大小之分。能量有有形的，有无形的，有广大的，有微小的。例如宇宙的能量、虚空的能量，可以说广大无比。但是有时候极微的能量，例如一个小小的癌细胞，经过繁殖分裂，就足以产生致命的疾病，其能量也不可谓不大。一颗威力强大的原子弹，是由小小的铀元素制造而成，甚至一颗小小螺丝钉，就能够锁住一部大机器，所以人不要自认为只是一个小人物。其实每个人都蕴藏着无限的能量，包括：

一、生命的能量。吾人都有一个永恒的生命，我们的生命可以成为世间无限的能量。只要你有心，可以当领袖，可以做君子，可以成为圣人。只要你发挥生命的能量，就可以让世界上的人，都受到你生命的光热所照顾。科学家的生命，把世间多少的腐朽化为神奇，改善了人类的生活，造福了社会人群。经济学者使国家社会富强，人们生活水平提升，经济学家的生命能量，广大无比。甚至每个家庭中，平凡的父母生儿育女，使生命延续不绝，这都是每个人的生命所产生的能量，我们怎能不歌颂赞佩生命的能量呢？

二、慈悲的能量。世间上，有的人用拳头展现能量，有的人以刀剑发挥能量，有的人以跑得快、跳得远，发展身体的能量。但是人真正最大的能量，应该是心中的“慈悲”。慈悲能发挥很大的能量，例如观世音菩萨以慈悲庇荫众生，普世没有人嫌弃。所谓“家家观世音”，观世音菩萨因为慈悲的能量，所以能走进每个人的家庭里，甚至人人把家中最好、最中的位置让给他，这就是慈悲的能量。慈悲没有冤仇，慈悲没有敌人，慈悲所到之处，犹如冬阳，也像春风，能散发出人间至高至大的能量。其实慈悲的能量，也不是只属于观世音菩萨所有，人人都能开发内心的慈悲，只要我们有了慈悲，人人都能成为“观自在”。

三、般若的能量。般若的能量，通俗一点说，就是智慧的能量。一句智慧的语言，让人解开迷惘；一句智慧的语言，让人心开意解，终生受用。有般若的能量，可以泯灭人间的是非人我；有般若的能量，可以消除人间的痛苦厄难；有般若的能量，可以解脱自在；有般若的能量，可以超凡入圣；有般若的能量，才有永恒的生命。所以般若就是吾人的生命，就是我们的能量。

四、菩提的能量。所有能量当中，最圆满的要算是“正觉”的能量了，佛教教主释迦牟尼佛因为证得“无上正等正觉”的菩提，所以成为大觉者，成为万世之师。每一个时代，万千的众生，因为正觉的佛陀，因而解开了心底的迷思，开启了人生的希望，走出了幸福的道路。“正觉”也不只是佛陀一个人所拥有，佛说“人人皆有佛性”，佛性就是我们每一个人的菩提，我们因为佛陀而认知“无上正等正觉”，只要我们每个人都能找回菩提自性，都能具有慈悲智慧，我们就能拥有无限的生命能量。能量何其大，人生何其有意义呀！

契 机

佛陀说法，讲究“契理契机”，光是合乎真理还不够，契合根机最为重要。所以，人生的因缘际遇很重要，良机一失难以再来，掌握到机遇，能把握契机，自然无事不办，因为人生凡事都要有契机。例如：

一、黑夜苍穹，日照即破。漫漫长夜，一片黑暗，在黑暗里，走路看不到前方，做事诸多不便。甚至睡不着觉的人，长夜漫漫，不知何时天晓。但是不必灰心失望，只要黎明到来，太阳一出，光照四方，在那一刻，所谓黑暗的苍穹大地，日出即明。

二、寒冬冰霜，春来即化。在严酷的寒冬，积雪成冰，道路封闭，冰霜封盖了世界，但是不必介意，世间万物，都有无尽的生机。一些动植物，在冰天雪地里，只要能忍耐，熬过了严冬的酷寒，一到春天来临，当春风吹拂大地的时候，冰雪还能不融化吗?

三、久旱荒漠，雨之即洲。漠漠黄沙，一片无水、无草的大地，假如因缘际会，只要一场大雨，“沙漠变绿洲”就有实现的希望。美国西部的洛杉矶，在一百年前就是一块沙漠，百年后的今日，成为美国有数的大都市之一。改造的原因，不就是因为有了旧金山的流水，以及胡佛水坝的灌溉，因而造就了现在洛杉矶的绿洲吗?

四、荒芜田园，勤耕即丰。一块田园，荒芜很久，已经没有收成，但也不要放弃，只要吾人勤于耕种，还是能有丰收的一天。“葡萄架下的黄金”，这个故事说明，儿孙以为葡萄架下真有黄金，经常挖掘，由于土壤经常被翻松，黄金没挖到，葡萄却长出累累的果实。所以荒芜的田园不要紧，重要的是自己勤于耕种，就能丰收。

五、千年暗室，一灯即明。禅门有一句话说“千年暗室，一灯即明”。你穿过黑暗的山洞，或是处在暗室里，只要点亮一盏灯光，即刻就能光明普照。这是比喻，吾人的心地也像千年暗室，只要有般若慧灯，把自性照亮，让心地发光，自己立刻就能清楚明白过来。所以照见自性，就能心地朗照，就能清楚、明白地认识自己。

六、参究自性，缘具即悟。读书人，十载寒窗，希望的就是一朝金榜题名。假如一个修行人，参究“念佛是谁？”“父母未生我之前，谁是我的本来面目？”像这样一直不停地参究自性，所谓“打破砂锅纹（问）到底”，有朝一日，因缘到时，忽然石火电光，好似天崩地裂，虚妄的世界即刻粉碎，一个光明清净的国土忽然现在眼前，那就是所谓“开悟”了。

以上所论，就看机会来到了没有？良机一到，无事不成，机缘契合，悟道不难！

平衡

世间有很多的对立，必须加以平衡，才能和谐发展。例如，社会的供需要平衡，物价才能稳定，家庭的收支要平衡，财务才不会出现危机，甚至世界分有两极，人类分有两性，都要有个平衡点。无论什么事，找到平衡点，从平衡出发，才知道两极的是非得失。所以，举凡上下、大小、远近等各种对待，都要有一个中心点的平衡，乃至个人的生活、人际往来、精神状态等，都要找到平衡点，才能身心自在。兹就“平衡”略述如下：

一、精神与物质要平衡。精神是抽象的内心世界，物质是外在有形的东西。太重视精神层面，会觉得虚浮空荡，没有踏实感，太重视物质，又会被五光十色的物质所迷惑。所以，每个人的生活，应该要把精神与物质调和起来，要懂得平衡处理。

二、个人与大众要平衡。人，多数是自私的，重视自己，少顾及大众，但也有人宁可牺牲自己，也要成全大众。大众诚重要，但也要懂得把个己融化为大众；个己虽自私，但是大众也要成就个体的未来。没有个人的参与、牺牲、奉献，就谈不上大众，没有大众的因缘成就、助成，也不能实现自己。所以，个人与大众，应该要找到一个平衡的发展。

三、富贵与贫穷要平衡。世界上有很多地区，都是贫富不均，包括中国数千年来的社会，为人所诟病的，也是贫富不均。所谓“富人一席酒，穷人十年粮”，把贫富拿来做个比较，可以看出是两个极端的世界，不像一体，所以现代化的国家，首要之务，就是把贫富的距离拉近。富有的人不要奢侈浪费，贫穷的人也不是那么嗷嗷待哺地辛苦生活，能够实现贫富平衡的社会，才是进步的现代化社会。

四、忙碌与安闲要平衡。世间上，有的人非常忙碌，也有的人非常安闲，所谓“劳役不均”。其实，忙碌的人需要休闲的生活，而太安闲的人，却不能忙碌起来，好像来到世间，只有分享利益，没有贡献，如此活着又有什么意义呢？因此，太忙、太闲都不是生活的中庸之道。忙中有闲，闲中有忙，忙碌之后要休息，休息以后要工作，要在忙碌与安闲之中，找到一个生活的平衡点。

五、热情与冷漠要平衡。人的性格，有的人热情，有的人冷漠。太热情的人，常常得不到同等的回应，容易使自己泄气，冷漠的人，像枯木死灰，毫无人气，也得不到别人的欣赏。所以，热情的人不必失望，这个世界还是需要你的热情付出；冷漠的人，也不要太过冷漠，能把冷漠转化成热力，用热力来融化人情，才是最好的处世之道。

六、快速与缓慢要平衡。我们的社会，谈到人真是形形色色，有的人办事迅速，有的人做事缓慢。迅速的人，从不优柔寡断，干净利落，做官，人民尊敬，做事，同事欢喜。缓慢的人，也有他的个性，或许也有他“慢工出细活”的哲学。但是，凡事总有个中道，车速太快，容易出车祸；车速太慢，行在高速公路上也要受罚。所以快慢之间，还是应该找到一个平衡点，最为重要。

复 原

办了一场大型活动，事后的复原很重要，放了一段长假，大家要求的也是身心要复原。自然灾害发生以后，重整家园，重要的就是复原。历经一场战争之后，在战火里毁损的，更需要复原，甚至心灵所受的创痛，也需要加以疗伤复原。某些人引起的动乱，需要更多有心人从事社会的复原，例如台湾当局的选举，族群被撕裂，在在都需要复原。

社会人生有许多事需要复原。如何复原呢？

一、环境凌乱靠整理复原。居家久未整理，显得凌乱不堪，所以需要发动全家人大扫除、大整理，用整顿来复原居家环境。尤其园中的花草，久未修剪，全家人同心协力，加以复原，就会有焕然一新的感觉。

二、生病感冒靠休息复原。人受了风寒生了病，或者过分忙碌累倒了，有病不但要医疗，尤其要休养生息，才能恢复健康。人生不需要带病工作，否则身心会不胜负荷。有病又再加重负担，后果不堪设想，所以要有适度的休息，以便复原。适度的休息不是懒惰，正当的休息是精进，就算是一部机器，动久了也要休息。经过休息，养精蓄锐之后可以再出发，所以生病的人要懂得休息的重要性。

三、感情伤痛靠信仰复原。有的人身心没有毛病，但感情受到了创痛，例如情人远离、失恋了、父母逝世、失怙了、家中遭遇水火之灾，或是钱财遭人倒债等等。当感情饱受各种创痛时，除了用信仰来疗伤，从明因果来复原伤痛以外，所谓“解铃还须系铃人”，自己能想得开、看得破，最为重要。

四、错解误会靠沟通复原。人与人之间，常有一些误会发生，或因自己疑心太重，或是听信别人闲言。不但朋友之间因误会而产生裂痕，就是夫妇之间，也经常因误会而生厌弃之心。误会实在是人情当中的恶魔，假如有了误会，必须靠沟通，通过“讲清楚，说明白”来解决误会。沟通、解释误会的时候，自我也要认错，也要客观，抱着宽恕谅解的心，否则误会的梦魇还是难以远离。

五、行为偏差靠修正复原。有时错误不在对方，而是自己的行为偏差，语言不当。复原之道无他，只有靠自我修正。不合适的语言、不正当的行为，不修正，怎么能在人前立足呢？

六、妄念纷飞靠定力复原。人，总有满脑子的妄想杂念，总有一肚子的冤枉委屈，总有说不完的理由，总有百千万的执著，凡事总是责怪别人，自己总是对的。妄想杂念在自己的心中搅和，以妄制心心不安，只有靠定力来对治妄念，才能使自己的内心得到平和。内心平和，人生才有好日子可过，所以对付杂念妄想，不能没有复原的定力。